YI BEN SHU JIUSHI YI ZUO SHAN

一本书就是一座山

——干国祥谈阅读

干国祥　著

漓江出版社

·桂林·

图书在版编目（CIP）数据

一本书就是一座山：千国祥谈阅读 / 千国祥著. --
桂林：漓江出版社，2022. 9
ISBN 978-7-5407-9289-3

Ⅰ. ①一… Ⅱ. ①千… Ⅲ. ①阅读课 - 教学研究 - 小学 Ⅳ. ①G623.232

中国版本图书馆CIP数据核字（2022）第135516号

一本书就是一座山——千国祥谈阅读
千国祥　著

出 版 人　刘迪才
策划统筹　文龙玉
责任编辑　章勤璐
书籍设计　石绍康
营销编辑　俞方远
责任监印　黄菲菲

出版发行　漓江出版社有限公司
社址　广西桂林市南环路22号
邮编　541002
发行电话　010-65699511　0773-2583322
传真　010-85891290　0773-2582200
邮购热线　0773-2582200
网址　www.lijiangbooks.com
微信公众号　lijiangpress

印制　大厂回族自治县聚鑫印刷有限责任公司
开本　710 mm × 960 mm　1/16
印张　18
字数　257千字
版次　2022年9月第1版
印次　2022年9月第1次印刷
书号　ISBN 978-7-5407-9289-3
定价　53.80元

目录

第二辑　慢慢地走进童书

第三辑　做一个阅读的解谜者

第四辑　让我们来谈谈电影

自序　越过山丘并成为山丘

每个人一辈子的精神层次，决定于三者：父母、老师和他反复阅读的那几本书。

父母是命运的礼物，他们把我们带到这个世界，给予我们食物和衣服的同时，还授予了我们母语以及世界观、人生观、价值观最基本的模型。

老师是“缘分”这个词的最好证明：我们有一个怎样的童年，是幸福的还是痛苦的，是走向无知还是眼光越来越明亮，这很大程度上取决于我们在小学和中学遇到了怎样的老师。

虽然正是父母和老师影响了我们可能会去读哪些书，但是读书最终是每个人自己的事，唯有这座山峰，才完全由每个人自己去攀登。

我曾遇到过一位非常优秀的小学数学名师。他年轻时被分配在一个农村小学教书，自己又热衷于打牌、麻将和电子游戏。最终让他从全国那么多小学数学教师中脱颖而出，成为佼佼者的，是他遇到了一本薄薄的书《思维与语言》，著名认知心理学家维果茨基的名著。

其实每个走上岗位的新老师，在他所在学校的图书馆角落里，一定躺着不少大师之作，藏着不少真经秘籍。我第一年去学校教书，就从准备卖掉的废纸堆里，捡到了上下两册的《希腊的神话和传说》，大概因为是繁体字的，所以学校准备当废品处理掉，结果便宜了我。借着这两本书，我不仅奠定了后面读西方心理学和哲学的必要基础，而且对繁体字从此几乎就没什么障碍了。

所以别说你身边没有大师，你无缘遭遇教育名著。不，从小学开始，至少在师范院校里，老师们就一直在灌输着这些大师的名字和这些名著的名字，即使他们自己未曾认真地读过，至少他们没有人为地阻断过这几条通往山丘的道路。

但这些山丘，必须每个人自己去翻越。

而每个山丘的巅峰，将让你看到另外的高山和通往那些高山的路径。

问题只是，我们内心是否有足够的信心和意愿，去攀登那第一座看似高不可攀的山峰。

我庆幸自己没有犹豫，甚至是渴望着攀越那一座座远远望去白云蒸腾的峰峦。

于是不小心就这样翻越了一辈子。

也许，我自己也已经成了一个山丘，等着你借由这次翻越，而望见真正的高峰。

干国祥

2022 年 8 月 24 日

第一辑

教育诸事，读书为大

阅读的童年
——如何给孩子推荐图书

某学校要搞读书节，几千名学生的城市小学，推荐给孩子们的书只有这么几本：四大名著、安徒生童话、伊索寓言……

有位网友在她为10岁的儿子建立的成长专帖中写道："令我发愁的是儿子不喜欢阅读。在他三年级的暑假期间，我曾经给他布置了任务，每天读十页，一个假期下来，他读了六本故事类的书。现在我们开始了'营造书香校园'这个课题，学校也一再强调阅读，但从来没有见他主动拿起书来看过，每次读书都要跟我讲条件，我真不知道该怎样激发他的阅读兴趣。我曾经在家里和他共同阅读了一段时间，每天睡觉前我们共同阅读半小时，谁知读书成了他的催眠仙丹，看了不到半小时，就去见周公了……"

将以上两段内容联系在一起，我们就会有答案——正是我们成人的推荐与规定，让孩子彻底地丧失了阅读的兴趣与能力。

在我的教育研究中，有一块是关于童书的。有时候，我会整天地陶醉于童书的世界，为那些童话而喜、而悲，甚至流下眼泪。譬如昨天，我就读了四本童书：德国乌韦·狄姆的《跑猪噜噜》、英国米尔恩的《小熊温尼·菩》、德国克里斯蒂安·贝尔格的《爱心企鹅》和美国乔治·塞尔登的《时代广场的蟋蟀》，而且还为《时代广场的蟋蟀》写了一则数千字的读后感。有朋友说，这篇读后感是"在蟋蟀的音乐里，你唱着自己的歌”。然而，在这四本书引起我深刻共鸣的同时，我清楚地知道，它们各自适合不同的儿童，适合不同年级、性别、性格的儿童。每个孩子目前遇到的问题不同，决定着我们只能在特定的时刻给特定的孩子推荐某本（某几本）特定的书，而并不是所有的书籍都适合站在你面前的这个孩子的。所以，虽然《时代广场的蟋蟀》最真切地打动了我，但我不会草率地把它交给五年级以下的学生阅读，也不会草率地认同这本书的封面广告所说的“一只蟋蟀、一只老鼠和一只猫咪之间的真挚友情足以温暖这个冰冷的世界”。

在QQ里，我们几个成人讨论着《时代广场的蟋蟀》，一个成功的童书推销商说自己喜欢这本书，是因为觉得自己就像那只在城市里不断歌唱的蟋蟀，为这个浮躁喧嚣的城市带来了源源不断的音乐（她是指童书）；一个在异乡教书的优秀教师说自己感动于这本书，是因为自己就面临着和蟋蟀柴斯特一样的选择，她要在友情的包围下，选择一个人回去，回到清贫的乡野，对着秋天的旷野歌唱；我说我被柴斯特独特的谢幕所打动，这是天鹅的绝唱，它证明一个人的所有可能性，选择完整的独特的生命，而拒绝按世俗的成功标准歌唱与生活……

但是，这样的讨论恰恰证明了，这并不是一本适合三四年级孩子个人阅读的书。成人的感动是基于各自不同的生命经历，而这些经历并不能够嫁接给孩子，这些感动并不能够灌输给孩子。于是我们必须选择与孩子的梦想有关的书，与他此时此刻最深的痛苦与希冀密切相关的书。而且这些书，并不一定以伤感的面目出现，它可能是开怀大笑，用笑来表达另一个深刻但可笑的真理。

如果你有一个不爱读书的四年级孩子，那么《跑猪噜噜》倒可能是首选。当然这里还需要一些必要的技巧：老师或者家长要先给他讲故事，当讲到紧要的时刻，譬如可爱的噜噜面临被屠宰的危险时刻，譬如楚碧一家因为房东禁止猪住在他的房子里而面临被驱逐的时候，可以停止讲故事了，让孩子开始文字的阅读。

我出生于文化遭到“革命”的时代，从二三年级开始，我就一个人啃半部《水浒传》。直到现在我才明白，我之所以能够在那个年龄阅读一本远远超越年龄的书，是因为在那个夏天，识字并不很多的父亲会给我们讲《水浒传》中高太尉、林冲、武松的故事……

父亲的故事是有限的，但这有限的故事带我进入一个人的阅读。阅读中的故事是无限的，它们彻底地改变了一个孩子的思维方式与文化积淀。

我以前总是遗憾，如果那开始的一本书是《红楼梦》，是《小王子》，是《秘密花园》该多好啊！而现在我庆幸的是，那时候，有那样一本书，有那些与这本书有关的故事。

一个特定的孩子，有很多书可以供他阅读，会带给他很多种可能性，很多种不同的精神营养品。但是，也可以这样说，最适合他此刻阅读的，最能促进此时此刻的他成长的，可能只是某几本书。

前些天一个朋友为他朋友的女儿来向我咨询：在那个女孩的年龄里，应该读些什么书。很遗憾，在此之前，她没有阅读过那些本可以在更早年龄里阅读的书——在错过了那个年龄之后，阅读的效果就会大打折扣，而且从本质上讲，通过阅读所能够得到的，是两种完全不同的东西了。

一个人在五六岁时读绘本《想吃苹果的鼠小弟》和在十来岁时读是大不一样的，而当他成年之后再为这本书感动的时候，这个感动又完全是另外的东西了。所以，《猜猜我有多爱你》《爷爷一定有办法》这样的童书绘本，一定要赶在二年级之前让孩子阅读。而到了二年级，要及时地阅读像《肚脐眼儿都是漫画》这样的作品。然后，在他的精神再一次分娩时，在童年与少年的分界线上，他应该读到《黄书包》《彼得·潘》，它们讲的是关于要不要长大的问题，关于不断破灭的童年梦想的问题……

一个孩子怎么可能不喜欢一个晴天里漫天下起小猪的故事（日本矢玉四郎《晴天有时下猪》）呢？当然，仅仅喜欢是不够的，还要他能够阅读。孩子喜欢阅读，仅仅是选择童书的一个尺度，还有一个同样重要，甚至更加重要的尺度是：这些书是不是真的能够促进他的成长，满足他此时此刻的需要，并且可能为他一生的精神丰富埋下种子？所以，在双重的尺度下，许多流行的、孩子们喜欢的童书，被我排除在了推荐书目之外。在我看来，仅仅有趣是不够的，仅仅能够吸引孩子是不够的。因此，市场上的大多数流行的漫画和儿童小说，虽然我并不认为它们的危害有某些人宣传的那么大，但它们并不适合推荐给孩子阅读。我认为本来就有同样的吸引力，但更富有人文意蕴的作品可以替代它们。

于是，在了解了一些情况之后，我向那个没见面的女孩推荐了几本书，其中有一本用来做青春期前爱情启蒙的童书——《长腿叔叔》。

爱情的感觉是上帝埋在每一粒生命种子里的密码，它会在特定的时间里被生物性的因素所催发。许多时候成人只是像把头埋在沙丘里的鸵鸟一样，认为这个问题只要不去管它，它就并不存在。可是，荷尔蒙的分泌是命中注定的事，而且事实上人类的文化在荷尔蒙起作用之前，已经在这些方面做了许多暗示——其中有些暗示是有益的，有些是有一定危险的。

那么为什么还要回避这个问题呢？青春的沃土中不播种庄稼，它必定会长满杂草。而《长腿叔叔》是我为青春期前和青春期的女孩刻意选择的爱情庄稼。美好的爱情，它来自等待，来自期望，来自美好心灵的祝愿……

我不会让孩子一个人阅读伊索寓言、安徒生童话与格林童话，因为这些成人化的故事中包含着更洗练的人类原型，它们更适合作为教材。

我不会让孩子提前阅读改写过的四大名著，在他们的年龄里，有着更多不必改写的名著，进而直到他们能够饶有兴趣地阅读未经剪辑的四大名著原著。

他们有他们自己的书，这个年龄的书，其精神丰富性并不亚于四大名著的小小的童书。

他们需要在父母和老师的陪伴下开始阅读，他们需要将一个重复了N次的故事慢慢地转变为文字，再自己一个人从文字中寻找新的故事。

故事创造人类
——儿童需要神话吗

对人类而言，再没有比故事更重要的了。

你别跟我耍赖，狡辩说故事没有食物重要。食物当然无限重要，但这是和所有动物一样的需要。甚至两性，就性需要部分而言，人类和其他两性动物也并无两样，不一样的地方就是人类有“爱情”。但所有的爱情都源于故事，并创造着故事，正是故事让我们确信：我们不同于动物，是因为我们有爱情，爱情价更高——爱情甚至比性本身价值更高。

食色，性也。这是人和动物共有的。但“食不厌精”，各种烹饪技术，尤其是餐桌礼仪却是人所特有的，并且细究起来，总和故事有关。除了我们的东坡肉、佛跳墙、过桥米线，基督教徒共食红酒和面包，事实上也是在重复一个故事，一个有关他们神灵的故事。“窈窕淑女，君子好逑”“所谓伊人，在水一方”……这是人类通过故事赋予爱情和婚姻的人性色彩。

不是劳动，不是符号，而是故事，才是人类区别于动物的“本质”——虽然我认为人类并没有什么本质，是一些糟糕的故事才让我们确信自己有“本质”。生命就是这种本质在寻求着实现它自己。故事很重要，并不意味着故事一定正确，一定好。

是的，故事是有力量的，甚至是很危险的。

不久前看到一个深圳的教育机构，在它高调而奇葩的宣传中，令我瞠目的除喝抽水马桶里的水以外，就是禁止读虚构、奇幻类书籍。依我的理解，中国神话、希腊神话及《魔戒》《哈利·波特》《三体》《西游记》都应该属于此类被禁书籍。

这是我所见过的最顽固、最“自信”的教育观念了。当然你可以说柏拉图在《理想国》的设计里，也有类似观点。是的，因为柏拉图太清楚这些戏剧、神话的力量了。这是诸神之战，自由多元的神话，必将摧毁一切“理想国”“天空之城”。但那种人云亦云地反对幼儿读神话、童话、奇幻，却是基于一种极其幼稚、落伍、反动的教育学：虚构故事不利于儿童的心智发展，它们会造成虚构与现实之间的混淆。

这些蠢人认为，他们看到的世界就是真实的世界，而童话和神话，扭曲了正确的认识。也就是说，他们认为后羿射日和嫦娥奔月的故事，会影响孩子们对太阳、月亮和星星的科学认识。

其实，童话、神话、科学，都是人类把价值赋予天地万物，再折射回自身，传承给后代。童话和神话并不是在解释自然和宇宙，而是在借宇宙万物的戏剧，传达故事创造者、传播者信奉的价值体系。

相信《小王子》，就是相信价值不同于价格，相信人与人、人与万物皆可相互“驯养”，也本应该相互“驯养”。

相信《西游记》，就是相信石头能够成佛，相信猪也可以抵达灵山，相信平凡的肉身可以成为妖仙们的领袖。

人因故事而汇聚成类。相信炎黄结盟，相信尧舜禅让，相信大禹治水，也就有了华夏这个民族。考古学式的怀疑真是愚不可及，神话的虚构，乃至历史的虚构，就是人类最真实的历史。所以，最好的考古式历史，没有了解释学、神话学的深度，就会机械、浅薄，还自以为“科学”。

所谓基督教徒，就是相信《圣经》叙事的那群人，无论是原教旨主义式的绝对相信，还是把它当成神话和童话来相信。

所谓儒家子弟，就是读过《论语》，且相信孔子是真诚的，并愿意去追随的人。

代沟，就是老一辈人读不懂年轻一代的故事，而年轻一代不再相信、不再喜爱老一辈们曾经迷醉的故事。

无论是家庭亲子、校园师生，还是一个机构，一个社会，只要有共同热爱的故事，大家就还是一家人，有着共同的语言和密码。

我们的祖先曾经围坐在篝火旁，用故事把一小群人，变成即使分开了很远、很久，还依然彼此默契的同一家族、同一民族。

此刻，偌大的中国，人们还认为自己都是同胞，都是在一个国度，那是因为伟大的故事让我们相信这一切。

如果某一天危机来临，空前的风暴似乎要毁灭一切，那时候，能够把大家团结在一起，去赢得最终胜利的，一定是一个伟大的新故事——如果它居然不是虚构而是真实的，那么它一定是某个同样伟大的虚构故事的摹本。

我认为，在提供了很多值得仿效的虚构英雄这一点上，金庸是非常了不起的。

因为阅读，所以考不过人家？

——是真读书，还是假读书

大多数阅读只不过是消费性阅读。

就像沙发上的土豆，一个人安然窝在沙发上，随着情节起伏，身体和表情微微蠕动——这就几乎是他全部的身体运动，以及思想运动。这是看电视的情景，也可以是读书的情景。读书不必然就是思维的体操，它照样可以是思想在睡懒觉——如果你读书，只不过为了满足类似看电视连续剧式的需要。

阅读并不必然带来思维的锻炼与提升，更不必说一定带来写作水平的提高。写作水平的提高，大概就是三个层面的提升：词语的丰富与敏锐，思考越来越周密，越来越懂得玩味语言——这也就是修辞的本义。但是阅读并不必然带来这三者，最多，阅读一定会带来词语在浪漫层面的量的积累。

我从师范毕业后，曾经在一个地方待了很久。后来才发现，有个女同学就分配在我附近，也一样一个人在埋头读书。不过，似乎并没能从她身上嗅到我所理解的读书的气息。后来稍做调查，就知道了原委：原来她一直在读琼瑶们的言情小说，一读就是六七年。

是的，阅读为她营建了一个属于自己的小世界，就像玻璃房一样，在寒冷的大世界里，拥有一个安全、温暖、惬意的小世界。语言才是存在的家园，她的世界就是琼瑶们的世界，温情脉脉，纯真善良，但，没有深刻的思，不必深刻的思，拒绝深刻的思，躲避深刻的思……最后，甚至可能会质疑、否定、诅咒深刻的思。

深刻的思意味着：对世界和自己一道提出质疑；对一切安全的保障提出质疑；对所有既定的程序和答案不放弃怀疑与追问，不放弃提升的努力，不放弃重组一切的决心。

请问，我们自己的阅读，我们带给学生的阅读，是否带来了、创造着这样的思？

有些书，是很难引导孩子们去思的。像琼瑶的爱情小说，像一些畅销书作家的校园小说，因为它们本质上是“非思”的，是用来躲避思的沉重负担的。

所以，并不是只要在阅读，就一定会带来语文素养的提升。不，糟糕的阅读不只是让人原地踏步，而且还会让人慢慢沉落下去，以平庸书籍的理解模式，去理解世界、万物和人性。

为什么必须读经典？为什么推荐阅读的总是那些有阅读难度的经典？因为阅读就是想要你通过阅读而获得提升，如果一本书不是一座山，你怎么可能通过阅读而获得成长？！

于是问题似乎越来越复杂，我们不妨梳理一下。

第一个问题：如何让学生爱上阅读？沉重的经典会不会让学生远离书籍？

答曰：如果从小听故事、读绘本，没有中止阅读，那么喜爱阅读是自然而然的事情，完全不必用降低书籍品质，来试图让学生爱上阅读。

第二个问题：如果小时候错过了故事和初阶阅读，到了小学高段甚至初中，又如何开始阅读？

答曰：课外可以适度自由，适度放低，但是低思维含量的书籍无论阅读多少，都与思维无关，不会带来我们想要的那种阅读——提升阅读力的阅读。关键是，错过了某个阶段，在下几个阶段去大力弥补是得不偿失的。只能从当下这个年龄段出发，来重新设计阅读的阶梯、阅读的地图。任何一个阶段，当适合他们情智的书籍在教师的引导下，让他们获得了本真的理解，就一定会带来生命的高峰体验、精神上的强烈刺激，带来对书籍和阅读的全新理解。所以，把这个年龄段的共读书做好，才是重点中的重点。

第三个问题：怎样才能让阅读成为对思维的锤炼，而不是消遣与消费?

答曰：设计一些题目让学生像学语文教材那样去做阅读题，这是很难带来良好的思维训练的，因为这是把例外带回到日常，把惊奇带回到平淡平凡。一本书，尤其是经典，一定是人类某一个、某几个重大母题的深入反映，或者深刻思考。学生的阅读，除第一遍浪漫地享受外，接下来就是需要对这样的母题，做配得上问题的思考。而一个人的思考开放在教室里，就成了与同学，与教师，并通过教师与整个人类一道进行思考，便必然产生碰撞，产生持久的思想对峙。为什么《大话西游》是现有一切《西游记》衍生文艺作品中最深刻的一部？它解决了《西游记》中哪个未能解决，或者说未能满足现代人思想的重大问题？中国的底层百姓为什么喜欢《水浒传》？孩童时代为什么喜欢《水浒传》？这是一部倡导正义的社会小说，还是一部反正义的丛林小说？梁山聚义，究竟聚的是什么义？……这些是大问题，落到每一个章节，都有同样深刻的问题等待着我们：武松根本是明知山无虎，才向虎山行，为什么不直接刻画一个勇敢无畏、什么都不怕的武松？孙悟空打死了白骨精变成的美少妇，唐僧是应该相信他，还是怀疑他？为什么？

思考，辩论，写作……写作，也就是最后用文字把思维成果牢牢捕捉。

所以，我的观点是：经典书籍的思维含金量，本就在语文教材中大多数课文之上，如何把它用于思维、思想训练，让它发挥真正的大脑磨刀石的作用，这才是整本书阅读的关键之所在。

共读书籍，必须高过当下的阅读力，除非攀登才能上山，而登顶之后的愉悦，与攀登时候的艰难成正比。

共读经典，必须成为年轻头脑的一场战斗，甚至是一场漫长的战争。

他要运用全部生命、全部激情，以及曾经习得的全部武器，而且最终会发现这一切还远远不够，他需要重新习得新武器，或者自己从头脑中锻造出崭新的武器来。

我讲的这一切不是臆想，当年在马玲老师的教室里，五六年级的孩子阅读《世说新语》《三国志》《史记》等文言原著，动辄写下数千字的思辨文字——莫非考试是一种怎样的超级怪物，孩子们居然还拿不下它？

当然，愿不愿意老早就为考试耗去很多时间和精力，以及该什么时候练习应对也需要专门技术训练的考试，那是另外一个话题。但是，经典都拿得下来，怎么可能拿不下语文试卷？当然，如果你看穿了一切，实在不愿意时时被摆布，那么考不过人家本就是计划之中。不到关键时候就用全部力量去争取一点考试分数，一定是内心实在太过恐惧。

我的结论：读难啃的经典，往最深里读，让阅读就像生死搏杀，最后赢得胜利并以胜利者的身份写下历史。

诱孩子走出阅读低俗区

不少家长和教师抱怨：孩子只喜欢读那些含金量不高的漫画，和一些同样没有含金量的流行童书，就是不肯读经典童书，更不愿意读有深度的书。怎么办？

其实解决方案早就有了，而且一些教室、一些学校和个别家庭都早已经很好地践行了。

第一步：阅读分级。

把书籍按照深浅难易分成许多级。比如把绘本分成三级，分别适合幼儿园、小学一年级的绘本和适合二年级的多字绘本，再列出其他绘本作为高年级书架的内容。把桥梁书分成三级，其中多字绘本和初级桥梁书为阅读第一阶梯的书籍。

接下来把童书接续在桥梁书之后，分成三或四级。这些适合二、三年级的孩子阅读。

然后是古今传奇，包括武侠、骑士、魔幻和初级的科幻，有深度的校园小说。这一般安排在四年级。

再然后是适合儿童阅读的成人读物和被社会标定为经典中的初级作品。这就是儿童阅读的顶点了，一般安排在四五年级。

后面他们就可以直接面对一切叙事经典、人文历史，包括文言历史在内的叙事经典，如《史记》《三国志》等。这一般开始于五年级，可以成为初中的阅读内容——没有前面的阶梯，以及每一级足够的数量，是很难在五六年级达到这个水平的。

第二步：书籍按其等级呈现。

所有的书籍需要标示它的等级，书柜需要按照从低到高的等级摆放。如小学三年级教室的书架上，可以保留极小一部分小学二年级水平的书籍在低层，顶层放少量五、六年级水平的书籍，中间几层有序放置大量的三、四年级水平的书籍。

第三步：画一张阅读攀登地图。

阅读攀登地图可以是梯状，可以是山形，也可以是台阶形状，但都要清楚地把每一级别的落差表现出来。

第四步：把孩子的名字放进阅读攀登地图。

如果是家庭里，只有一个孩子，那么最主要的就是要标示出攀登到任何一级的时间、年龄。

怎样才能确定一个孩子攀登到了某一级？那就是他读这一级的书籍感觉到了快乐，忘记了在攀登书山、书梯。当这样读十本左右这一级的书籍，就意味着他确实登上了这一级，牢牢地站定了这个高度。

但如果是一间教室里，要把一群孩子的名字一起放进同一座书山里，那就必须有一种教室文化来保证它不成为诅咒，不成为歧视的种子。

事实上这不难做到，只需没有比较，为任何一个进阶祝贺，只强调在任何一级上阅读书籍的总量（如阅读经典童书五百万字，也就是约五十本书）。毕竟，所有的孩子最终都可以抵达山巅，因为别人的存在而急匆匆赶路，错过了一路最美的风景，这样的阅读态度岂不愚蠢？

第五步：公共生活中的祝贺，以及每学期的庆典。

祝贺，就是任何一个同学的名字在阅读攀登地图上的向上移动，都是一个教室事件，都需要师生一起来祝贺。

庆典，它的主题可以是统计每个季节全班的阅读总量、进步的总阶梯数，以及收集阅读中发生的故事，伴随着阅读而发生的家庭故事、教室故事，以及最迷人图书的评选、最难啃图书的吐槽……庆典最好形成一种节日制度，这是阅读的丰收节。

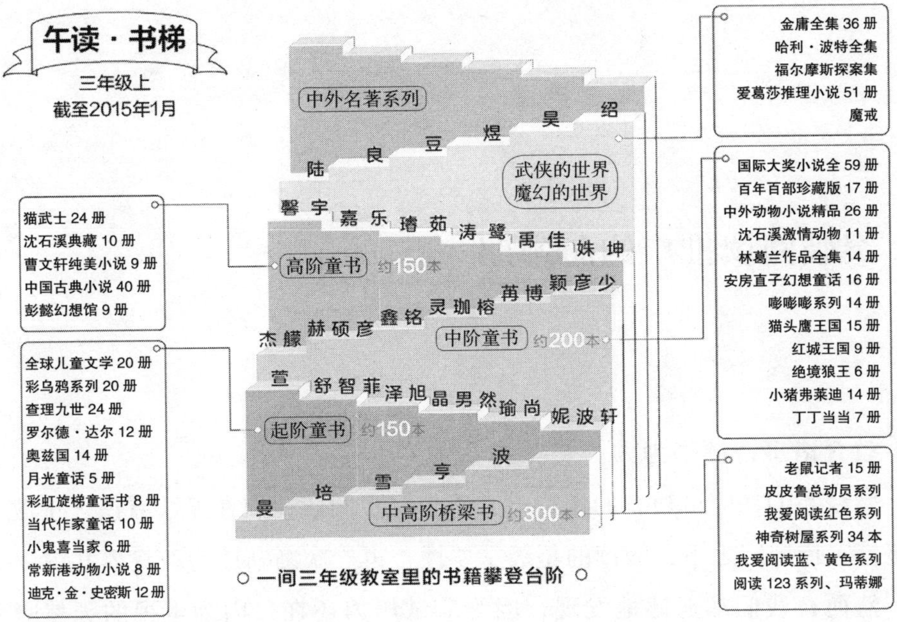

○ 一间三年级教室里的书籍攀登台阶 ○

我觉得有这些就够了，就足以确保孩子们自觉地往阅读的高处攀登了——因为停留在阅读的低俗区，会让他觉得太没有意思，也很没有面子，最主要的，确实本就没有太大的快乐——一切快乐的深度，有赖于挑战的难度和最终实现的事实。

但是，这仅仅是自由阅读。如果没有幼儿期的亲子共读（讲故事），没有二三年级开始的整本书共读的引领，那么自由阅读的质量还是达不到最佳的。

整本书共读总是引领，既是精神的引领，也是方法的引领。整本书共读的书籍的难度，总是明显高过自由阅读书籍一两个层次。而啃过了有难度的书，并且啃出了滋味，再去读相对容易些、但啃下来都很有味道的书，何乐而不为呢？

突破阅读推广的瓶颈期

教育诸事，读书为大。

曾经我们在应试教育的压迫下“遗忘”了阅读，但在无数有识之士数十年坚持宣传推广之下，阅读的超级重要性，再一次渐渐成为教育界共识。

然而，我们却遗憾地发现，因为应试压力还在，因为电视的天然吸引力超过了书籍，而电子游戏的天然吸引力又超过了电视，又因为其他新颖有趣的课程越来越多地涌入教育，我们今天想普及阅读、重推阅读时，发现书籍丧失了昨日的魅力，阅读已经不再像原来一样是一件快乐的事。在许多地方，它成了一件需要勉强而为才能艰难推进的事。

曾经的蜜糖，居然变苦了，或者变淡了。

当前推广阅读令人苦涩的原因，不是没钱，也不是没时间，而是没效果，没味道，没方向。追问更具体的表现，诸如：

阅读了许多书，但无法在语文素养上看到成效，阅读水平看不清，写作水平看不到。

孩子停留在浅阅读、俗阅读上，不喜欢成人推荐的书籍，不要说对经典名著，连对获奖童书都有畏难情绪。

开始还有滋有味的阅读慢慢丧失了魅力，大家在日复一日的重复中迷失了方向，师生都不知道接下来该往哪里去，怎样才能攀登到高处。

……

凡此种种，最后都表现为这样一个事实：一间教室，一所学校，一个地区，最初满怀热情地推广阅读，然后渐渐徒留形式，最后悄悄在另外一波教育概念的新热潮中黯然退场，销声匿迹。

一个人对教育或阅读的激情，一次点燃，最后只剩灰烬，那么以后想要它重燃，就会变得相当困难。昨日热情的支持者，这时候也变成了“非暴力不合作”的暧昧者。

我把阅读推广激情开始冷却，阅读实践停留在初始阶段的高度，称为“阅读推广瓶颈期”。这样的瓶颈期是非常正常的，教育发展的规律本就如此——如果不能让书籍在教室里，在孩子心里施展力量和魅力，不能借此让阅读往深处走，让学生借着越来越深入的阅读，无论是智力背景还是精神状态都有可见的成长，那么阅读就会渐渐退化为庸庸碌碌的行政任务和教学任务，尽丧其本来面目。

那么如何突破阅读推广瓶颈期，还阅读以魅力，让热爱阅读成为文明与文化的活生生的证据?

“要怎样做”之前，先得明白“不能这样做”。

不能搞一刀切，不能追求学生们、各教室、各学校的阅读推广并肩齐步。

要让一部分人先“富”起来，要让学校或地区的阅读实践呈现为金字塔结构，并让最先“富”起来的、金字塔尖的少数人，被大家都看见。阅读推广越深入，金字塔状分布就越明显，学生间的语文素养差距就越明显。任何试图平均化的行为都会扼杀事物本身的生机。

其实，在这越来越大的差距里，不是后面的人落后了，而是前面的人变走起来为跑起来，又进化为飞起来。当一个区域出现了全国级的阅读推广专家时，这几个人的高度，就注定是同一地区的大多数人一生无法追及的。事实上根本没有必要去追，因为除了推进阅读，其他人很可能在其他重要的事务上有着热爱、天赋与投入。无论阅读多重要，也没有必要让它成为所有人的第一热爱——包括学生也是。

不能搞比赛，不能搞机械的评测，不能试图用应试教学的方式，来把握这个民族基因改造的特殊事业。

阅读推广比赛，除促进了个别获奖者的积极性外，剩下的就是打击了所有未获奖者，并把一件本该像呼吸一样自然的事，硬生生降维为行政任务。

机械的阅读检测，没能把语文课程上升到掌握科学的考试方法，而是生搬硬套到文学欣赏、艺术熏陶，以及更为重要的文化认同（也就是文化基因的复制）、人格提升（也就是借书籍中更为高远的精神世界提升读者的精神世界）这些既伟大又神秘的工程上。

仅仅是读完书后一定要写一篇读后感，就消灭了多少阅读的趣味，让原本有魅力的书籍变得面目狰狞！

我总偏执地以为，所有这一切，都是自己不爱阅读的人折腾出来的——也许他们就是自觉不自觉地在复制又一代不爱阅读的人。

不搞比赛，不搞机械评测，那么如何激励学生阅读？如何推动学校重视阅读？

关于激励学生深度阅读，我在《诱孩子走出阅读低俗区》中已经讲了。同样的原理，也适用于学校。当所有的学生都有了一个阅读成长过程的真实记录，当这个记录可以物化，可以呈现，可以当成阅读史，画成生命树，那么，每一间教室、每一所学校的阅读，就都可以成为自我奖赏，自我激励。但如果一个人不相信人的自我实现，只相信行政权力，那么要从命令模式走到激励—自主模式，从一开始就不可能。

这篇小文章只是问题的抛出，以及初步探讨。但我确实可以真诚地宣称，在我们共同体内部，这个问题早已经圆满解决。我甚至可以进一步说，在十多年前，当我们坚持以这样的方式推进数十个区域的阅读推广时，效果也是极为显著的。

当然我很清楚，行政领导想要推广阅读的意志，校长和教师执行一项意义重大的教育决策的热情，以及能够让大家不走弯路、抵达远方的学术指导，这三者是阅读推广能够成功的三足，缺一足，鼎就很容易倾覆。

教师共读中的同化与顺应

最近几年读书少，偶尔也翻阅最流行的年度畅销，譬如《人类简史》等。但几十本书大多没留下痕迹，唯有凯文·凯利的两本书，因为脑洞大开，而纳入了自己的话语系统，成为思想的新武器。而其他大多数书，实在没法细读，只能一目十行地浏览。细读是读经典和专业研究的读法，浏览是在海量信息中快速检索的读法，各有所长，本身没有优劣之说。

于是想到了读书中的同化、顺应问题。同化、顺应，是皮亚杰从生物学里借来的词语，用来解释心智的发展，或者说学习的过程。所谓同化，就是轻松消化了对象——这里的对象是知识，而主体是原有的认知图式。既然消化得轻松，原有的认知图式就没有多大改变，也就是没有质性变化，只有量的增益。所谓顺应，就是原有图式消化不了对象，图式需要尝试着改变自身，才能艰难消化对象——读不懂经典的人对此一定会深有同感，但若读报纸，就回到同化了。

一个团队，一所学校，教师共读之难，就在于部分人必须艰难顺应的书籍，另外一部分人只需要轻松同化！于是乎坐在一起，一部分人因为艰难而皱眉，另一部分人因为无聊而摇头。

也因此，读所有人必须顺应的对象经典，倒是一劳永逸的选择。可惜经典总是玄之又玄，基本不解决眼前问题，所谓远水解不了近渴，这又使得校长们着急不安。

但经典还是综合效益最大化的选择。

至于近期效益最大化，也不难做到：选择最畅销的专业书，用某种方式快读，只获取最亮眼的那一部分。和经典不同，一般年度畅销书完全没必要把握全书结构，说实话，真去把握了，它的问题也就暴露了，甚至漏洞百出，不堪入目了。

所有人都去各自浏览？那就无所谓共读或者团体，依然浪费严重！

比较好的办法是每人负责一本，目标不是整本书介绍，而是提取最佳的部位：鳙鱼只吃鱼头，草鱼只吃鱼尾。共读研讨前，将部分最佳文字复印给大家；共读开始，负责人讲述此书价值所在（糟粕不谈），尤其是自己的心得；共读高处，就是大家质疑问难，领会一个新概念、一种新方法的妙处；共读之后，由每个人自己决定是否继续吸纳，让它成为自己思想的武器。

在这种程序里，有人用强大的图式同化书籍，有人用热忱和渴望顺应着对他来说还艰涩的书籍。前者也叫自动化阅读，后者可谓登山式阅读。自动化阅读表示一个人现有的思维水平，登山式阅读表示一个人现在可能的学习。

只读经典的人大多效率不高，做事能力不够，因为过于贪恋顺应带来的受虐般的高峰体验，对许多技术型书籍看不上眼，不屑一顾。他们如果能用同化之法学会大量快速浏览，从中提取自己欠缺又紧迫的技能，再用时间加以锻造，当会获得全新的成长。

生命的本质就是理解

读帕尔默《教学勇气》这样的书，跟读苏霍姆林斯基的书一样，总让我为难：一方面他们的感觉很好，他们确确实实是站在教育现场的，那种感觉特别好，特别敏感；但另外一方面让我为难的，是因为他们的教育哲学或者哲学的根基太浅，他们的表述是有很多问题的。

也就是说，他们反映的问题是对的，他们敏感地洞察到了一些东西，但是他们发现的问题如果换一种表述，将会得到很大的澄清。就像我利用全部可见的苏霍姆林斯基著作，提炼出了良性教育学循环，使得他的理论有了一个比他自己归纳的理论更清晰的理解框架。

同样，今天读到《教学勇气》的《全面认识世界》一节，帕尔默是讲要破除分离的观点，用平衡、多元的视角看待问题。我们知道，埃德加·莫兰的《复杂性理论与教育问题》讲述的就是这个问题，但要清晰得多。还有怀特海的《教育的目的》也部分讨论了这个问题。

我可以再提供更多对这个问题的精彩解读。譬如伏尔泰在讨论精神科学和自然科学的区别时，就深刻地阐明了这个问题的本质。

他说，精神科学和自然科学研究的对象是完全不一样的，研究的方法也完全不一样。自然科学研究客观事物的规律，运用的方法叫说明，采取外在于生命感受的客观分析，说明就是一种典型的分解开来的方式。而精神科学研究的对象是人的精神现象，人的精神世界。你想要去理解精神世界，无论是一首诗，一部戏剧，一句话，还是一个发脾气的孩子，你只有通过一种办法才能成功，这种办法就叫同情、共鸣。

同情或共鸣的根基就是我们拥有共同的基因、语言、理解方式。只要是人类，我们多多少少有一些共同的背景，但不同的社会又有不同的生活世界、生活场景。这就是为什么中国人的东西，我们比较容易理解，但是欧洲的事物、古代的东西我们就比较难以理解，因为我们跟它们共同的背景比较少。要理解它们，我们就得增加共同的背景。

为什么我们不能理解问题孩子？因为你的经历中没有类似问题，或者是你已经完全被自己抑制着，已经遗忘了，那你就不能够理解他们。而当你不能理解他们的时候，你就不能够用同情的方式去对待孩子。你会采用什么样的方式？只能是心灵外面的技术和方法。于是危险就出现了，因为很可能你下的药是错的，因为很可能你的诊断本身就是不对的。

精神科学的本质和方法都是理解，精神科学的理解一定是整体性的。理解是怎么一回事？其实生命本质上就是理解着的生命。我们从出生后就开始理解，理解母亲，理解家庭环境，再接着是理解童话故事、神话故事，理解所遭遇的一切，理解历史和经典……在理解的过程中，懵懂的孩子成了朝气蓬勃的年轻人，然后再成为精神更丰富的成年人、思想卓越的成熟人，只要死亡没有合上我们的双眼，理解就不会停止。这表明，理解就是生命的本质，人存在的根基就是理解。

你要去理解一个新事物，你得先有一个自己，然后你用它去遭遇新事物，努力和新事物共鸣。这个新事物可能是一首诗，可能是一部经典作品，也可能是另一个人，也可能是一个公共事件，当你去理解的时候，你先有一个“我”，这个“我”在哲学上叫“前有”“前见”。它既是理解的基础，也是理解的障碍。

如果你对这个已经有的“我”很执着，认为“我”才是对的，认为“我”是不会错的，认为“我”是很重要的，“我”是不能被人轻视的……那么这个“我”就成了佛教中的“我执”，孔子则教导我们“勿意，勿必，勿固，勿我”。为什么叫赤子之心？因为孩子更容易打开自己，哪怕刚才描述的发脾气的孩子，在教师的善意引导下，他马上打开了自己。但是我们成年人，尤其作为一个老师要打开自己就难了。为什么？面子啊！官越大，以前的成就越高，你的那个“我”啊，就越顽固坚强。这时候，新的理解已经很难产生，学习已经停滞，生命只是在大量重复、少量更新。

理解的本质是一个解释学循环，也就是说我们先大概地了解整体，在大概了解的同时，开始不断地进入细部，无数细部在整体背景下被了解，最后再进入一个全面的了解。当这个过程完成的时候，其实旧“我”已经被扬弃了，精神上的“我”已经是一个新的“我”，新东西已经出现在生命里。这有点像皮亚杰说的同化与顺应中的顺应。

当一个“我”已经不愿意再打开自己，不愿意进入意义的洪流中不断地自我更新，这时候，学习和成长就停止了。这是比较危险的。

就教育而言，情况更有趣。刚才我讲到的是精神科学，那么数学并不是精神科学啊，它属于比自然科学还科学的科学，和逻辑相似。哲学上数学的起源这里就不讨论了，我想说的是，其实你们做的不是数学，而是数学教育，数学教育就意味着你们教的知识部分才是客观科学，而另外更多的教育部分都属于精神科学。

教育的本质是什么？教育的本质是教学相长，你自己固然要不断地打破自我，但最重要的是要让我刚才所说的那个解释学循环不断地在学生那里发生。问题就在于如何让它发生，这就有讲究了。如果不是一本孩子看得懂的书，不是一本引起他挑战兴趣的书，他会去读吗？他不会主动去读的：太容易的，没趣；太难的，不敢。读不懂是浪费时间，没兴趣的就读得很勉强。那么作为一个老师的任务是啥？就是让我们所教的知识和学生建立生命间相互理解的关系。对孩子来说，理解的困难源于背景不一样，没有足够的共同背景，孩子面对这些东西的时候，他就会有困难和障碍。我们老师要做的就是两件事情：一、帮他把背景填充起来；二、让这个新事物以一种新颖的姿态直接出现在他面前，就像是戏剧中的一个关键人物出场了，把观众的心紧紧抓住了一样。

每一次教学，每一堂课都应该像一部戏剧。教学就应该是一部戏剧，而里面关键处出场的就是问题，问题就是好奇心的诱导者，当它出场的时候，就意味着主角将要出场。

我们有无数种方法可以让孩子进入所有的精神领域。

回到共读的主题，我们不是要全面去认识世界，而是要清楚地认识自己。认识到只要呼吸不停止，自己的精神就不会停止去理解和自我更新，应该抱着开放的心态去聆听，聆听所有伟大的事。

在所有伟大事物中，对我们来说最伟大者是什么？其实就是学生。每一个学生都是一个谜，比《水浒传》《三国演义》《论语》更神秘、更复杂，也是更独一无二的一个精神体，等待我们去破译。而且轻轻碰一下是不够的，还要我们去和那个主体一起去相互编织，书写生命。教育，真的很神奇。你给出的解释居然最后能够塑造一个人的精神。当你破译了学生的生命密码，然后你用漫长的时间等待，相互编织，最后你让一个幼稚的孩子慢慢地变得亮堂起来，神奇起来—— 一切都不可思议。

坦白地说，这几天我的心境一直很不好，因为遭遇了来自世界的恶意和敌意。甚至善意的信息，来得太频繁，表现得太纠结，也都成了心情破坏者。

然后我就在反思这个事情。我是这么理解的：其实有时候我们对自己的期许过高了。期许本来应该要高，但是期许高跟实际要求做到两者是要区分的。家长对我们应该区分，我们对自己也一样。我们要在理论上认识到高处，在梦想上朝向完美，但是实际上大家都很累了，毕竟大家已经尽力。所以我们能做的是什么？不是当下就完美无缺，而是不要有任何一天停止成长，停止成长就是浪费了我们的生命。但是，现在我们是做不到刚才所说的绝对完美的。坦白说，大家无论现在怎样成长，也不可能一步到位，直接抵达，因为我们现在是不完美的，我们要承认自己不完美。不完美，恰恰是我们能够继续成长的核心。所以我一直不想把全人之美课程或者南明教育夸大了，有时候我觉得我们家长对我们的误解就来自他们对我们期待这种当前的完美性。然而我很清楚我们不但没有完美性，而且和所有人一样有脆弱性——包括我在内。我对我自己已经尽力了，我也是个病人，对我来说我能够走到今天，坚持到今天，还健康地坐在这里，已经是不小的进步了。孔子是我心目中的老师，但是我早就说了，我真正心仪的同学是庄周。而我的镜像是谁？是根本没有长大的彼得·潘！

完美，成了我们的诅咒。

“必须做到立刻就完美！”提这样要求的人是不相信岁月——他不相信种子，更不相信岁月！他只相信什么灵丹妙药，一剂下来，病全好了。

他不相信真正的教育都是漫长的自我教育，不相信生命的奇迹都发生在漫长的岁月中。

（本文系干国祥老师在晨山双语学校教师共读活动上的现场临时发言）

一种啃读方式

前　言

大多数话其实已经讲过，但只要应该听的人没有听到，应该懂的人没有懂得，就有必要继续重复。

谁是应该听的呢？谁是应该懂的呢？

这是一个秘密花园，走进来的人，就应该看看它的草木、根系，以及这究竟是一个怎样的“生态系统”。

这原是为新教育网络师范学院（以下简称“网师”）而写的一篇文章，介绍我的“啃读法”，其实与其说是方法，不如说是原则。

正　文

小时候吃杏脯，最喜欢咬开最后的那个硬核，吃到里面的杏仁。我想大多数人是没尝试过咬开这硬壳的，而且里面的仁儿有时候确实很苦。不过大多数杏仁有一种清苦与清香，这是外面甜滋滋的果肉所不能比的。

小时候偶尔和弟弟两个在秋天各吃一只小小的“全鸡”，结果总是交换：我把大部分鸡脯肉，换成他所有与骨头相连的肉。因为我觉得和白肉相比，那骨里面的髓，似乎更多一番滋味。

小时候读书，一方面好读书不求甚解，遇到不认识的字，只要不妨碍我理解故事的发展、人物的抉择与命运，就不经意间跳了过去——真是“得意忘言”。另一方面对那些决定人物命运的紧要章节，以及体现人物英雄性格的章节，却总是一读再读。那些不认识的字，纵然最后仍然没有能够准确地读出它的音节，但是我知道它是什么意思，或者我深信它一定会是什么意思。

然后稍大一些，读不是故事类的作品，习惯于拿一支笔，在书中把那些精妙的语句画出来，把要点与关键词圈点出来，把自己的想法和问题写在书的空白处。一本书往往要读几遍，每一遍用不同颜色的笔批画，几次下来书上就花得不成样子。而批注的文字也越来越多，有时甚至要用胶水添上附页。

这一个时期大约在 20 岁至 30 岁之间，没有师长，也没有网络可以咨询，甚至没有当代名家的解读，就这样啃下了一些经典的本文，如四书五经中的一部分，如一些存在主义哲学和精神分析的作品。

那时候并不觉得读这些和教育有关，完全是出于生命需要而寻找着，阅读着。而那时的教育是非生命的，教育与生命体验几乎没有关系，教育只是按照标准程序进行操作（上课，给标准答案，记忆，反复练习，出卷，考试，评比）。

当意识到教育就是生命之事，而且只有教师更多更宽广地认识到生命为何时，教育才能走得更远，在这个时候，我才发现前面的啃读是此生最宝贵的财富之一。而若要说有遗憾，就是那时读得太少，读得太浅。

在那样的啃读生涯中，在真正认识到啃读所带来的财富后，我对阅读或这种啃读有了一些切身的体会，我愿意再絮叨一次，和大家分享。

本 文

学习，是人应对环境时发展出来的一种高级行动模式。人在应对环境时，总有一个聚焦的中心，即一个明确的问题。在学习中，这个中心可能是理解一本书，也可能是探索性地了解一种动物以及它所赖以生存的环境。对网师的课程而言，它的中心往往是一本书及其所蕴含的一种特定的思想、理论、方法、视角。

比如我们学习的公共课程有《给教师的建议》《非理性的人》《论语》《静悄悄的革命》等，这些课程都是以一本书为起点的。我们可以把这本书视为“本文”，而其他的一切，都是从这个本文派生出来的解释、批判、延伸。

如果不经历对本文的细读，那么一切学习都将是极其肤浅的人云亦云。譬如有评价说孔子是圣人，也有评价说他是迂师之始作俑者，若没有细读过《论语》以及《史记》中的孔子传略，那么这些评价其实往往只是抄袭了某个偶然读到的观点。而且因为自己没有经历本文阅读，对这种那种观点往往无法做出真正的判断，而只能依据个人的喜好选取那些投自己所好的论点。

于是有人认为苏霍姆林斯基就是强调教育的核心是对孩子的爱，因为他读到有人这样说。这种观点在本文之外无限地复制着……

于是有人认为存在主义就是号召我们与理性对抗，听从生命中那不可名状的激情之召唤。这种观点在任何一本存在主义著作之外流传着……

于是有人认为未来理想的教室就是撕碎一切本本，让孩子在“旷野”上重新经历与领悟人类所经历过的一切。这种观点在远离任何一本教育名著或任何一种真正的教育实践之外传播着……

本文，是经典学习时无可替代的中心。一切真正的理解，一切讨论的起点，一切批判的依据，首先是真诚的本文阅读。

对本文的学习，宜采取一种虚心、聆听、同情地理解的态度。

值得人类或某个社会组织确定其为经典的本文，往往是一本神秘的大全。其观点也许表面看来已经过时，已经不合时宜，但是令人惊奇的是，时过境迁之后，这种原先不合时宜的观点往往比那些时髦的观点更有生命力，更经得起时间的检验。所以，往往是在流行观点成为可笑陈迹的时候，那些原本被认为迂腐的观点会再度被人们发现其中隐藏的奥秘，发现原先人们对它的评价缘于阅读者自身肤浅所致的一种误读。

我并不是说经典的本文所说的一定正确，这绝不可能。我是说，经典所讨论的问题领域往往是恒新的，而经典往往对这些问题有着更为本质的思考，纵然这种观点并不正确，但是其思考之深入程度，往往已经代表了人类在此问题上所能达到的极罕见的境界。譬如虽然我并不认同佛禅的空寂，而认同儒家的生生不息，但我认为，佛禅所探讨的空寂，实在是人类思考本体所能够达到的最深邃的境界。

细读本文，就意味着跟随本文进入那些永恒的问题域，进入那个人类罕至的思的境界。在这里，简单地判断为错或对都是极为肤浅的，因为往往并不存在着一个更可信与更可靠的尺度可以来衡量评判者所探讨的问题。这时候，聆听就显得尤其重要。聆听它，就是进入一个极高的山峰，感受那种清冷的空气。不要忙着下结论，先让自己到达那华山之巅，观看东邪西毒之间的较量。如果你的力量强大到可以一试，那么不妨或讨教或切磋或比拼一番。

批　注

使用批注的方法进行学习，对我而言是自然而然的事。我读一本书时，不得不一再停下来，把要点和结构梳理出来，提醒自己在第二次阅读中聚焦这次阅读所面对的困惑，有时候对这个话题自己也确实有话想说……这样，画一画、批一批、注一注就成了最自然不过的事。只是到了很久之后，才被告知这种阅读法是许多读书人共同采用的。我想就像原始人类在不同的地方都学会了使用石头、树木作为工具一样，这原是我们解决阅读中的困难时能够想到的最自然的办法。

批注，就是像原始人一样用一些简单的工具、一种简单的方法来猎取草原上奔跑的猎物；批注，就是像矿工一样用精细的工具在地层深处挖掘出矿石，敲碎那矿石的表面，让那深藏的昂贵宝石呈现在自己眼前；批注，就是我注六经，把自己的杯子倒空，细细地聆听本文的言说；批注，就是六经注我，把自己的声音交织到文本之中，与作者对话，甚至辩论，像一场文明人的决斗。

批注是一种极为自由的阅读方式，但是它让阅读的速度慢下来，变走马观花（一日看尽长安花）为一种咀嚼的方式，一种含英咀华的方式。

所以批注就是学会在本文中让自己的灵魂自由呼吸，这里没有任何死的教条，没有标准答案，没有固定的先在问题。它只有一个确定的方向：聆听本文，听清楚本文所发出的声音，并把自己的想法编织进去，从而形成一种介于自己和本文之间的“共识”。这就是你从本文中获取的意义。

批注本身也需要在反复批注中习得，没有人一生下来就会高质量地批注，尤其是批注方法本身没有任何先入的框架的时候。你可以用单线、双线、波浪线、三角形、圆圈，或者其他种种简洁的符号，来创立一个自己的批注符号系统。譬如我经常用三角形表示观点有分歧处，用填色的圆圈表示主要观点或阐释的精妙处。

用吻醒来比喻，是想表达这种阅读中人与文本的润泽关系；用厮杀来比喻，是想表达人克服困难以求得真义的艰难过程；用提取矿石来比喻，是想说阅读总是一个去芜存菁的过程，不可能不经历选矿阶段而获得最后的结论（从别人那里抄袭结论不能称之为阅读，它失去的不是矿石而是金子本身）。

诵读是一种对已经熟习且信奉的经典的涵泳方式，而批注则是一种更开放、更自由、更本真的阅读方式。它怀着一种信任的怀疑或怀疑的信任，开始一种聆听、一场对话、一次探索。

参　读

面对经典，我们往往会感觉到自己思力的短缺——如果思想是尺子的话，我们在阅读时总是试图用自己这把较短的尺子，去丈量那一把更长的尺子。再加上历史的尘垢、不同社会的不同背景，使得我们在理解本文时产生种种误解。对这种误解最好的比喻就是“盲人摸象”。阅读者就像是那些盲人一样，只能摸到自己所能够摸到的。

所以，如果没有好的参读，我们或者陷在自己的偏见之中，或者受困于自己的条件，而最终只能登其堂而不得入其室。

参读，前面的“参”有时可以理解为“叁”。只有一种视角，往往意味着没得选择，也就谈不上参读。只有多种观点放在一起，才能够创造一个碰撞智慧火花的场境。

冯友兰的《中国哲学简史》，采取的是一种科学实在论的观点。因为想与西方的话语接轨，所以往往对那些在西方有相似话语的哲学流派讲得特别多。而对西方人没有基础的道禅，讲得很少，且从科学实在论的角度，也难以讲明这些思想的精髓。所以，冯的《中国哲学简史》，必然是从一个窗口所看到的中国哲学简史。而如果我们读牟宗三的中国哲学论著，就会发现另一种以心学、唯心论为基础的哲学史观，一种根本无视名家的诡辩，而能够较透彻地让玄学、佛禅、理学、心学的主要观点得以澄明的解读。当然，你会发现这种观点同样会把另外一部分遮蔽起来。而且，因为作者的意图旨在对抗整个中国文化的基督教化，所以就在中国思想的超越部分讲得特别多，甚至会承认这部分才是中国传统哲学之精华。

冯和牟，谁对谁错，谁是谁非，谁高谁下？不同的人会得出完全不同的结论。而对我而言，他们中这个人澄明了这部分，那个人澄明了另外一部分。如果不是把他们以及更多的观点放在一起，我将一无所见，而只能茫然地接受其中的某一种观点。

参读，就是在自己的阅读中制造一个“百家争鸣”的场境，让那些最精妙的观点从中涌现出来。

参读，不是让自己成为某家观点的牺牲品，而是让自己成为明辨者。

印 证

子路惧多闻。因为听到容易做到太难，所以他怕听得太多。听到了真理而做不到，这是一件可怕的事，这意味着他可能不得不成为一个虚伪者与羸弱者。

我们不止一次地重申，我们的学习朝向我们的存在意义，如果不是与我们生命的根本处相关联，那么学习就会显得可疑。纵然是没有道德意义或存在意义的技能掌握，也最终与我们的生存整体有密切关联。

所以学习的最高境界，就是用生命去印证——并不是说书上怎么说你就怎么去做，更不是说要你用《论语》那些早已经时过境迁而成为陈迹的礼仪去生存在今天的世界，而是说，对那些我们最终认可的真理，我们不得不把它在自己的存在中努力活出来，否则就不能说我们学到了它。

《给教师的建议》第一条，就强调了孩子尊严的问题，把它视为教育的绝对根基。当我们津津有味地阅读，并深为赞同的时候，必然认真地问问自己：我已经做到了吗？我准备做到吗？我哪些是违反了哪些是努力在朝向这个目的的？我明天该如何去重新燃起有些孩子的已经黯淡的生命之火？只有这样想且真诚地这样去做，我们才可以说，我们真是在学习这本书而且认同这本书。

《静悄悄的革命》中核心概念是“润泽的教室”和“对话的课堂”。我们会发现自己的能力可能还不能实现那种即时的灵活的课堂应对，但是，我们在阅读中和阅读之后，会尝试着走出一步，而不是简单地把抱怨抛给教育体制问题。

至于《论语》与《非理性的人》，因为是哲学作品，所以里面与我们的存在息息相关的概念就多得数不胜数。我们不可能也没必要去照搬照抄，但是，对那些我们认为最有价值的，能够让我们的生命抵达一个更高境界的，我们能够信守并且开始去践行吗？

阅读最终须用生命来印证，这是阅读的至高境界。而在我们用生命体认曾经在历史上实现过的真理时，即将涌现出的永远不会是哪本书上的词汇，而是一种全新的语言。它就是我们的生命之花在当下的绽放。

（本文写于 2010 年 2 月 28 日）

再说说读书这件事

一

最近在琢磨一个问题：一个人的阅读力从何而来？

以前我们总是从一个人阅读了多少书，以及读了什么样的书来讨论一个人的阅读，但近来我比以往任何时候更注意到阅读力与阅读量之间的关系远非我们所想象的那么简单。我甚至认为：阅读力可能比阅读量更为重要与关乎本质，阅读力只能从阅读中习得，但阅读量永远不能成为阅读力本身。

阅读力和阅读量，就好像是砍柴之刀与所砍之柴。好的阅读力，就如一柄锋利且坚韧的砍刀；而阅读量是柴火的数量，它不一定确保质量（柴有优劣），更不直接确保阅读力从中产生。

阅读力，似乎有它自己的生成逻辑。想从科学的角度研究它有极大的难度，因为它太神秘，太不可测，我甚至怀疑能不能设计出一套令人满意的问卷，或者实验。但是从另外一个角度讲，我能够用反省，最本真地分析一个真实的个案，并从中领悟纵非普遍但一定确凿的道理。也就是说，我可以通过反思自己来思考这个问题。

二

普通师范毕业后，我们这些相当于高中学力的大都不足二十周岁的“青年”被分配到各个乡镇。其中的大部分不再捧起书本（若干年后不得不为了需要提升的文凭而再次打开教材），偶尔有几个不太合群的，往往依然保留着阅读的习惯。

记得当年我在一所乡小教书时，我的一个同届毕业的女同学的阅读数量是我的数倍，因为她的书“好读”，主要是琼瑶的。后来似乎变成了另外的作者名字，但这些书基本上可以在书店的同一个货架上找到。她一星期能够读上几本，而我则需要几个星期甚至更久，才能读完一本我想读的书。

虽然在师范学校里我们学的是相同的教材，但是毕业之后的自由，把我们带向了不同的地方。我读的是弗洛伊德、尼采、蒙田、雅斯贝斯，以及魔幻现实主义等。其中赵鑫珊的哲理散文、吴亮的随笔这些相对好读的书，正是一种通往更远世界的台阶，我是读他们的书才知道有更远更广阔的世界的，而且也确实知道：既然如此，我就不应该还逗留在此，以为这就是人类思维所能达至的最远处。

于是又接触到四书五经、老庄、禅宗，以及很多杂乱的东西。

从自由民主的角度，一个人选择什么是他的自由。我的那位同学的阅读选择是她的权利，压根无可指责。但是我不得不说，她的阅读确实没有把她带到一个生命可以抵达的远方，而且也没有帮助她更深刻地理解所从事的教育工作，从而在此事上获得更深远的意义和生命可以创造的成就。

三

但又是什么，使得在师范院校毕业之后的自由阅读中，这个人和那个人的阅读如此不同？如果那一刻是今日阅读力的“因”，它也必然是前面阅读道路的“果”。

但是这无穷的回溯必然会停止在某一个特殊的时刻，而不可能把最后的原因归到天赋与基因上。我想这一个时刻就是小学二三年级，我因为想追寻夏日夜晚父亲和邻居老伯所讲的故事，而一个人开始读《水浒传》的时刻。

对一个小学二三年级、尚不满十岁的孩子来说，读《水浒传》显然是一个极大的挑战。但因为零零星星地听到过其中某些片段的故事，我那时所要做的，就是在书中把它们找出来，前后贯通，用一种文字语言来重新理解这个故事。

那时候我还没有字典，所以阅读就变得非常有趣，因为这很有点像猜谜：其中有些字你是认得的，而另外一些字是语文书上没有出现过的；其中有些情节你是知道了的，但更多的细节是故事讲述者没有提到过的……

这本书的阅读我前前后后重复了几十遍，时间从小学二年级一直到初中，直到我的一个同学借去并把它弄丢了为止。在这漫长的时间中，我认得的字随着学校的语文课本的变换而越来越多，而另外的许多好看的书，也逐一纳入我的书单中：《西游记》《三国演义》、元明清白话……

但现在我明白，那人生最初的阅读，与其说是我读了这些书，不如说我学会了一种充满探索意味的阅读。从此之后，我不再能够忍受不需要思考的阅读（极少数情况除外，比如说金庸武侠小说的阅读），从充满未知的书籍中，取得文本的意义，这成了我此生阅读的一种宿命性倾向，我成了一个阅读的解谜者。

四

没有这种解谜能力与癖好，一个人往往只能在过去的阅读力水平上原地踏步，为自己选择那些同一难度的书。而能从解谜式阅读中获得快乐的人，将对无限的重复心生厌倦。

在我上面所说的在乡小教书的前一年，我曾经在一所村小待过一年。每当夜晚来临，我就关闭学校大门，把自己锁在空旷的校园里，读自己的书。那一年我二十岁，外在宁静，内心热烈地读完了郭象注的《庄子》，以及《圣经》，夹杂着一些西方现代派的诗和诗论。

读《庄子》也许是我此生最大的一次阅读猜谜。竖排影印，极小的字，正文有句读，郭象注就无标点了，没有任何现代汉语解释。但那一年，我正在借这本书，一次次地翱翔于哲学和艺术的天空中，仿佛自己如此富有与高贵——虽然穷得连饼干也买不起，小屋里每天从屋顶落下一阵阵的灰尘，而窗外传来农家猪圈中畜类的叫声……

永远忘不了一处细节，庄子说“人籁则比竹是已”，当时就觉得不明白，因此整个天籁、地籁、人籁的意蕴就受了阻。第二天某个时候，忽然悟到：比，就是并，比肩的比，比翼的比；比竹，就是把竹并在一起，这不就是南郭先生所吹的竽吗？进一步讲，这就是指乐器。所谓人籁，就是指人创造的音乐啊。

那一刻领悟此词，进而领悟整个文段的快乐，纵然美酒、蓝山咖啡都不足以比之。虽手不舞足不蹈，但外在的静默下，内心却掀起一阵快乐的波涛。

不是悦而读，而是啃读然后悦。

五

一直以来，我的阅读总带有一种形而上的愿望在里面，似乎是想通过阅读，找到人与世界的起源，理解这眼前一切的成因，以及可能的结果。

所以在不同的时期，我在不同的带有终极性质的书籍中寻找着答案。开始的时候是在神话和宗教中，后来是在量子物理学和基因科学中，再后来是形而上哲学。

就是在上述的同一时期，我仔细阅读了《圣经》和《希腊神话》。这种阅读带着一种孩子式的虔诚与敬畏，没有今天的自以为是式的解读。后来在读精神分析和西方文艺、哲学的时候，才突然明白我偶然获得了一笔丰厚的财富，因为几乎任何一个领域的深入阅读，我都无法绕开这两本书中的故事。

这两本书压根没有阅读难度，我女儿在小学五年级之前就能够阅读，并读下了大部分。但是许多成年人在专业阅读的道路上举步维艰，有时候只是因为书中的一个典故他们压根没有听说过。

于是想起小时候的杂读，形形色色奇怪的书，原来是后面某一个有深度的阅读的基础。也许《十万个为什么》之类的科普，是今天我能够阅读量子物理学家们、基因学家们的普及作品的原因吧？而初中时候偶然阅读并喜欢《野草》，也许是我这个与现代文学因缘极浅的人，毕竟还能理解它的原因吧？

六

我上师范的时候，对于学校的学科是极不重视的，有时候很让老师们生气，因为我不免发布一些教材无用的谬论。

考了几个不合格之后，知道若不向老师们证明一点什么，我的谬论就只是一个无能者的谬论罢了。于是我准备用我的阅读力，在最短的时间内解决考试问题。

一本教材往往是在学期的最后几天里，才会正式地打开——以前上课时或许也翻开，但那只是摆在桌上以免老师怀疑与批评。然后，用几大张白纸，梳理其结构、逻辑，抄录其精要，设想其问题。

文科如此对待，理科也如此对待。

成绩出来后，我纵然得不到优秀（偶尔也会优秀），但一般也不会低于平均水平。因为我平时不太交作业，心不在焉，所以这成绩在许多人看来就仿佛是奇迹一般。现在我更加明白，整体性地、结构性地把握，是一种更自觉的阅读方法。而这种梳理能力，也是一种重要的阅读力。只是让我拥有这种能力的，倒似乎是自己想出来的应试法。

七

我并非一个善写作者，而且写作在我的生涯中属于较被动与晚成的部分。

但是读多了之后，尤其是在读到一些可能并不太高明但其中有些部分又吸引了我的书籍之时，仍会有忍不住想说几句的冲动。

于是就提起笔，在书的旁边生发几句。

但写下之后又觉得自己似乎太狂妄自大，于是在书籍写得精妙的地方也圈圈点点画画，以示本人既会批评也会赞美。

有些地方就打问号。作者不来回答，也许自己第二次阅读的时候会做出回答。

有几本书，附加上去的文字竟然有数万，甚至还有图解。

我发表的第一篇教育文章，就是在一篇论述道家教育的文章上圈圈写写做批注，最后把批注合起来整理一下，居然成了一篇十分整齐的文章，而且观点显然在原作者之上。于是得意之余寄出去就发表了。

后来稍有名气，有一家报纸还愿意连载我批注的一部诗集。

从某种意义上讲，我的许多文章只是批注的扩充。譬如我最得意的文章是心理案例、经典故事的分析或阐释，而这其实完全就是批注式的。

批注是一种对话，它的深浅取决于批注者在漫长的岁月中涉水的深度。

还有没有书会挡着我，让我觉得这是不可逾越的高山？其实还有很多，只是只要我愿意用足够的时间去攀登，哪有什么真的不可逾越的山峰呢？

（本文写于 2010 年 3 月 7 日）

第二辑

慢慢地走进童书

做一只自在吟唱的蟋蟀

——读《时代广场的蟋蟀》

一只流落在都市街头的蟋蟀将何以为生?

陶醉于爵士音乐和麦当劳餐厅的人类是否会聆听到这歌声中的凄苦与思乡?他们匆匆的脚步,是不是会因为这个来自乡野的声音而改变节奏?

《时代广场的蟋蟀》将音乐、乡村与城市、友谊与生存的挣扎融合在一个故事里。可惜的是,作为人类,在这个故事里是盲目的:蟋蟀和老鼠们能够听懂人类的语言,但是人类却无法理解它们的心声。

故事讲一只蟋蟀——在乡下自由自在吟唱露水和青草的蟋蟀,因为跳进野餐篮子偷吃腊肠而被带到了大都市纽约,在时代广场角落上的一个卖报亭里,被报童玛利欧当成宠物收留。

然后,它结识了城市老鼠塔克和塔克的好朋友流浪猫亨利,它们三个,成了天天聚在一起的朋友。

一边是人类的故事。故事中还有玛利欧的父母白利尼老爸和白利尼老妈,落魄的音乐教师史麦德利和中国人冯赛等。人类的故事围绕着要不要留下像蟑螂一样的蟋蟀柴斯特而展开,而这个生意冷清的报亭成了人类故事的背景。

一边是动物的故事。三个小动物,蟋蟀柴斯特、老鼠塔克、猫亨利,它们先是为柴斯特能够拥有居留权而煞费苦心,再是为柴斯特的音乐天赋而欢喜跳跃。

最后，在柴斯特的音乐中，人类与动物找到了共同的语言。当然，为了让人类理解，柴斯特做了让步：它演奏人类的音乐，从流行歌曲到经典乐曲，还有神圣的教堂音乐。

于是这个短短的故事有了几个重大的人类母题。

语言。语言是存在的家园，是思想与情感得以栖息生存的空气。在这里，我们读到了隔膜，读到了沟通，读到了共鸣。而最后的语言是音乐，音乐是上帝的语言，它超越种族、国界，甚至物种。

家园。人类为了自身的安全而发明了建筑，为自己软弱的身体在自然中找到一个最硬的壳，把自己与自然的狂野和恐惧做适当的分离。然后，当这些硬壳慢慢堆积在一起，人类就发明了城市。而在这时候，人类已经遗忘了来处，遗忘了这些坚硬的建筑的本来目的。最后，城市成为新的丛林，而人类终于不再与野兽战斗，而将同类当作了猎物和捕猎者。

这些话题，未必是这本童书的主题，但它会让开始觉悟的人注意到这些：我们并不生活在漂亮词语搭建而成的童话里，我们的处境，并不比一只生活于旷野草坡上的蟋蟀更优越。

《时代广场的蟋蟀》一书的真正主题是友谊，是自我。

就像《出版者周刊》所说的那样："一只蟋蟀、一只老鼠和一只猫咪之间的真挚友情足以温暖这个冰冷的世界。"当然，这只蟋蟀是人类词语中的蟋蟀，这只老鼠是人类词语中的老鼠，它们是罗大里童话里的"连环画里的老鼠"和"猫咪"。

所以，吝啬的老鼠塔克会在蟋蟀柴斯特不小心在梦中啃掉了两块钱而面临白利尼老妈的驱逐时，将自己冒险积攒下的硬币狠狠心捐献出来，以赎得柴斯特的自由。而当成名的柴斯特决定放弃自己的成功与名声回到乡下时，猫咪亨利会理解地表示：既然柴斯特的一生是它自己的，它就应该去做它想做的事。如果成名只是让它觉得不快乐的话，这成名又有什么意义呢？

而真正扣人心弦的是音乐，是柴斯特的音乐，是在它的演奏里，一个城市安静下来的童话场景。

以及更为动人的，这是一出秘密的谢幕。

蟋蟀柴斯特的选择里有人类隐秘的愿望。

人类在饥饿和贫困中，只想到挣扎着活下来。就像刚刚来到纽约的柴斯特，为了让白利尼老妈答应玛利欧收留自己，它愿意做任何事——虽然那时它还不知道，自己真正的天赋与特长是演奏。它拥有着无与伦比的天赋，而天赋就是财富。

当一个人渐渐走向成功时，他会发现自己隐秘的另外的需要：自我是否完整。

在社会对一个人的要求与一个人满足内心的需要之间，存在着永恒的断裂与张力。所以才有李白的名句：事了拂衣去，深藏身与名。无论是“事了”还是“深藏”（隐居），都是人类的需要。在功未成名未就的时候，一个人是很难心平气和地隐居于无名状态中的。所以李白在四十多岁的时候，仍然会因为一纸诏书而上马，以为自己还是个壮志可以凌云的青年小伙子。

柴斯特成功了，所以它有足够的理由为一片黄叶而伤感。

所以它能够幽幽地说：“我想我只是有点九月的忧郁……”

但是，还是很少有人能够像这只蟋蟀一样自觉，一样能够敏锐地觉察到自己内心深处的需要。我们总是被外面的事物所引诱，盲目地参加一场迷失了目的的角逐：我们真的在为自己的灵魂而辛苦追寻吗？

这是一只幸运的蟋蟀，因为它有知心的朋友。收留它的玛利欧，也只是为了让它获得真正的快乐。因为它知道自己的真正感受，知道自己的真正内心。

因为它懂音乐，它懂上帝的语言。

因为音乐本身并不需要掌声，如果你在音乐中纯粹地生存的话。

我是羡慕这只蟋蟀的，因为它可以说：我想谢幕了。

织出生命的奇迹
——《夏洛的网》课堂实录

童话名著《夏洛的网》曾被列为美国最伟大的十部儿童文学名著之首。有人甚至说："我觉得在一个理想的世界里，应该只有两种人存在，一种是读过《夏洛的网》的人，另一种是将要读《夏洛的网》的人。"

故事讲的是在一家美国农民的谷仓里，生活着一群动物，其中小猪威尔伯和蜘蛛夏洛建立了最真挚的友谊。有一天，一个消息打破了谷仓的平静：威尔伯和所有的猪一样，会在圣诞节前被制成熏肉火腿。作为一只猪，悲痛绝望的威尔伯看来只能接受任人宰割的命运。然而，小小的夏洛却说："我会救你的。"

后来，夏洛用自己的丝一次次地在猪栏上织出了被人类视为奇迹的网上文字。这些文字改造了威尔伯，也彻底逆转了它的命运，并让它在集市的大赛中赢得特别奖，拥有了安享天命的未来。但，这时，蜘蛛夏洛的生命却走到了尽头……

师：《夏洛的网》这本书讲述的是一个关于什么的故事？

生：友情的故事。

师：友情的真谛是什么？

生：友情是无私的。人类的友情都被金钱所诱惑，给污染了，而动物胜过我们，所以我认为动物比我们人类更伟大。

师：因为动物没有钱，所以没有被金钱污染掉。（笑声）

师：除了友情还有吗？

生：还有爱。

师：还有爱，爱比友情更大些，更深些。你怎么理解“爱”呢？哪个同学说“爱”？（笑声）

生：书里夏洛对威尔伯说“因为我喜欢你”，从这里可以看出夏洛是用真诚的爱来挽救威尔伯的生命的。

师：除了“友情”和“爱”，还有什么？

生：团结。除了夏洛，还有谷仓里的小动物们，像老山羊真诚地帮助威尔伯，原来坦普尔顿还不肯去找字眼的，是老山羊劝说的。

师：这个团体里有没有不好的？

生：有，坦普尔顿。它不是真心想救威尔伯，它是为了自己的利益才救威尔伯的。

师：嗯，还有吗？

生：还有关于生命的，因为写了关于生命的价值。有一句话说，生命的价值是用奉献来确定的。

师：哦，生命的价值在于奉献。不过我倒有点纳闷，生命的价值真的在于奉献吗？——我记起来了，这句话是前天你们上课的时候说的，我记得是一个男同学说的，哪个男同学？（那个男生站了起来。）

师：请问，既然生命的价值在于奉献，那么夏洛是不是应该对威尔伯说：“威尔伯啊威尔伯，你不要在那里吵吵嚷嚷了，你就安心做你的熏肉火腿吧，生命的价值在于奉献，你应该奉献出你的肉来，这样你的生命就有价值了。”（笑声）你能帮我解答这个疑惑吗？

生：我们的生命是很宝贵的，走过去就再也不能回头，所有金钱都买不回来。

师：哦，生命只有一次，怎么能做熏肉火腿呢？

生：可夏洛明知道它的蜘蛛丝用光了它也会死，它的生命也是非常宝贵的，为什么还要救威尔伯？

师：说得好！夏洛为什么要救威尔伯？我们可以用刚才讨论的“爱”来回答，也可以用现在在讨论的生命的价值与意义来回答。这既是一个关于友情的故事，也是一个关于生命的价值和意义的故事。关于生命的价值和意义，主要集中体现在两个人身上，一个是夏洛，另一个是坦普尔顿。请翻到 88 页，我们分角色朗读这部分内容。（分角色朗读。）

师：后面还有一处，我们不一一读了，浏览一下 100 页到 120 页，那是什么事情？

生：威尔伯要上集市去了，坦普尔顿本来不想去，但是老山羊说集市上有很多很多好吃的东西，它才去了。它不是真正地想帮威尔伯，它只是为了自己的个人利益，把自己的肚子填饱就行了。

生：它和威尔伯的友情是用食物来收买的。

生：后面它啃威尔伯的尾巴，让威尔伯醒来，这样它就可以去集市吃到很多东西了。

生：它不想让威尔伯被杀死，这样的后果就是冬天它又冷又饿。

师：不喜欢坦普尔顿的同学举手。（很多举手的）

师：喜欢坦普尔顿的同学举手，（五六个学生举手）请谁来说说？

生：喜欢它的可爱。

生：喜欢它的语言很有趣，还有它为了食物奋斗的精神，它每次都为食物去帮忙的，要真心帮忙每次都要给它什么利益。

师：嗯，坦普尔顿说：“人不为己，天诛地灭！”两顿饿下来，看你还能有什么贡献？——虽然坦普尔顿是为了食物而救别人，但结果是救了夏洛和威尔伯。

（下面有学生自觉读相关段落，这些都说明坦普尔顿在帮助威尔伯的过程中也有很大作用。）

生：还有它帮夏洛把卵袋取下来。

师：它为什么把夏洛的卵袋取下来？

生：因为威尔伯说每次吃饭的时候让它先吃。

师：它还是为了自己的利益，但是我们看坦普尔顿做坏事吗？书上有没有写？

生：没有。

师：它为了自己的利益而帮助夏洛和威尔伯。你经常帮助别人吗？你帮助别人的同时也要考虑一下自己的利益吗？

生：是。

师：好，请同学们想一想，一个个坦普尔顿原来就坐在这里——你就是小坦普尔顿。但是你坚决不去做坏事。因为做坏事是要受惩罚的。所以，我们不要一味地去批判坦普尔顿的人生观。如果你要批判，你首先要比它做得更好。

（用幻灯片出示夏洛的一段话，学生读："这件事本身就是一个了不起的事。我为你结网，因为我喜欢你。再说，生命到底是什么啊？我们出生，我们活上一阵子，我们死去。一只蜘蛛，一生只忙着捕捉和吃苍蝇是毫无意义的，通过帮助你，也许可以提升一点我生命的价值。谁都知道人活着该做一点有意义的事情。"）

师：我们出生，我们死去，我们活上一辈子。一个人，如果每天只忙着挣点工资换口饭吃，是没有意义的。通过帮助威尔伯，也许可以提升一点我生命的价值。你想过人有一天会死去吗？我是一想到这件事情就害怕。我害怕什么？

生：没有人陪自己，因为生老病死是自然的，但是如果没有家人陪着的话，死不瞑目。（笑声）

师：那叫临终关怀。但是我害怕的不是这个。

生：你害怕庸庸碌碌地活了一辈子，没有什么事让你激动兴奋。

师：因为我白白地走了一遭，什么也没有留下，我的生命毫无意义。

生：还有在你要死的时候，发现生前没有做过任何一件有意义的事，没有为别人奉献过什么，死得很不值。

师：是的，但我还要告诉你，我不会仅仅把帮助一个人当作我生命的意义。我的生命会仅仅因为把一块钱给一个乞丐（当然要这样做）就有足够的意义了吗？

生：不。

师：不是，而是我必须完成一个奇迹，就像夏洛和它的朋友所做的那样——假如夏洛不帮威尔伯，威尔伯最终会成为一个熏肉火腿。所以我们这个主题要讨论的第一个问题是，生命要有意义，不是简单的奉献，而是什么？

（幻灯片出示关键词“奇迹”。）

1. 生命的价值在于创造的大小，在于你是否创造了一个奇迹。

2. 这本书中谁创造了一个什么奇迹？谁赋予了对方以生命的意义？

生：夏洛创造了一个救威尔伯的奇迹。

师：好，假如没有夏洛，威尔伯会怎么样？

生：变成熏肉火腿。

师：请注意听第二句，假如没有威尔伯，夏洛怎么样？

生：假如没有威尔伯，夏洛的生命也就毫无价值。

师：它是一个怎样的蜘蛛？

生：春天出生、结网、捉虫，冬天死去，这样的一个蜘蛛。

师：看来，这个奇迹是大家共同创造的。

（有同学举手反对。）

生：因为弗恩救了威尔伯，如果弗恩不在的话，威尔伯早就死掉了。

师：这说明一个奇迹需要很多人的共同奉献，是大家共同创造的。书中的人物共同创造了一个奇迹。

师：同学们，你这一生准备创造什么奇迹？如果你没有创造奇迹，你的一生将毫无意义。

（生纷纷要发言。）

师：你不要说，创造奇迹是嘴巴能说的吗？

生：不能。

师：它需要艰苦卓绝的努力。你要创造什么奇迹，跟你妈妈去交流，跟你老师去交流，不要跟我说。我今天要跟你交流的是夏洛的网真正的奥秘是什么。

生：夏洛用蜘蛛丝编了一个充满爱的网，这网挽救了威尔伯的生命。

师：你读了后面的文字，很聪明。但是我问的是这张网为什么能产生奇迹？当然我们知道是因为夏洛在上面织了字，织了字为什么是奇迹？

生：因为动物们都不懂怎么写字，所以夏洛在蜘蛛网上织字是一个奇迹。

师：动物们不会织字吗？每个动物都会，只是它不愿意织而已。真正的奇迹在哪里？

生：蜘蛛网本身就是一个奇迹，它妈妈并没有教它，它生下来就会织网。

师：这是书中一位医生的话。蜘蛛网本身就是一个奇迹，它妈妈没有教它，可是它天生就能织出很精致的网。你会织吗？威尔伯也拿绳子去织，结果摔得鼻青脸肿。蜘蛛网本身就是奇迹，但这个奇迹还不是书中的拯救威尔伯的这个奇迹。请问，这个奇迹是怎么实现的呢？我们从头来看一下。

（出示蜘蛛网上织有“王牌猪”字样的插图幻灯片。）

师：这时候威尔伯是王牌猪吗？

生：不是。

师：（出示蜘蛛网上织有“了不起”字样的插图幻灯片。）夏洛织“了不起”那几个字，威尔伯脸都红了，“可我并不了不起，夏洛。我只是普普通通一只猪”。可是后来，当威尔伯站在织有“了不起”字样的蛛网下，“这时威尔伯真正觉得了不起，静静地站着，挺起了它的胸，把猪鼻子晃过来晃过去……”

（后面再同样学习织出“光彩照人”的段落。）

师：奥秘在哪里，你发现了吗？

生：夏洛织网，不是威尔伯怎么样它就怎么织，而是它想让威尔伯怎么样，就怎么织。

师：说得多好啊。夏洛的网怎么织，威尔伯就怎么样。同学们，有人为你织过网吗？

生：没有。

师：真的没有吗？再回忆一下，没有人为你织过神奇的字吗？（有个同学举了手）这个女生我能不能问你一下，如果是秘密的话可以不说。你妈妈为你织了一个什么字？

生：爱。

师：记住，妈妈的爱是一根丝。她用爱的丝织出了什么词语？

生：生命、关爱。

师：刚才书中的这几个词语是说，不是你有什么，我就为你织什么，而是我要你成为什么，就为你织什么。那么你妈妈织的是什么呢？

生：妈妈教我们道理，教我们做乖孩子。

师：哦，我听出来了，你妈妈织了一个字——乖！（生笑）你妈妈织了一个“乖”字——这里有几句话要跟听课的老师们说，我发现这些同学得到的神奇词语太少了，请老师们为这些可爱的、比威尔伯更了不起的同学多织一些神奇词语：王牌同学、光彩照人、了不起、不得了。（笑声）

师：那么，你为谁织过网？

（生全体摇头，小声回答没有。）

生：我为同学织了一张友谊的网。

师：你这张网上织了一个什么词？

生：没有。

师：好，我告诉你，你有这个意愿，但是你没有织成这个网。不过你有这个想法了，我们回头就可以做。

生：我觉得我生出来，就是给爸爸妈妈织了一张网。（哄笑）

师：你生出来是一个威尔伯，你给了你爸爸妈妈做夏洛的机会，他们为你编织过一张张的网。我看到你的网上明明写着词语：勇敢、坚定。而你写的则是快乐、微笑。它们是谁为你织的？谁是你的夏洛？

（生说爸爸妈妈老师等。）

师：好，你要记住，你现在长得这么健康，这么快乐，说明许多人都是你的夏洛。那么，我再问你，你是谁的夏洛？

（生思考。）

师：好，你现在心里想一个人的名字，你能不能为他在心里编织一个词语？

生：能。

师：不要着急，夏洛织一个词想了很久很久，你该如何郑重地送出这个词语呢？如何把它作为一场庆典呢？

师：最后布置两个作业。

一、发现你身边的奇迹，创造你生命中的奇迹。

二、你是谁的夏洛？你将为他精心地编织哪些最美丽的词语？你将如何把送出词语当成一场隆重的庆典？

请找一张漂亮的纸，在上面画一张蜘蛛网，中间空出来，写上你要送出的那个神奇的词语。记住，要郑重地送出，这个世界将因为你的爱而格外温馨。

（本堂课由干国祥执教）

飘呀飘呀，一百条裙子永远飘在我们心里

——《一百条裙子》文本细读课实录

干国祥　执教　　马玲　记录整理

一

学生很兴奋，几乎是一起扑向临时教室里的座位的。一个星期的“晨诵、午读”下来，他们已经和实验教师建立了很亲近的关系，并且很喜欢听这样的课。但毕竟是孩子，依然表现得情绪上的激动更多一些，而少了些学习时应有的“安静”。此刻，他们虽然人坐下了，但心还没有定，在座位上叽叽喳喳地笑着说着。

干老师很简单地问了孩子们几句，比如“你觉得你像谁更多一些？”“玛蒂埃是怎样的一个人，文中的描写你找得出来吗？”孩子们依然是不假思索脱口而出：“旺达！”“找得出来！”几个问题都是这样。干老师提醒他们这样回答问题速度太快了些，要有说服别人的理由，让他们再看看书，从书中找出证据来说明。有一些学生开始翻书寻找，也有一些依然不知道该做些什么，只坐在那里简单地快乐着。

铃声响了，对《一百条裙子》的寻找也开始了。

这一周在宕昌研讨的主题是“阅读 · 思维训练 · 智力训练”，通过文本细读，培养学生拥有独立自主的思维品质，能清楚表达自己真实的见解。这是干老师每节课上都要强调的，这节读书课也是如此。

他首先问了学生一连串的问题。

“这本书是马玲老师带大家读的，这本书好吗？”

“马老师好吗？”

“这本书和马老师谁好？”

学生很可爱，目光马上转向第一排，因为带他们阅读一周的马老师就坐在第一排做着记录呢。孩子们都绽开笑脸并且大声地回答：“好！”“好！”“一样好！”

“干老师今天给大家讲《一百条裙子》，干老师好吗？”

“好！”学生稍稍顿了一下，但还是高叫。

“干老师和这本书谁好？”

“干老师和马老师谁好？”

“一样好！”这下又是脱口而出。

“干老师还没有上课呢，怎么就和上了这么久的马老师‘一样好’了？”没想到干老师却并不领情，孩子们一下子有些蒙。干老师又用风趣的语言打了一个比方，告诉孩子们：“你们讲话的时候也要用脑子，说话要有根据，不能想说什么就说什么。等我上完课你们再下评语，看干老师和马老师是不是一样好。”

“好！”哈哈，又“好”上了。

二

对《一百条裙子》的讨论和细读开始了。

“文中有四个人物：旺达、佩琪、玛蒂埃、老斯文森。你最喜欢谁？最不喜欢谁？你最像谁？”大屏幕上出现了第一个讨论题。

学生对“你最喜欢谁”的回答是绝对异口同声：“旺达。”对“最不喜欢谁”这个问题有了分歧，最不喜欢佩琪和玛蒂埃的几乎两次都举了手，只有一个同学举手表示他最不喜欢老斯文森。至于“你最像谁”，又是齐刷刷地:"旺达。"

在这里，干老师做了解释:"你最像谁，不是说你应该像谁，而是这时候你像谁？"接着干老师又让学生用举手的方式来表明自己的选择。非常有意思的现象出现了。认为自己像旺达的同学依然占了大部分；认为自己像玛蒂埃的几乎没有；认为自己像佩琪的，第一排最边上的一个长得非常漂亮的小姑娘把手举了起来，但是再一看没人举手，马上又把手缩回去了；而认为自己像老斯文森的，有十来个男生把手举起来了。

"你为什么认为自己像老斯文森，说来听听。"干老师请第一排一个胖嘟嘟脸蛋的男孩子说说。其他学生都很开心地笑着，从上课还没有开始，孩子们的笑声就没有断过，几乎老师让他们做的每一件事情都能让他们很开心。这种课堂上与老师、同学的大量交流在平时的课堂是很少的，因此，这一周来，孩子们更多的是体味到了课堂学习、分享对话的快乐。

这个男孩子有些局促，胖嘟嘟的脸蛋左右转了转，嘴巴却紧紧地抿着，什么也没有说。

干老师又请后面一排一个举过手的戴眼镜的男孩子说说为什么觉得自己最像老斯文森。在同学们的笑声中，这个刚才还举着手嗷嗷大叫的小男孩却无比羞涩起来，他扭捏着慢慢站起来，上半个身子却依然趴伏在桌面上，别的孩子都看着他乐，他一双小眼睛从镜片后偷偷溜出来，嘴巴却是严密得打不开一条缝。这也是这里孩子的一种非常普遍的现象。课堂发言基本上是齐答为主，而在齐答的时候就容易形成这样一种情况，那些嗓门大、性子急、不假思考就说的同学往往引导了全班学生的回答，老师的问题出现后，这些孩子马上就说，而其他的孩子就很自然地顺着他们的思路跟着大声响应，老师也就容易被这种假象欺骗了。在这样的情况下，抓着具体学生进行追问是非常必要的。

干老师又转向刚才那个举手说自己最像佩琪的漂亮小姑娘，问她原因，结果这个女孩子也是脸上笑着身体却缩起来，旁边的小姑娘倒是说了一句:"她举错了。"

"你们刚才的举手看来都是没用的，所以举手一定要表明态度。不能随便乱举。”干老师又提醒学生。然后，他又点了一个刚才举手说自己像旺达的女生，请她说说自己为什么像旺达。

所有的学生又一起冲向这个女生乐。这个皮肤白白净净的女孩子同样羞涩地站起来，缩着肩膀，也还是什么都没说。

老师又请了几个举手的学生说，他们的理由是“因为旺达很聪明很可爱很勇敢”“因为所有的女孩嘲笑旺达，旺达没生气”。

就在这时候，坐在边上的一个穿粉红色衣服的女生把手举起来了，她叫张丽芳，应该是一个非常文静内向的小姑娘，今天正好是她的生日。早上晨诵的时候，负责今天上晨诵课的牟肖丽老师把《向着明亮那方》这首诗做了一些改动后，让全班同学一起大声朗诵，送给她和明天要过生日的另一个小姑娘张王菊。张王菊很幸福地接受着同学们的祝福，脸上开出了一朵大大的菊花。而张丽芳虽然内心也是很高兴的，可是脸上却只是一抹淡淡的微笑。她现在却主动举起了手，声音清楚得整个临时教室都能听到：

“因为许多女孩都欺负旺达，旺达没生气。以前我也被那样捉弄过。”

干老师对这个女孩子的发言进行了评价，说她就是班里第一个说出自己像旺达的，因为她和旺达都有过被捉弄的经历。老师又请班里有过被捉弄经历的同学举手，六七只小手举了起来。

“至少在这一点上你像旺达了，那么能不能说你就是旺达了呢？”干老师又引导学生深入思考。

“不能。”学生这时的回答已经不像刚开始那样齐刷刷地大声喊了，更多的同学开始倾听，听老师下面要提出的问题。

三

大屏幕上，出现了这样的思考题。

在第一章至第四章中：

当你＿＿＿＿＿＿＿＿＿＿＿＿的时候，你就是佩琪。

当你＿＿＿＿＿＿＿＿＿＿＿＿的时候，你就是玛蒂埃。

当你＿＿＿＿＿＿＿＿＿＿＿＿的时候，你就是旺达。

老师让学生从旺达先说起。学生先说了旺达的衣服，那条旧旧的洗得发白的蓝裙子。干老师又引导学生细读文本，从“名字”“座位”等方面来说，知道了旺达在班里是被同学排挤，受到冷落的，这时候，干老师在黑板上板书了一个词“漠视”，教给同学。

在对旺达当时受到班里同学漠视的情况清楚后，干老师又提出了一个问题，学生这一下可吃惊了。“旺达自己又怎么样啊？”这下子引出了关键的故事情节，旺达原来是撒谎的啊，故事的发生也就是从旺达的一句话开始的。她明明没有一百条裙子，却要对女孩子们说：“我有一百条裙子。”

学生这会儿很矛盾，整本书里最美好的旺达居然也撒谎啊。当老师再问你还像不像旺达的时候，刚才举手的很多同学不再举手了。

接着说佩琪。同样，学生本来都认为佩琪欺负旺达，很坏，可是通过对第 6 页和第 18 页的文本细读，学生却发现原来佩琪不但外表漂亮，成绩优秀，而且富有同情心和正义感，为了被虐待的小动物她能哭上好几个小时，见到女孩子被欺负她会挺身而出。就连捉弄旺达也是她认为“我要拆穿旺达的谎言”。

没想到佩琪居然是这样的一个女孩儿，她好像没有什么缺点啊。学生又迷惑了，教室里也安静了许多，只是翻书和读书的声音越发清晰起来。

对玛蒂埃的认识也同样如此，干老师引导学生比较旺达和玛蒂埃身上的共同点。经过这样议论比较，学生对这三个女孩有了更深入全面的理解：

在第一章至第四章中：

当你聪明、漂亮、深受同学欢迎、有正义感、骄傲、以自己为中心的时候，你就是佩琪。

当你缺乏勇气、害怕失去朋友、害怕别人嘲笑的时候，你就是玛蒂埃。

当你贫穷、成绩不好、名字古怪、被同学冷漠与歧视、向同学“说谎”的时候，你就是旺达。

这时候，干老师再一次让大家选择，书中的这四个人物中，你是谁？

学生这时的回答和刚开始上课时就出现了明显的分歧，选择四个人物的都有，而选择玛蒂埃的却明显多起来。

四

干老师带领学生继续对后三章进行细读。依然是刚才的那几个问题。

在第五章至第七章中：

当你____________________的时候，你就是佩琪。

当你____________________的时候，你就是玛蒂埃。

当你____________________的时候，你就是旺达。

通过对这三章中每一个人物做了哪些事情、什么事情的具体分析，在具体到句段的品读中学生又一次对书中的三个女孩子有了深入的认识。

在第五章至第七章中：

当你大方、大度、勇敢、知错就改的时候，你就是佩琪。

当你能反思与忏悔、能鼓足勇气做出艰难的决定的时候，你就是玛蒂埃。

当你拥有最美丽的心灵和最丰富的想象力、创造力的时候，你就是旺达。

在这个过程中，学生的朗读依然存在比较突出的问题。干老师更多地以自己的朗读来让学生去理解体会。不过，思考的学生越来越多了，持不同意见的学生也多起来。比如李霞，对于老师提出的每一个问题，她都有自己的想法，这个孩子在阅读推进时提出的问题也是最多的，可是她还是太羞怯了，每次老师叫学生发言的时候她都是先看看别的同学，再悄悄地把手举起来，期待着老师能叫到她。可是等老师向她这个方向看过来的时候，她又悄悄地把手放低，低到几乎与桌面持平了。她后面的李蔚也是如此，这个女生，对于老师说的每一句话都很认真地听着，还情不自禁地随着点头，因此，在老师问问题的时候，她没有像别的学生一样大声齐答，而是在其他学生说的时候，显出若有所思的神情来。

五

对于整本书中三个重要人物的分析结束了。

干老师再次让学生选择：

“旺达、佩琪、玛蒂埃、老斯文森，你最喜欢谁？最不喜欢谁？你最像谁？你给他们打几分？”

对于三个女孩的选择，学生这次就很不同了。每个人都了解了这些人物的优点和缺点，也都在根据自己的实际情况来选择，那个漂亮的小姑娘这次是勇敢地把手举起来了，大声地说出她觉得自己最像佩琪。

但是在给老斯文森打分的时候依然出现了很有意思的情况，有的给他打零分，因为“据说他好像杀过人”，有的给他打八十多分，因为好像他也不怎么坏。老师依然带领学生对文本进行细读，学生在仔细地阅读了关于老斯文森的段落后，也惊讶地发现，其实那些对于老斯文森的各种说法也都只是传闻而已，并没有确凿的证据证明老斯文森杀过人。因此学生明白了当我们并不了解一个人就对他妄加评断，那么其实就已经是在做类似佩琪捉弄旺达的事情了。

至此，学生对于《一百条裙子》的认识又上了一个高度。

六

大屏幕上，一行大字特别引人注目:“你想要拥有一百条裙子吗？”

这是我在第一次导读课时特意问全班学生的一个问题，当时不但男孩子异口同声地说“不想拥有”，而且连女孩子想拥有的都不多。一周的阅读下来，学生的选择已经和最初有不同了，想拥有这“一百条裙子”的也更多了。对着那些男孩子，干老师坏坏地问了一句:“真的不想拥有一百条裙子吗？”

然后，临时买来用作大屏幕的那方白布上，出现了一条又一条美丽的裙子。全体学生不禁惊呼起来，他们被这绚丽的美惊呆了。

真是一百条裙子啊，长裙、短裙、纱裙、布裙、裙摆蓬得大大的公主裙、修长飘逸的仙女裙、可爱的娃娃裙……

真是一百条裙子啊，红的、黄的、紫的，青草一样脆脆嫩嫩的绿的，天空一样明净澄澈的蓝的……

真是一百条裙子啊，在春天穿着，去山坡上寻找第一朵开放的蒲公英；在秋天穿着，到小河边去采集飘落的一片片黄叶；在雨中穿着，将粉红的小伞也转成一朵美丽的小花；在雪中穿着，将落下的每一片雪花印作裙子上更美丽的图案……

真是一百条裙子啊……

此时的临时教室里，所有的学生和老师都被画面上惊人的美打动了。

大家目不转睛地欣赏着，惊叹着。

这些美丽的裙子，是干老师特地从很多图片中截取下来的，他说，这些画面真美啊，这么美的东西，是一定要带给孩子们的。绘本、故事、童书、童影……这些美好的东西真是太多太多了，我们就要用这样的美好填补每一个孩子的童年。

最后，在孩子们无比幸福快乐的目光中，大屏幕上出现了这样的字：

> 拥有一百条裙子，意味着：
> 拥有美丽的心灵
> 拥有想象力和创造力
> 拥有描绘明天的能力

“你想要拥有一百条裙子吗？”

“想！”这一次，所有的同学都用力地点头了。

你如何拥有它们？

这是一个需要很长时间才能回答的问题，那么，把这本书保留在我们身边。在每一年的一个时刻，当有人像旺达一样，受到别人漠视的时候，当有人像佩琪一样，以自我为中心而不考虑别人感受的时候，当有人像玛蒂埃一样内心开始矛盾充满挣扎的时候，当身边还有着像老斯文森一样的人的时候，让我们再打开这本书，重读一遍吧。

让这一百条裙子，高高飘扬在我们心里，飘扬在每一个孩子的童年吧。

让每个童年都拥有一百条美丽的裙子

——《一百条裙子》课后反思

一

“你想不想拥有一百条裙子？”

四天前的早晨，当马玲老师将56本《一百条裙子》捧进教室，这样问孩子们的时候，有几个女生怯怯地举起了手，而更多的孩子窃窃地笑着，不敢或者不愿意举起他的手——尤其对男孩而言，这个问题似乎问得有些古怪。

四天后的上午第二节课，下课铃声响起，当我将最后一张幻灯片播放完毕，再问：“你想不想拥有一百条裙子？”教室里，所有的孩子齐刷刷地回答了：“想！”

因为通过这个故事，他们已经知道，拥有一百条裙子，也就意味着拥有美丽的心灵，拥有丰富的想象力和创造力，拥有描绘明天的能力。

二

其实远远不止这些啊。这本薄薄的书里，有着远比这个简单的结论更丰富的东西。

在昨天准备这堂课的时候，我对寅年和杜涛说，其实对一般老师而言，如果无法讲透这本书，就不必强加解释，只要在班级里设立一个“旺达节”，每年到这一天，大家拿出这本书，再读一遍。这样一年一遍读下去，藏在情节深处的那些令人感动的东西，就会一点点地浸润到他们幼小的灵魂里。

在这堂课上，我反复追问的，并不是“你想不想要一百条裙子”这个问题，这个问题在课堂的结尾，只是为了与最初阅读时的问题连成一个完整的回环。

在课堂上，我反复追问的，是“你究竟是谁”——你像旺达？玛蒂埃？佩琪？或者老斯文森？

“你喜欢谁”和“你像谁”，这是两个不同的问题，可读者，尤其是这些孩子总把它们搞混。

三

在我们，包括孩子们的心里，自己的形象一定是那个最完美的主角。那么既然旺达是《一百条裙子》中最后获胜的主角，那我就喜欢她吧，那就是她吧。

可是，我们真的像旺达一样，身上穿着旧得褪色但依然洁净的裙子吗？像她那样，有一个古怪的、被人嘲笑的名字吗？坐在教室的角落里，而那里，原来只属于那些最调皮的男生？为了一个无法满足的女孩的梦想，向同学“撒谎”说自己有一百条裙子？或者，我们真的像她那样，在轮到自己朗读课文的时候，读得那样艰难，甚至，不敢发出声音？还有，经常地被那些骄傲的同伴奚落、嘲弄？

这是故事的前半部分里的旺达。卑微，孤独，被世界边缘化。

这肯定不是我们想要的那个旺达，如果故事只到这里，我们每个人都会说：我们不想做旺达，我们也不是旺达。

四

那么读者最讨厌的那个佩琪呢？故事中那个带头伤害旺达的佩琪呢？我们是她吗，愿意是她吗？她漂亮、富有、聪明，是全校最受欢迎的女孩；她有正义感，会保护被男生欺负的小孩子，会为受虐的动物而哭泣。甚至，她之所以不断地打击旺达，最初也仅仅是因为她对旺达向他们撒了谎不满。

当然，在后来，因为这种打击让她快乐，所以，就渐渐地成为一种习惯，而不再去追索它的根由。

佩琪不是一个坏女孩。也许，她才是我们理想中的“自我镜像”——我们希望在照镜子的时候，对面出现这样的一个女孩。

她阳光，她是生活的赢家。

只是她太骄傲了，所以她听不见，她看不到。她看不到自己的所作所为所留下的深深的伤痕，她听不到被人伤害的旺达内心的哭泣与挣扎，以及玛蒂埃内心的哀求。

五

在故事中，最令我感动的是那个玛蒂埃。而在课堂上，这些甘肃的四年级的孩子，给了玛蒂埃最低的分值——作为佩琪的“帮凶”，她甚至比佩琪更不受欢迎。

可是，玛蒂埃从来没有“亲自”打击过旺达，而每一次佩琪对旺达的嘲弄，都让她深深地感到不安。

因为同样是贫困的女孩，所以她听得到旺达内心的哭泣。

因为害怕遭到同样的命运，所以她不敢挺身而出，告诉佩琪不要再做这样的游戏。

于是，她成为故事中和旺达一样痛苦的人，甚至可以说比旺达更痛苦——因为她还得一次次地经受道德与良心的拷问。

是的，孩子们本该发现，我们也本该发现，在生活中，我们更多的时候是玛蒂埃。

我们既不是真正的赢家，也不是彻底的失败者，我们只是一群依附于赢家、不敢为正义挺身而出的痛苦者——而当我们失去这个痛苦时，我们也就成为社会上最不足道的失魂人。

六

如果故事到这里结束，那么，这真是一个残忍的故事。

只是如果我们不像佩琪那样骄傲，如果我们没有用自己的自以为是阻断对孩子内心的聆听，那么我们将会发现，在每一个教室里，都生活着佩琪、旺达，以及反省的痛苦一闪而过的玛蒂埃。也就是说，在校园里，在教室里，冷漠与伤害，歧视与偏见，几乎不同程度地存在着。

教室里，肤色相同的这群孩子，他们灵魂上的肤色是不相同的。永远会有一些孩子的内心，被烙上了有色人种或者高等人种的烙印。

而教师，他本该是弱势孩子的保护者。只是可惜，许多时候，教师却成了心灵肤色的裁定者。正是教师的断言、偏见、固执，才让很多孩子从一开始，就成了旺达，成了角落里的被遗忘者。

一个好的故事，它总是对生活中最敏感的难题，做出简洁、准确的揭示。譬如《卖火柴的小女孩》，说出那一个时代的彻底的冷漠，和在这种冷漠中，美丽生命的破损；譬如《皇帝的新装》，说出了深藏于文化内部的矫揉造作和虚伪。

但是，一个好的故事不会停留于此。它总要再向前走一步——在故事中，比在实际生活中更早一些，更勇敢一些——用想象的浪漫，来解决这些现实中的问题。譬如，一个勇敢的男孩会站出来，说出从没有揭穿过的谎言。或者，用最无可奈何的想象，譬如天堂，来作为最后的解决方案。

七

《一百条裙子》也一样。通过故事，它提出了一至四章中所揭示的校园问题和成长问题的理想的解决方案。

故事把最完美的结局给予了旺达：原来啊，旺达用最优美的画笔，画出了一百条漂亮的裙子！这样，她的谎言就成为承诺，成为真正的憧憬，成为对明天的描绘。因为画出了一百条裙子，因为这些裙子赢得了学校圣诞节的大奖，因为自己已经远离了这个校园，不再受到奚落，所以，旺达不再计较同学们对她的冷嘲和热讽，以及平素的冷漠，她把获奖的作品，作为礼物，送给了曾经不断地伤害她的女孩子们。于是，旺达在读者的心中，就拥有了宽容、大度、豁达的美誉。

对一个困境中的孩子而言，对一个屡屡遭受同学的奚落与打击的孩子而言，这样的结局真是太好了。因为故事告诉那些孩子（其实每一个孩子都会有过那样的时刻，生活中没有纯粹的“佩琪”），只要你能够“画出一百条裙子”，那么无论有过多少的误解，有过多少的冷落，有过多少别人的冷眼，你就是生活的主角，生活中的强者和赢家！

也就是说，这样的故事告诉像旺达一样的孩子，你不要计较于别人的冷漠或者嘲弄，你要致力于自己生命的创造，用你生命中的“一百条裙子”，去告诉他人，告诉这世界：我，也是骄傲的主角。但是，为了防止孩子们因此成为于连式的人物，故事还告诉孩子们，“成功”之后，你仍然要不失谦卑与感恩，至少，你不能斤斤计较于已经过去了的那些恩怨。

故事真的好极了。只是，作为一名教育研究者，我要追问的是：如果没有波迪（《特别的女生萨哈拉》里的神奇教师）一样的精神导师，有多少“旺达”能够为自己“画出一百条裙子”？在黑暗中一个人苦苦地挣扎，其结果，往往是成为彻底的失败者、边缘人。

就像故事中的另一个人物老斯文森，一个被社会排挤在社会之外，在故事中面目模糊的人物。

八

故事也给了佩琪一个机会。

这个因过于骄傲而听不到看不见的女孩，面对着旺达所画的“一百条裙子”，她真诚地说：“天，我还以为自己画得不错呢。”她把真诚的赞美，给了旺达所画的一百条裙子，把真诚的歉意，给了那个她无心伤害而一直伤害着的波兰女孩——旺达·佩特罗斯基。

只是在生活中，那些同样过于骄傲、过于自大的男孩女孩、男人女人，也会有这样的机会，对被自己有意无意伤害过的人们，说一声对不起，并聆听他们的声音，发现他们的美丽吗？

九

而这本书其实把最大的一个机会，给了玛蒂埃。

在这本书里，其实旺达已经远离，不再出现。关于旺达的所有故事，来自玛蒂埃不安、自责、痛苦的回忆。伴随着旺达所受伤害在记忆中的复苏，玛蒂埃内心的痛苦也在一遍遍地加剧，直到故事的最后，她终于做出一个重要的决定：

“她决不再只做一个旁观者了！”

“她已经没有办法纠正在旺达身上犯下的错误了，但是从现在起，她再也不会让其他人不快乐了。”

“如果她再听到谁因为长相不好或者因为名字奇怪而被别人取笑的话，她一定会仗义执言的。”

能做出这样的决定的人，在我们的生活中能够有多少？

这个被孩子们打了最低分的女孩，事实上，替我们做出了这本书上最最重要的一个决定：我们决不成为社会漠视与伤害的附和者和旁观者！

如果说旺达是此书中最光彩照人的人物，那么，故事中刻画得最真实、最细腻、最深刻的形象，则无疑是玛蒂埃。

十

可惜的是，当我在课堂上，问学生能不能做出这个“玛蒂埃决定”的时候，孩子们只是乐呵呵地整齐而大声地回答我“能”。

事实上，无论回答“能”或者“不能”，都将不能让我满意，轻松地回答“能”的无心，并不会比犹豫地回答“不能”的胆怯更好一些。

事实上，不仅要做出这个重大的决定是极为艰难的，而且，要能够有足够敏感的心灵来发现身边的旺达，也并不容易。

在课堂上，当我再一次出示“旺达、佩琪、玛蒂埃、老斯文森”四个人物，让孩子说喜欢谁不喜欢谁的时候，孩子们把那个“老斯文森”纳入了黑名单。询问理由，则是因为“听说他杀过人（书中紧跟着说，听说他连掐死跳蚤的能力也没有）”“因为他脏”“因为他性格古怪”……这就是一个年老的男性的“旺达”啊，可是，不要说孩子，就是我们成人，也未必能够认识到这一点。

十一

这就是故事，它既揭露出那些被我们的骄傲或者麻木所遮蔽的社会问题，又通过故事中人物的种种选择，给予我们一次改变的机会：当我们做出与以往不同的选择时，不仅故事有了不同的结局，而且整个社会也将有不同的未来。

如果我是骄傲的佩琪，我将因此而看到自己的盲目、粗鲁。

如果我是旺达，我将因此而决定画出生命中的“一百条裙子”，宣告自己也是生活舞台的主角。

如果我是那个一直犹豫不决、痛苦不安的玛蒂埃，我将从此做出那个重要的决定。

而如果我恰好是这样一群孩子的老师呢？我又将能够在这个故事里，获得什么？我能够聆听到每一个孩子内心重要的声音吗？我能够帮助他做出那些重要的抉择吗？——更重要的是，我得首先反问自己，我是不是心灵肤色的裁定者、制造者。

现实往往没有故事这样浪漫，如果没有波迪，生活中的旺达们，也许只停留于第一至四章中，而不可能有那个美好的结尾。

而如果你准备好了，那么坐在你教室里的每一个孩子，在他们的童年里，都将拥有“一百条美丽的裙子”，做出那个重要的“玛蒂埃决定”。

每个人都是一个孤独的星球

——《小王子》主题讨论课实录

干国祥　执教　　马玲　记录整理

教室里已经坐满了学生和老师。

还没有上课，但是一抹金黄却牢牢地吸引着大家的目光。那是干国祥老师手里的一条金色的围巾，这也算是这次《小王子》旅程中的小插曲了吧。临行前，大家突然发现高丽霞脖子上围的围巾正巧和音乐剧《小王子》里的围巾颜色一模一样，都是灿烂的金色，便对干老师建议，让他最后上课的时候把围巾围上。这不，高丽霞前几天还特地洗干净了，这会儿递给干老师。

可是干老师却这么说："在这里，小王子是在坐的每一个同学。这条围巾应该给大家围。"他又幽默地说："但是围不住。"在场的老师和学生一下子都乐了。他又对孩子们说："好了，你现在从心里拿出一条围巾来，围在自己的脖子上。"

"你的围巾围好了吗？"

学生纷纷点头。

"你的围巾在随风飘扬吗？"

学生又纷纷点头。

孩子们啊，不管你的脖子上是否飘着那条金黄色的围巾，你都是一个小王子啊，在你的此刻。

“现在我给大家五个机会，猜一猜我是谁？”干老师故意用有些神秘的语气说。

“干老师。”学生可没有想那么多，一口道出。听课的老师们都哈哈大笑起来。课堂的小船，就在这样的语言游戏中，悄悄划离了宁静的港湾。

孩子们七嘴八舌地猜着，干老师都予以了否定：“那个同学猜我是小王子，错了；这个同学猜我是飞行员，也错了；这个同学猜我是狐狸，那更是大错特错了。现在再给你们最后两个机会，谁来猜？”

“作者。”

“也错了！”干老师再次以神秘的口气说，“所有书中的人物你都想一遍，我会是谁呢？”

“花。”有的同学在下面小声嘀咕着，可是他们再抬头看看这位头发长长的男老师，怎么也不像那朵花啊。

“扳道工！”孩子们在大声报出这三个字的时候不觉笑出了声。在他们的记忆中，只有这个应该算是那些大人星球之外的代表了吧。

“这个答案先不告诉你们，待会儿保证让你们大吃一惊！”面对学生探询的目光，干老师并没有点破这个秘密。

后来的老师还在继续分占着本来就小小的教室空间，但是同学们已经迫不及待地想要开始小王子的旅行了。

课开始了，旅行也开始了。

“驯养”

大屏幕上出现了《小王子》中狐狸等待小王子的那幅插图，学生全神贯注地看着，干老师用有力的声音，缓缓说道：“一个星期以前，一只‘狐狸’来到了你们身边。她对你们，说了些什么？”

这只“狐狸”其实指的是我（马玲老师）了。这星期每天午读的时候都由我带着学生一起走进《小王子》，四天的时间我们已经说了很多很多，学生一时没有反应过来该说什么。

干老师提示道："这只'狐狸'对你们说了些什么？她告诉了你们什么道理？她跟你们说了哪些词语？"

"驯养。"孩子们迟疑着，说出声来。

"驯养？是吗？"干老师确认道。

"是！"声音明显响亮起来了。

"那怎么吞吞吐吐的？这个词没有刻写在你们心里吗？"干老师说，"那么我们再请这只'狐狸'出来，请'狐狸'和你们再把这个词刻写出来，好不好？"

"好！"

此时的大屏幕上，呈现的是狐狸和小王子在一起的那幅插图，"驯养"两个大大的字在左上角格外引人注目。

"现在请'狐狸'上场。"干老师话音未落，教室里就响起了一片笑声。大家都冲着我坐的方向看过来，学生也都兴奋地望着我。

与此同时，大屏幕上也出现了"狐狸"和"小王子"的对话。我和"小王子"们开始了对话。我不知道这些孩子心里在想些什么，可是在我眼前，却是从星期一一直到此刻的一幕幕。

小王子：你好！

狐狸：你好！

小王子：你是谁？你非常漂亮。

狐狸：我是一只狐狸。

小王子：来和我一起玩吧，我现在很伤心。

狐狸：我不能和你一起玩，我还没有被你驯养。

小王子：麻烦你告诉我"驯养"是什么意思？

狐狸：这是一个总是被遗忘的事情。它表示建立关系。

小王子：建立关系？

狐狸：不错。对我而言你只是一个小男孩——和千万个别的小男孩没有什么不同，我不需要你，你也用不着我，对你来说，我和其他千万只狐狸没有什么两样。可是要是你驯养了我，我们将会彼此需要——你对我而言将是世界上独一无二的——我对你而言也是世界上唯一的了。请你驯养我吧！

是啊，孩子们，对我而言，上周四的时候你们还只是一个个小男孩小女孩——和千万个别的小男孩小女孩没有什么不同。我不需要你，你也用不着我。对你们来说，我和其他电视上出现的千万个人没有什么两样。可是我们彼此驯养，现在我们彼此需要——对我而言你们现在每一个都是独一无二的——我对你们而言也是世界上唯一的了。

孩子们继续读着，你们是否听到了我的心声，是否也在默默回应着我？

小王子：我很想如此，可是我没有很多时间——我还要去认识朋友，还要去了解很多事情。

狐狸：我们只能了解自己所驯养的事物。要是你想和我玩，你就必须驯养我——耐心地建立关系，使彼此之间开始心存依恋。否则你对我来说只是和别人没有两样的小男孩——对你来说，我只是一只和别的狐狸一样的狐狸。要是你需要朋友，请你驯养我吧——直到最后一秒，你在世界上对我都是独一无二的。只要你将我驯养，我的生命将会充满阳光——我就会认识你的脚步声，会被它召唤出我的洞穴。金黄的麦田会让我想起你，我也会喜欢微风轻吻麦田的声音。要是你需要朋友，请你驯养我吧——直到最后一秒，你在世界上对我都是独一无二的。我们需要相互约见以便相互熟识——这样每次在一起的时刻，都会让我体会到幸福的价值。

小王子：我需要做些什么呢？

狐狸：需要耐心。首先，你坐在离我稍远的地方，我会瞟你几眼，你什么也不要说。言语是误解的根源——不过，每天，你都可以稍稍向我靠近一些。

张洋啊，我看见你眼中的泪光了；王伟啊，我听见齐读声中你脆脆的声音了；朱金圣啊，每次你发言的时候我都要说“有进步了，但还可以改进得更好一些”……耐心啊，耐心，这几天，我这样对你们，你们也是这样对我的啊，每次的小小随笔，都那么超乎寻常细致准确地完成……

“谢谢‘狐狸’。”干老师也被打动了，他有些动情地说，“这个星期，你们就是这样慢慢地，慢慢地，每天靠近一点，靠近一点，彼此建立关系，彼此驯养，直到今天，‘狐狸’对你们说——”

大屏幕上又出现了狐狸和小王子分别时的对话。这段对话干老师把狐狸和小王子的话颠倒过来，因为“驯养”是相互的。干老师富有感情地把这段对话读了出来，他读的时候，下面的学生和老师，还有我们研究中心团队的人员都是泪光盈盈。绛县的一周培训课程，对于我们来说，也是彼此驯养的过程啊。

狐狸：我应该动身了。

小王子：啊！我会哭的。

狐狸：这是你的错。我不想伤害你的，是你要我驯养你的。原来驯养，就是这样的啊。可你却要哭了。

小王子：是的。

狐狸：那么你从驯养中什么也没有得到啊。

小王子：我得到了，我拥有了麦子的颜色。

干老师读完后，很自然地将话题转向学生：“在这一星期的驯养中，你们得到了什么？”

“得到了知识。”孩子们这么回答。

“得到了知识。知识有这么重要吗？还有什么比知识更重要的呢？”干老师反问道，“其实大家都知道，但是在这个时刻，大家未必说得上来。”

他又拿出一张自制的心形贺卡对学生说：“这是今天早上一位同学送给马老师的，送给即将远行的‘狐狸’的礼物。这份礼物最初是‘狐狸’送给‘小王子’的。（指的是我给学生上晨诵，并且在学生随笔本的扉页上给每个人都写了一首改写的合适的童诗。）现在‘小王子’又送给了‘狐狸’。”接着，干老师把贺卡上的赠言读了出来。

千屈菜

——送给亲爱的马老师

亲爱的马老师啊！
你就像长在河岸上的千屈菜，
开着芳香四溢的花。
河水流了很远很远，
一直流到遥远的大海。
在很大，很大的大海里，
我是一滴很小、很小的水珠。
我会一直想念着您——马老师，
我是从你寂寞的千屈菜的花里滴下的那颗露珠。

他读完后的片刻，教室里静静的，就像布满繁星的星空。

“狐狸在告别小王子的那一刻说了一句话。”干老师点击课件，大屏幕上出现了这句话，干老师请同学们一起来读：

为了我们的离别，我告诉你一个秘密——只有用心灵才能看清事物的本质。真正重要的东西是肉眼无法看见的。要是人类忘记了这条真理，你也不应该忘记。

“生命之谜”

“你们已经彼此驯养，建立了深厚的关系。但为什么这节课我站在这里？”干老师提出了疑问，大屏幕上随即出现了两个大大的问题。

我是谁？

我还能对你们说些什么？

与这两个问题相呼应的是《小王子》中最后小王子和蛇的那张插图，其实秘密已经通过图画悄悄传递出来了。

“我是谁？我还能对你们说些什么？马老师已经和大家说完了，做完了。我还能做些什么？这就是刚才让大家猜一猜的，我到底是谁？现在我告诉你答案。”

“蛇！”大屏幕转换出现蛇与小王子的对话的瞬间，学生已经脱口而出了。听课的老师不由地发出笑声。

“我要告诉你们什么？来，我们来对话吧。”接下来是干老师以书中“解谜者蛇”的身份出场，和学生展开了一场对话。

小王子：你真是一个奇怪的动物。你连脚掌都没有。你连旅行都不能够。

蛇：噢，我可能带你去任何船只都到达不了的地方——谁被我触到，我都能让它归葬大地。可你是如此纯洁，你来自一颗星，你让我怜惜——你多么脆弱，在这块冷酷的大地上。如果你有天后悔来到这个行星上的话，我可以帮助你。我可以……

小王子：噢，我完全明白你的意思——可你为什么总要说些晦涩如谜语一样的话呢？

蛇：因为我是解谜的。

读完这段话后，干老师的音量明显提高了，语速也快了一些："我为什么来了？因为我是——"

"解谜的。"学生一起说。

"我是解谜的！我来为你解开生命的全部奥秘……也是《小王子》这本书的奥秘。"

学生眼睛一眨也不眨地听着。

谜之一：重要的东西

"我曾经和大家一起解开过一个奥秘，还记得吗？"接着，干老师带领学生回顾起周二推进课上一起解开的那个奥秘：什么才是真正重要的东西。

依然用师生分角色对读的方式。学生读小王子的话，干老师读飞行员的话。

小王子：如果绵羊会吃灌木，那它也会吃花吗？

飞行员：它会碰到什么吃什么。

小王子：连带刺的花也吃吗？

飞行员：有刺的花也要吃。

小王子：那那些刺用来做什么呢？那些刺，还有什么用呢？

飞行员：它们毫无用处，花儿长刺只能害人。

小王子：我不相信你的话，这些花儿弱不禁风，天真无邪——她们仅能自保。她们就算长了刺也感到害怕……你，你真的认为那些花……

飞行员：不，我不认为什么。我刚才只是随便说说——我很忙，忙着做重要的事情。重要的事情！

小王子：你说话的口气和那些大人没有两样！我知道有一颗行星，那里住着一位除了算术什么也不做的先生。他从来没有闻过花香，没有看过星空——还和你一样整天不停地唠叨："我是一个认真的人，我是一个认真的人。"自以为是，可他根本称不上是人，他只算一只蘑菇。

飞行员：一只什么？

小王子：一只蘑菇！

小王子：花朵百万年来都有刺，然而几百万年来羊都在吃花。这不重要吗——羊和花之间的争斗难道不重要吗？如果有人喜欢一朵花，在千百万颗星体之中独一无二的一朵花——那么当他仰望星空之时就会心满意足，他会告诉自己"我的花儿她就存在于浩瀚星空的一个地方"。可要像这样，要是羊把花吃掉了，对他来说所有的星星都会刹那间失去光芒！而你却说这不重要！

"什么东西才是最重要的，对你的心灵，对你的大脑？"在学生充满感情地朗读之后，干老师又用非常深沉的语气问道。他接着回答道："重要的事情才是真正重要的。所以这个就是我告诉你们，帮你们解开的第一个谜。"

大屏幕上显示出了"谜之一：重要的东西"这几个大字，同时还有代表这个问题的答案的两句非常重要的话。干老师用深沉有力的声音读给在场的每一个人听：

如果有人喜欢一朵花，在千百万颗星体之中独一无二的一朵花——那么当他仰望星空之时就会心满意足，他会告诉自己"我的花儿她就存在于浩瀚星空的一个地方"。

接下来的一句是学生接读的：

要是羊把花吃掉了，对他来说所有的星星都会刹那间失去光芒！

“漫天的星光，因为你爱的事物消失了，一下子整个宇宙不再光亮。”干老师又用缓慢但坚定有力的声音强调了“爱”是重要的事情。他又接着说：“这就是我们探讨的第一个谜。什么东西才是真正重要的呢？”

此时，大屏幕上出现了这样的文字，伴随着干老师直击人心灵的发问，全场所有的老师和学生都陷入了深深的思索，对生命中重要的事物的探询。

什么是真正重要的？

此刻，外边的操场上有什么？此刻，外边的田野上有什么？

干老师用极有表现力的语言描述道：“你平时注意到吗？我告诉你，操场上，风，吹过已经完完全全黄了的树。树在风中，轻轻地歌唱。外边的田野上一片荒芜，可是荒芜之下，种子已经在悄悄地萌芽。而此刻，你爸爸妈妈在哪里呢？你知道吗？”部分学生的表情不禁茫然起来。

“你知道吗？你不知道。你应该知道，因为他们对你很重要。他们在那里忙碌着，他们为什么这样做啊？怎样才能知道什么事情是重要的？你要用心，只要你用心，你就能听到整个世界的心跳。

“这是我们要知道的第一个奥秘。第二个奥秘，我们来看看‘价格与价值’。”

谜之二：价格与价值

学生一起用清脆整齐的声音读出来，读给在场的每一个老师听，读给那些长大了的大人们听。

这些大人们就爱数目字。

如果你对大人们说："我看到一幢用玫瑰色的砖盖成的漂亮的房子，它的窗户上有天竺葵，屋顶上还有鸽子……"

他们怎么也想象不出这种房子有多么好。

必须对他们说："我看见了一幢价值十万法郎的房子。"

那么他们就惊叫道："多么漂亮的房子啊！"

"什么是价格？什么是价值啊？大人们看到的是价值还是价格？"干老师问。有趣的是，学生还没有回答呢，不知道哪个男老师就急切地说了出来："价格！"

"价格！"学生也都很清楚。

"但是他们以为是什么？"

"价值。"

"对啊，所以他们明明看见了一幢价格十万法郎的房子，但是他们自以为是价值十万法郎。这两个是一回事吗？"

学生纷纷摇头。

干老师接着说："不是，说错了。关于价值与价格我们看第三个奥秘。有关第二个奥秘我们知道了，一定要记住，是不是所有东西只要价格高就是最有价值啊？"

学生纷纷摇头说不是。

"是不是小的东西就没价值啊？"

"不是！"学生又纷纷摇头。

"价值是不取决于贴在商品标签上的那个数目字的。不是说那一万元就对你有价值。一定要记住啊。而且漂亮也是如此，一辆马车从街上跑过，一辆非常豪华的轿车从街上非常快速地开过，哪一辆漂亮？"

学生沉吟着，在寻找着更合适的说法。

“对你来说都一样。”干老师明白大家的心思，他又解释道，“因为它们都不是你的。你没有跟那辆马车或那辆轿车建立关系。它们是别人的事物。对不对？”

“对！”小张昕的头点得特别重，应该是说到她心里去了吧。

谜之三：礼品和礼物

干老师和学生仍然采用分角色朗读的方式先把《小王子》中的相关段落读了一遍。

干老师：我们终于找到的这口井，不同于撒哈拉的那些井。撒哈拉的井只是沙漠中挖的洞。这口井则很像村子中的井。可是，那里又没有任何村庄，我还以为是在做梦呢。“真怪，”我对小王子说，“一切都是现成的：辘轳、水桶、绳子……”

学生：他笑了，拿着绳子，转动着辘轳。辘轳就像是一个长期没有风来吹动的旧风标一样，吱吱作响。“你听，”小王子说，“我们唤醒了这口井，它现在唱起歌来了……”

干老师：我不愿让他费劲。我对他说：“让我来干吧。这活对你太重了。”

我慢慢地把水桶提到井栏上。我把它稳稳地放在那里。我的耳朵里还响着辘轳的歌声。依然还在晃荡的水面上，我看见太阳的影子在跳动。

我把水桶提到他的嘴边。他闭着眼睛喝水。

就像节日一般舒适愉快。这水远不只是一种饮料，它是披星戴月走了许多路才找到的，是在辘轳的歌声中，经过我双臂的努力得来的。它像是一件礼物慰藉着心田。在我小的时候，圣诞树的灯光，午夜的弥撒的音乐，甜蜜的微笑，这一切都使圣诞节时我收到的礼物辉映着幸福的光彩。

“你到街上去能买到什么？”

“礼品。”

“你能买到礼物吗？”

“不能。”学生摇头。

“礼物只能来自——”

“别人的赠送。”

“但是别人的赠送是不是说，他给你了就叫礼物了？”学生又在摇头了。

“你生日的时候，爸爸妈妈怎么为你准备礼物的？谁来说说？”

“我爸爸妈妈给我买了一个蛋糕。”最后面一个男同学站起来说。

“嗯，好吃吗？”

“好吃！”

“你觉得这礼物好吗？”

“好。”

“一辈子会记住吗？”

“会。”男孩子想了想，很用力地点点头。

“如果其他人也给你买了一个蛋糕呢？你会不会也记住呢？这两个蛋糕一样吗？平时吃的蛋糕和过生日那天的蛋糕一样吗？”

“不一样。”

“因为那天的蛋糕是爸爸妈妈等啊等啊等啊，数啊数啊数啊，我们孩子的生日快到了，他们一天天地等待着等待着，所以那一天爸爸妈妈就买来了蛋糕。所以那一天的蛋糕是不是就只是蛋糕店里的蛋糕？”

“不是。”

“蛋糕店里的蛋糕只是一个标着价格却没有价值的礼品而已，只有你爸爸妈妈送给你的那个蛋糕，才是有价值的礼物啊。”接着，干老师又讲了他小时候生日礼物的故事。

“我小时候我们家很穷很穷，当时爸爸在生产队里干活，生产队要求大家要一起出去干活，然后一起回来。在我每次生日的时候，我爸爸走好几里路，到镇上去买上一块硬糕。几分钱的硬糕买回来给我当生日礼物。这是我一辈子收到的最好的礼物。”

教室里又很安静。

谜之四：真理的外衣

大屏幕上出现了两幅《小王子》的插图，这是讲述第四章那个土耳其天文学家用天文望远镜望见小王子的星球并给它命名为B612星球的故事。

由于来听课的老师大部分没有读过《小王子》，所以干老师请一个学生把画面上的故事讲给大家听。一个女生站起来，非常流畅地说道：“一个土耳其的天文学家，他发现了一个星球。第一次他穿了一件衣服，给人们说，结果人们看了他的衣服，不相信他说的话。第二次他穿了一件很漂亮的衣服，人们相信了他说的话。”

“他说的话有改变吗？”

“没。”

“不相信他，不相信的是他的话吗？”

“不是。”

“是什么？”

“衣服。”

“他说的明明是真理。有没有人相信？”

“没。”

“人们不相信真理。人们只相信什么？”

“衣服。”

“以及和衣服相关的头衔。他是博士，他是教授，他是专家……这些都是挂在我们身上的衣服。没有大人相信真理。他们相信的只是衣服而已。所以教授、博士、专家……这些都是穿在身上的衣服。

“记住了吗？”

“记住了。”

“真理是赤裸裸的，不穿衣服的。”在场的老师和学生都笑了。

谜之五：独一无二的玫瑰

“第五个奥秘：独一无二的玫瑰。这个其实我们刚才已经讲过一部分。谁能为我们在座的老师们讲述一下这幅画在说什么故事？”干老师指着大屏幕上的画面问学生。

一个男生站起来说：“小王子走出沙漠，看到一个玫瑰花园，里面有五千朵跟他星球上一模一样的玫瑰。他很失望，很伤心。”

“他为什么失望？”

“因为他本来想他的花对他是独一无二的，这里却有五千朵跟他的花一模一样的。”

“他以为他的那朵玫瑰是独一无二的，只有这一朵的。可是来到这里却发现这儿的花园里有五千朵一样的玫瑰。这时候他怎么样？”

“非常失望。”

“甚至哭了，对吧？”

“对。”

“幸亏狐狸来了，告诉了他一个秘密。告诉他之后，他回去的时候，怎么对这些花说的，还记得吗？”

一个女生站起来，细声细气地说：“你们一点都不像我那朵玫瑰。”

全体齐读：

> 你们和我的玫瑰不一样，你们什么也不是——只要没有人

驯养你们，你们没有驯养任何人。同样的，只要你们没有朋友，在世界上也不会独一无二。你们很漂亮，但是那什么也算不上——没有人会为你们而死。

“你们很漂亮，但是什么也不是。只有怎样才是？读。”

只有一朵，就胜过你们所有。
因为她是我灌溉的，
因为她是我保护的。
因为她是我喜欢倾听的，
因为她是我的玫瑰，
因为我抚慰的是她，
因为我爱的是她，
因为她是我的玫瑰。

“这段话太重要了，我们要用特殊的办法来重温一下。”

干老师将剪辑过的音乐剧《小王子》中小王子彻悟到自己拥有的是一朵“真正独一无二”的玫瑰片段播放出来，艺术的力量顿时直接打动了在场的每一个老师和孩子。虽然语言不同，但是音乐、歌词这些是有力量的。

“同学们，你是谁的玫瑰？”

“马老师。”有学生回答。

“只是马老师的吗？”干老师追问，“马老师驯养了你们五天，谁驯养了你们十多年？”

“妈妈。”“父母。”学生七嘴八舌地，但是干老师制止了他们。

“不要说。不要说。谁曾经用那么漫长的时间把你驯养？马老师的五天是够长的了，还会有很多很多像马老师一样的人。

“什么东西是你此刻的玫瑰？你真的在用心慢慢地向它靠近，把它驯养吗？你知道吗？你明白吗？不明白，不明白咋办？在往后的日子，去找啊，去回答这个问题啊，去回答：谁、什么东西是你的玫瑰？你该怎样慢慢地靠近它，并且用漫长的时间把它驯养？”

谜之六：短暂与永恒

“第六个谜：短暂与永恒。

“认识他吗？他是谁？”

“地理学家。”

师生像刚才一样，扮演角色来读。

地理学家：嘿，来了一位勘探员！

地理学家：你从哪里来的？

小王子：这部厚厚的是什么书？您在这里做什么？

地理学家：我是地理学家。是做学问的人，知道哪里有海洋，有河流、城市、山陵和沙漠。

小王子：这很有趣，这总算是一个真正的职业！

小王子：您的星球，真是美。有海洋吗？

地理学家：我没法儿知道。

小王子：啊！山呢？

地理学家：我没法儿知道。

小王子：城市、河流和沙漠呢？

地理学家：我都没法儿知道。

小王子：但您是地理学家啊！

地理学家：没错，但我不是勘探员。我就是缺少勘探员。寻找城市、河流、山陵、海洋和沙漠，这不是地理学家做的工作。地理学家太重要了，不能到处去逛。他离不开他的办公室。但是他接待勘探员。他向他们提问题，记录他们的见闻。如果他们中间有哪个人的见闻在他看来很有价值，地理学家就对勘探员的品行做个调查。

小王子：这是为什么？

地理学家：因为勘探员说谎，就会给地理书造成困难。勘探员喝酒太多也会如此。

小王子：这是为什么？

地理学家：因为醉汉眼里的东西是重叠的。这样，原来只有一座山的地方，地理学家会标上两座山。

小王子：我认识一个人，他做不好勘探员。

地理学家：这可能的。那么当一位勘探者的品行显得很好时，就对他的发现进行调查。

小王子：到现场去看？

地理学家：不，这太复杂了。但是要求勘探员提供证据。比如说要是发现一座大山，就要求他带回来几块大石头。

地理学家（突然激动）：你是从远方来的！你是个勘探员！你给我说说你的那个星球！怎么样？

小王子：哦，我的家，这不很有趣，一点儿大。我有三座火山。两座活火山，一座死火山。但是以后的事难说。

地理学家：以后的事难说。

小王子：我还有一朵花。

地理学家：花我们是不录的。

小王子：为什么不录？这个最美啦！

地理学家：因为花是短暂的。

小王子：什么叫作“短暂”的？

地理学家：地理书，是书籍中最严肃的书籍。永远不会过时。山体移动是很少见的。海洋干涸了也是很少见的。我们记录永久存在的东西。

小王子：但是死火山也会醒来的。什么叫作“短暂的”？

地理学家：不论是死火山还是活火山，对我们都一样。对我们来说重要的是山。山不会改变。

小王子：但是什么叫作“短暂的”？

地理学家：意思是“濒临死亡的威胁”。

小王子：我的花濒临死亡的威胁？

地理学家：那当然。

小王子：我的花是短暂的。它只有四根刺来对付全世界！我却让它独自一个留在家里。

“好，合上书。”学生把书合上，目光投向大屏幕。

“地理学家说：‘我们愿意相信那些永恒的东西，以便遗忘所有易逝之物——易逝之物在大地和天空之间，在诗歌中，在词典里。我们只写下永恒的事物，以便遗忘所有易逝之物——易逝之物只会将我们带至唯一的必死之境。’这话很难懂。地理学家说话总是很深奥，总说出大家不懂的话。

“但是，现在老师的问题是：一首诗，和一个朝代，哪一个更久远？”

“一首诗！”学生非常大声地回答。

“一个朝代，秦始皇为什么叫秦始皇，因为他想：‘我的皇位以后能儿子传孙子，孙子传孙子……传千秋万代，所以我是始皇帝。我的儿子叫秦二世，孙子叫秦三世……’（学生都笑了）结果他的秦朝传了几世？两世就灭亡了。”学生很专心地听着，有些男生由于惊奇还悄悄张大了嘴巴。

“但是一首诗，它会灭亡吗？”

“不会！”学生很坚定地摇着头。

“只要人类不灭，诗歌就不灭。”干老师以同样坚定有力的声音，一字一顿地说。

“再问你一个问题：小王子，他是短暂的，还是永恒的？”干老师又问大家。

“永恒的。”学生说。

“小王子是易逝之物啊！”干老师说，他点击课件，大屏幕上出现了最后小王子被蛇咬离开的语段。“我们不读，静静地看一看。”

这天夜里，我没有看到他起程。他不声不响地跑了。

当我终于赶上他的时候，他坚定地快步走着。他只是对我说道：“啊，你在这儿……”

于是他拉着我的手。但是他仍然很担心：“你不该这样。你会难受的。我会像是死去的样子，但这不会是真的……”

我默默无言。“你明白，路很远。我不能带着这副身躯走。它太重了。”

我依然沉默不语。

“但是，这就好像剥落的旧树皮一样。旧树皮，并没有什么可悲的。”

他这时坐下来，因为他害怕了。他却仍然说道：“你知道……我的花……我是要对她负责的！而她又是那么弱小！她又是那么天真。她只有四根微不足道的刺，保护自己，抵抗外敌……”

我也坐了下来，因为我再也站立不住了。他说道：“就是这……全都说啦……”

他犹豫了一下，然后站起来。他迈出了一步。而我却动弹不得。

在他的脚踝子骨附近，一道黄光闪了一下。刹那间他一动也不动了。他没有叫喊。他轻轻地像一棵树一样倒在地上，大概由于沙地的缘故，连一点响声都没有。

“这写的是什么？”

“小王子要回到自己的星球。”张昕很快地说。

"'你明白，路很远。我不能带着这副身躯走。它太重了。''但是，这就好像剥落的旧树皮一样。旧树皮，并没有什么可悲的。'"干老师引用了刚才这段话中的两句，他非常凝重地读给大家后问，"小王子能走回去吗？"

"不能。"

"他只有一个办法能回去。什么办法？"干老师让学生轻轻地读最后一段：在他的脚踝子骨附近，一道黄光闪了一下。刹那间他一动也不动了。他没有叫喊。他轻轻地像一棵树一样倒在地上，大概由于沙地的缘故，连一点响声都没有。

"一道黄光是谁啊？"

"蛇。"

"是我。我答应过你，当你想回去的时候，我会帮助你的。是不是？"

"是。"

"现在小王子回去了，他倒在沙漠里。"干老师看着学生，又把话题转到作者身上，"这本书的作者是谁？"

作者的名字学生还不熟悉，但是他们迅速对照封面念了出来：圣埃克苏佩里。"他是一个非常传奇的人物。因为这个结局写的是谁？是他自己。他在生前的时候写下了自己的结局。具体怎么样的，我们来看看。"大屏幕上出现了关于作者的一些介绍。

1939 年德国法西斯入侵法国，曾多次受伤的圣埃克苏佩里坚决要求参加了抗德战争。1940 年法国在战争中溃败，他所在的部队损失惨重，该部被调往阿尔及尔，随后他即被复员，只身流亡美国。在美国期间，他发表了《小王子》等作品。

1943 年，在他的强烈要求下，他回到法国在北非的抗战基地阿尔及尔。他的上级考虑到他的身体和年龄状况，只同意他执行五次飞行任务，他却要求到八次。1944 年 7 月 31 日上午，他出航执行第八次任务，从此再也没有回来。

"从此再也没有回来，消失在沙漠中。他死了吗？"

学生思索。

“他活着吗？”

“我们不知道。”

“我要问你的是圣埃克苏佩里的生命是短暂的吗？”

“是。”“不是。”

“他44年的岁月是短暂的吗？从此以后，世界上任何一个在地球上出生的孩子，在他长大到一定的年龄，就应该读一读这本《小王子》，因为《小王子》这本书不灭，这位作者他也就——”

“不灭！”学生用一种别样的感情接着说。

“诗歌是短暂的吗？”

“不是。”

“花朵是短暂的吗？”

“不是。”

“玫瑰花是短暂的吗？它会永远在人们心里开放。就像诗歌一样。”

最大的秘密：每个人都是一个孤独的星球

“临行前，我也要告诉你一个最大的秘密：每个人都是一个孤独的星球。”

“我们去认识一下这些星球吧。”干老师将书中出现的六个星球根据象征的意义，都非常明确地给予了命名，除酒鬼星球、商人星球和虚荣者星球外，国王星球象征着那些强烈的以自我为中心的人——自我中心者星球，地理学家象征着那些“理论脱离实践”的学者星球，而不知为什么“点灯”的点灯人则象征着“刻板人”星球。对于学生来说，这些名词他现在肯定还是不懂的，但是干老师意也不在此。随着季节的更替，岁月的变迁，这些现在被刻在学生记忆里的词语，将来会在某一特定的时刻被“唤醒”，那时他们会想起这本书，想起被《小王子》“驯养”的这个星期。而四周满满坐着的老师们啊，此时此刻，他们的内心正在经历巨大的风暴。形形色色的星球，形形色色的人，形形色色的人就是形形色色的星球。而我是哪一个？

“每一个星球都把自己锁在里面，与别人很难沟通。两个星球之间要形成一个对话，太难太难了。除非像小王子一样，从自己的星球里出去，去寻找真理。”

“你希望自己是一颗怎样的星球？”干老师的语气变了，他提高声音，充满期待地问。

“快活！”“智慧！”“有爱心！”“美丽。”很多孩子脱口而出。一个孩子说了他想自己是一颗“强壮的星球”，大家都乐了。

“无论你是怎样的星球，大家都记住，小王子带给我们的几个道理。是什么道理呢？”干老师点击课件，大屏幕上出现了小王子正在他的星球上疏通火山的画面。

“这是谁的星球？”

“小王子的星球。”

“在小王子的星球上有什么？”

“三座火山。”

“还有——”

“一朵玫瑰花。”

“还有——”

“猴面包树。”

“它们在说什么你知道吗？”干老师有力地把手一挥。

学生摇头表示不知道。

“不知道，我告诉你。”大屏幕上小王子疏通火山的画面旁边出现了这样的句子：

而这是你现在的星球

你在你的星球上

疏通火山
——你的活力之源
拔除猴面包树
——你的欲望之树
否则……

“而这就是你现在的星球。在你的星球上，你必须每天疏通火山，让火山冒出烟来。火山是什么？”

“活力之源。”

“你不疏通它你就会失去活力。所以你每天必须要疏通它。这个星期你们是用什么来疏通的？有些同学说，用诗来疏通你的火山，让你充满活力。对不对？”

学生都笑了，点头。

“要拔除你的猴面包树。因为猴面包树是你的不好的欲望。如果不拔除它会怎么样？”

“长得大大的。”

干老师点击课件，大屏幕上动态地显示出那三棵猴面包树肆无忌惮地生长，从而把整个星球覆盖的过程。同时，学生对于干老师解说的“你的星球，也就是你的生命，你的全部，将被猴面包树覆盖，你将再也看不到星空”有了直观的了解。而对于所有在场的老师们来说，体会就更深刻了。

“记住两点。一、每天要怎么样？”

“疏通火山。”

“让自己活力焕发。第二？”

“拔除猴面包树。”

“消除隐患。别让它们长得太大。”

干老师接着说：“但是，小王子啊，你为什么会经常这样的孤独，记得有一天，你看落日看了多少次？”

"43 次。"（有的版本是 44 次。）

"你看落日这么多次，说明什么呀？

"说明你内心孤独，你充满了忧伤。可是啊，总会有些时候，你会在你的星球上感到孤单。忧伤的小王子啊，孤独与忧伤，是你灵魂最好的营养。谁没有学会咀嚼孤独与忧伤，谁就没有自己。每个人都是孤独的，但是你要学会咀嚼孤独与忧伤，不要用酒精逃避孤独，不要用游戏机、电视机逃避孤独。孤独的时候怎么办？就去看落日吧。落日象征了那些美好的事物。因为落日很美，很美。但是，人能够永远这样孤独下去吗？不能，这是无法承受的。可是，如果没有……如果没有一朵属于你的'玫瑰'，你活着也就不是独一无二的，你的存在也就没有意义。

"玫瑰花是什么？

"在你的星球上，应该还有一朵'玫瑰'。不知从哪里飘来的种子，精心酝酿出一个奇迹。你关注，你浇灌，你守护……你用无数个日日夜夜，让它扎根在你的心里，成为你生命的全部意义。它是一朵花？一首诗？一支歌？一个人？（在这里，学生依然惯性地想到之前他们很认同是一个人，干老师告诉学生，你不忙说，这是你要去寻找的。你要去慢慢地寻找它。）一个巨大的挑战？正是它，让你，让你做的每一件事从此有了意义。

"狐狸曾经说过，再读一遍：为了我们的离别，我告诉你一个秘密——只有用心灵才能看清事物的本质。真正重要的东西是肉眼无法看见的。要是人类忘记了这条真理，你也不应该忘记。

"当世界老时，你最后老。世界小时，你最后小。为了明天，明天的感动与美——

"'我不睡觉。'——这就是驯养啊。

"你要守护着人类最后的一点希望，而我临行前也要告诉你一个最大的秘密。每个人都是一个孤独的星球。"

"每个人都是一个孤独的星球。"学生念叨着。

"守护好你这颗星球。它只有一个，它只有一次，它太珍贵了。悉心地守护着它，拔除猴面包树，疏通火山，在它的上面种上玫瑰。知道吗？”

“知道。”

离 别

大屏幕上出现了干老师根据《小王子》以及本节课的需要改写的一段蛇和小王子的对话：

> 小王子：你答应过我，解开这些文字里深藏着的全部奥秘。
>
> 蛇：今天我能帮你解开的，只能这么多了。
>
> 小王子：你也解不开其他的那些谜？
>
> 蛇：是的——不，不是的。那是因为，那些最深的谜，只能由每个人自己去经历，然后会在某一天，突然地领悟到马老师和干老师今天曾经讲过的……

“‘你要是爱上了在星星上的一朵花，夜里瞧着天空很温馨。所有的星星都开了花。’从此，当我们再读到地图上山西绛县的地名，当我们再读到浙江绍兴（我来的地方）、河南南阳（马老师来的地方）、江苏宝应等地名（那是我们来的地方）……那些名字也将含有一丝笑意，在那笑意的背后，有一张张不再陌生的脸。”

慢慢地走进一本书
——上《小王子》主题课前前后后的一些事

对已经读懂《小王子》的读者而言，这篇文章纯属多余。

对根本读不懂《小王子》并认为一本童话著作读懂亦可不懂亦可的人而言，这篇文章也纯属多余。

它只对那些读不懂这本书，但认为这本书里有着某种神秘的东西，值得一个人在仅活一次的生命里用点时间去读懂的人来说，还有点微薄的意义。我希望它是一根指向月亮的手指——我是说，我希望自己不要指错了方向，更希望你顺着我的手指找到了月亮之后，就赶紧忘掉这个手指的存在。那时候，你只需静静地注视着那个月亮：在浩瀚的时空中，有过这样一个美妙的故事。

故　事

一本中文版的《小王子》，其实只有三万来字。但是，有许多成人告诉我，他们连故事本身也理不清，读不懂。我不得不重新用简洁的文字来讲述一下这个故事：

在浩瀚的星空里，旋转着无数颗大大小小的星球。

在一颗像房子那么大的星星上，住着一位王子。在这颗星球上，有小小的火山，有必须及时拔掉以免长大了挤爆小行星的猴面包树，有平凡的小草小花，还有一朵奇迹般美丽的玫瑰花。

因为受不了他所爱的玫瑰花的虚荣与谎言，小王子决定随候鸟一道旅行。

在拜访过另外六颗分别住着国王、虚荣者、酒鬼、商人、点灯人和地理学家的小星球之后，他来到了地球，降落于撒哈拉沙漠上。

在地球上，小王子见识了另外一些人与事。而当他发现自己星球上自称宇宙间独一无二的玫瑰，竟然在一个花园中开放了五千朵的时候，他失望极了，扑在草地上哭了起来。

直到他遇到一只狐狸，他想要求狐狸同他玩，让他忘记失望。

但是狐狸告诉他，除非他们之间相互驯养，建立独一无二的关系，否则他不能陪他玩。而且，人们还同样不能认识不用时间来慢慢驯养的一切事物。

这时候小王子才知道，自己星球上的那朵玫瑰，确实是独一无二的玫瑰，因为这是他驯养并被驯养的玫瑰，是只属于他的玫瑰。

小王子在地球上游历了整整一年。一年过去了，小王子回到了他降落的地点：沙漠。他想要回到他的星球上，回到他的玫瑰身边。

在沙漠里，他遇到了一位迫降的飞行员，并请求其为他画一只绵羊，可以吃掉星球上的猴面包树。

在八天的相处中，他们也相互驯养，建立了友谊。最后离别的时刻来临了，小王子请一条毒蛇帮忙，让自己的灵魂回到了有玫瑰在守候着的星球。

而他的故事，则由那位飞行员带给所有的读者。

围巾，角色

去山西的时候，同行的高丽霞围着一条围巾，围巾本没有什么特别，只是它的颜色，恰好与《小王子》中小王子所围的那条围巾一样，是十分明亮的金黄色。

因为我们曾把这次旅行称为“到B612星球上去”（B612是人类对小王子所居住的那个星球的命名，不过小王子可能并不知道），所以就开玩笑说，应该给每人发一条这样的围巾，让它成为我们这次远征的旗帜。

是啊，荒芜的季节里，如果有这样一行人，把这样鲜艳的颜色围在颈间，在冬天的北方街道上走过，整个世界也一定会因此而灿烂起来的。

只是我们中的大多数人已经长大，那样的少年心情，纵然向往，纵然羡慕，也只会是一次口头的勇敢而已。顶多，我们会让它偶尔地绽放在心上。

又有人提议，我上课的那一天，得把这条围巾借给我，让我围着它去上课。当时大家都很赞同，我也笑着说好啊——我们以为，这又是一次长大了的人们口头上的勇敢而已。

不料等到一个星期后，我站到讲台前为孩子们上《小王子》的最后一堂阅读课时，高丽霞真的把那条围巾交给了我——她还特意洗干净了。也许大家真的以为，这一次我想扮演一下小王子。就像在《爷爷一定有办法》里，我扮演了聪明能干的爷爷一样。

那真是明亮的一抹金黄，可是我说，我不能围上它。因为，今天我不是小王子，今天故事的主角是课堂上的那些孩子，他们才应该围上这条围巾。

每一个读者在阅读一本书时，总会不自觉地把自己当成了书中的主人公，站在他的位置来思考问题。因此当我们打开《小王子》的时候，我们会遇到一个角色的困扰：“我”究竟是那个讲述故事的“飞行员”，还是那个故事中的主角“小王子”？随着故事的推进，读者会渐渐地认同自己是那位出尘的天外来客小王子，把他的空灵、洁净、纯真依附在自己的身上。这本是书籍最大的奥秘，通过一次次这种善良、美好的依附，读者也就渐渐地变得和故事中的主人公一样善良、美好起来。

但是，作为一名教师，他本该知道，在一次教育事件中，真正的读者是那些孩子。也就是说，引导孩子们读这本书的时候，就要努力地让孩子们意识到自己就是那个小王子，或者说可以是那个小王子。这个光辉的角色，应该让孩子们来扮演，老师无论讲得有多精彩，也不应该篡位成为小王子——教师的篡位，必将让孩子们无所适从，找不到自己最合适的位置。

本来，书中有一个极好的角色，适合导读的教师——那只告诉小王子"驯养关系"的狐狸，书中的智者。狐狸在书中既是一位教导者，又是一位和小王子建立了深厚关系的驯养者（同时也是被驯养者），就像教师既是学生的导师，又是通过共读，通过共同生活，和孩子们建立起深厚的情谊的人。

只是，在我们的整个故事中，和学生建立起驯养关系的并不是我，而是马玲。所以，我无法将她的这个角色掠为己有，我只能从故事中，为自己再寻找一个原型。那么，我该是谁呢？

我捧着围巾朝向孩子们，对他们说，你们拿到围巾了吗？把它围在你们的脖子上了吗？把它甩起来随风飘扬了吗？

孩子们说，我们准备好了！

课，就这样开始了。他们是小王子，B612 星球上的主人。而我，会是谁呢？

狐狸，以及驯养

在动身之初，我们就已经知道，把《小王子》带给山西的一群五年级的孩子，必将是一个注定的错误。

这是一本长大了的人读不懂的书。绛县一位极有威望的语文教师，亲口告诉我，她读到第八章的时候，再也无法读下去，因为她实在读不懂这本书。而在论坛上，那些年轻的老师，也一样表达了这样的困惑。

这同样也是一本没有长大的人读不懂的书。它和《彼得·潘》不一样，那是属于没有长大的孩子们的书，而这本书，无论是星球的隐喻，还是驯养的感受，只有经历过、失落过、孤独过、绝望过的人，才能够深深地体悟。

所以，在新教育“毛虫与蝴蝶”儿童阶梯阅读中，这本书和《永远讲不完的故事》一道，被列入了小学阶梯的最后一级。也就是说，除非在前面的几年里，按照阶梯读过那么多优秀的童书，才能够在这个阶梯的某段终点处，享受到《小王子》所带来的美妙与孤独。

但是因为手头暂时调不出其他的书，有些书又太厚，再加上我又不愿意重复上以前的童书，所以就带了这本书，作为一次冒险，就像小王子到另外未知的星球上一样，来到了山西绛县。

其实真正把这本书带给孩子们的并不是我，而是马玲。是她，让孩子们逐渐地走进这本书，走进小王子的世界，在和书建立起那种神秘的关系的同时，彼此间也建立起润泽的联系。

上个星期五，我们刚刚到达后的那个下午，马玲就带着这本书走进了教室，开始了她整整一个星期的共读之旅。

这样的共读，其实就是一次真正的驯养，是心灵与一本书的相互驯养，是心与心之间的相互驯养。这整个过程，真的如书中所说，是慢慢地靠近，慢慢润泽起来的。

这整个过程我在这里不再一一细述，也许在局外人看来，无非就是带着孩子们读啊，读啊，读啊。在阅读中，结合着早上的晨诵，结合着孩子们的绘画作品，和几个小随笔。但是就这样一天天地走下来，到一个星期后的星期五早上，当陈金铭老师上晨诵《送别（长城外，古道边）》时，泪水突然地涌现在每一个孩子和共同相处了一个星期的受培训教师的眼里。

每个孩子拿出了他们悄悄准备的礼物，送给他们喜欢的马老师。那些大大小小形形色色的纸片里，是他们收获的“麦子的金黄”，或者说“泪水的神秘”。

这种人与人之间的润泽的联系究竟是如何得以建立，又是如何遇到破坏的？这种联系对阅读这本书而言又有着怎样的意义？这些问题一直萦绕在我的脑海中。也许我将找不到答案，但有几点可以确信无疑：这种关系更多地源于心而不源于脑，它们不是知识，而是心灵的渴望及其对渴望的正确的聆听与回应；如果不是先建立了这种关系，那么想让五年级的孩子们读懂这本书几乎是不可能的，而一旦建立了这种关系，这本书读起来也就不那么艰难，因为他们将以自己的经历来诠释什么叫“建立联系”，什么叫“驯养”。

于是在阅读的过程中，出现了这样的对白：

“星期一，有一只‘狐狸’，从很远很远的一个星球来到了城内小学，面对这个完全陌生的星系，她很担心啊，她在这里会不会找不到朋友……”

“最好是在同一个时间来。比如说你下午两点钟要来的（两点钟我们的午读开始），那么从一点钟起我就开始感到幸福了。时间愈近我感到愈幸福。到了两点钟我已激动不安，我发现了幸福的价值！……”

《德国，一群老鼠的童话》带来的思考

时间：2007 年 9 月 17 日

地点：翔宇宝应高级中学高一（30）班

讨论童书：《德国，一群老鼠的童话》

主持人：魏智渊

整理：马玲

一

优秀童书的意义不仅在于适合儿童当下的阅读。在一个个伟大的故事穿越的历程中，儿童的生命体验得到丰富，在一个个蕴含人类价值（如和平、民主、自由、爱、责任、宽容……）的主题讨论中，儿童初步探寻生命与人生的价值和意义，使心灵在童年这一人格形成最关键的时期就得到人类精神文化最丰厚的滋养，从而拥有信心、勇气，为一生播下幸福的种子。对于中学生甚至成年人来说，阅读优秀童书则能带来更多的对人类、对社会、对种族、对环境等人类现实问题的深层思考，阅读会更切入当下的生命与生活，在这样紧密的关联中拥有更为广阔的精神视野、更加敏锐而富有洞察力，对于即将到来的社会生活也更能做出自己独立的思考与判断。

《德国，一群老鼠的童话》就是这样一本值得10岁以上人群读的经典童书。这是借一个童话来反思人类社会中一段最为沉重惨痛的历史。

故事的主要内容是这样的。灰色大宅中活跃着一群老鼠，每晚灯熄人寝之后，老鼠们便从洞子里爬出，在各个房间奔跑嬉闹，在厨房和储藏室里大啃大嚼，过着幸福快乐的生活。可是有一天，一只名叫威利巴尔德的超级老鼠在其帮凶的拥戴下自立为鼠帮大首领，对鼠群实施了种种独断专行的统治：它安排与分配这个宅子固定的活动房间给老鼠们，不许它们越雷池半步；它让老鼠们排成长长的一列纵队练习跑步，并严密监视，不许任何老鼠脱离队伍；它做出了诸如"禁止鼠群在图书馆里攀爬和玩耍"等规定，理由是为了老鼠们的"安全"；为了不让老鼠们有空闲想别的事，它让鼠群天天夜里重复做着"撒豌豆收豌豆""关窗帘开窗帘""搭积木拆积木"的劳动，并常常伴着狂热的口号——

"像蝙蝠一样敏捷！像蒂罗尔面包一样坚强！像猪皮一样柔韧！"

"一个头领！一座宅子！一个种群！"

在这群灰色老鼠当中，有一只不一样的鼠，名叫莉莉。它因为雪白的鼠毛而作为"异类"遭驱逐。困顿中的莉莉在图书馆学会了阅读，它给鼠群讲故事，告诉它们要独立思考，不要盲从。最后，一意孤行的大头领中了厨娘的陷阱。莉莉让鼠群重新获得了快乐。

很明显，这是德国人对于二次世界大战中德国纳粹专制统治的有意识反思。关于"专制"的形成有了连孩子都能明白的最生动叙述，关于"如何打破专制"也通过一只"学会阅读从而拥有独立思考，不被愚弄与盲从"的小老鼠莉莉清晰明了地表达了出来。但是，在距离这段沉重历史半个世纪的今天，对于学生，对于当下，老师还应该通过共读，使学生获得哪些更直接更切身的启示呢？

因此，铁皮鼓（魏智渊）在新升入高中的高一学生中推荐阅读这本书，并组织读书讨论，是非常有益的探索与尝试，同时也给"毛虫与蝴蝶"儿童阶梯阅读项目提供了价值巨大的案例，为以后中学如何开展共读提供了有效的借鉴。

二

对于高中生，我们的感觉是陌生而又新鲜的。

昨天傍晚，街心花园，几个酷酷打扮的男孩子练习着街舞。刚入秋，叶子还在心底默默积蓄着变黄变红的力量，准备这一季的绚烂，这几个大男孩却都穿上了厚的黑色休闲宽松套衫，发丝在阳光下变幻着色彩，大的银色挂链、黑的连指手套，还有旁边一辆被改装得如同装甲车一样的摩托车，都在向你传递着一种生命的蓬勃与不羁。就那样旁若无人，他们扭动着身体的各个部位，趴伏、盘旋、跳跃，生命的能量在肌肉的张弛中尽情释放。

教室里的他们又是什么样子的呢？

来到宝应高级中学的时候正是第一节课下课了，眼保健操的音乐在校园上空轻柔地响着，各个教室却仍然传来老师讲课的声音，或者学生趴在桌面上埋头做着习题。

我们来到皮鼓所在的高一（30）班教室。

这些已经经历了一次又一次被选择的孩子啊，此刻正静静地坐在座位上，每个人的桌面上都摆着厚厚的一摞学习材料，因为和小学生一样的书桌抽屉里，早已经被塞得满满的，盛不下高中学习生活带来的“知识”了。只是，这些“知识”将会怎样被写进这些孩子的记忆，又是否能与这些孩子的生命融为一体，成为他们日后应对人生风雨的一缕阳光、一丝清风？

教室的环境布置也充满着对三年后孩子的期待与希望，前后黑板的上方分别有这样的班训，“博学善思，文明守纪”“静以修身，勤以厚学”。

与之呼应，两边的墙面上则是这样的条幅：

“既然选择了远方，便只顾风雨兼程。”

“知识改变命运，勤奋打造人生。”

后面的黑板报上，是“我爱我家”的主题，很明显体现出学生从初中刚升入高中的微妙心理。一方面三年后的压力已经上身，但另一方面，经过了初中的青葱岁月，对于更丰富人生的向往也如不可压制的青春一样。

我们已经经历过汹涌的江流，拥抱过怒浪，触摸过礁石。如今，我们来到了澎湃的大海，面对恶劣的天气，我们无畏。信念将成为罗盘，坚持会成为动力，勇气将成为风帆，承载我们一路向前。

——摘自宝应中学高一（30）班黑板报《开学宣言》

站在十六七岁的尾巴上，在进入那为我们敞开的校门时，我们知道：那是我们的新家。自己将告别初中时的孩子气，也曾紧张得手心出汗，但是更坚定了信念，人生就要迎接挑战。

——摘自宝应中学高一（30）班黑板报某同学新学期感言

在教室的后面，有一个书架，放着的是《子夜》《名人传》《爱的教育》《钢铁是怎样炼成的》《繁星·春水》《格列佛游记》《外国教育家评传》等不成系统的书，应该是学校图书馆里借来的，还有两本《读者》和一本《奥秘》。

学生都很安静，这也是这个阶段孩子所具有的，感性和理性正在他们身上进行和谐美妙的结合，身体和心灵也将经历一段历程的穿越达到圆融。只是，面对同样曾经天真单纯清澈的，但现在有希望有沮丧有信心有茫然有期待有紧张的眼睛，我们还是要问一句，老师将在他们的这段人生，起着怎样的作用？

这就是一个普通高中班级的教室。这些十五六岁的花季少年将在这里度过人生重要的三年时光。

三

皮鼓抱着一摞书笑眯眯地过来了。

讨论也就如同皮鼓唇角的微笑一样展开了。

“这本书看过两遍的同学请举手。”同学们基本上都是只看了一遍，的确，反复读一本书对他们来说是一件奢侈的事情。

“看完这本书，你最深的感受是什么？”回答皮鼓的依然是教室的静默。其实还没有上课的时候，我旁边两个男生在又拿到《德国，一群老鼠的童话》后已经进行了一段关于书的内容的讨论了。

皮鼓也不着急，他正全心对付着那久久还没有出来的课件，随意指了坐在前面的女生。她说：“我读了这本书的感受是，每个人都要有自己的思想，假如没有自己的思想，就会被别人驱使。”

课件出来了，皮鼓的问题也抛出来了：我们给大家布置了两个作业，还有没有印象？

1. 专制鼠国如何形成的？

2. 专制鼠国是怎样倒掉的？

他让全班同学先自由讨论一会儿，然后再交流。

我旁边的两个男生马上就开始了思考和交流。他们一边低声地交换着意见，一边在练习本上迅速记下要点。

皮鼓让学生也在本子上简单写写威利巴尔德为了维持专制，采用了哪些办法。

我旁边的孩子不假思索，迅速在练习本上写下：

1. 利用外在的“不存在”的危险，威吓老鼠们；

2. 取消民主制度，使老鼠们无法正常发表意见；

3. 诬陷白老鼠莉莉；

4. 利用分配好的住所和食物，使老鼠们听从命令；

5. 隔断思想（禁止听故事）；

6. 有尤瑟夫和海尔曼作为帮凶。

他写得很快，不但思路清晰准确，而且已经把其中象征性的东西揭示出来了。借着这个机会，我瞄了一下他前面一个男生的练习本，看得出来，他对书的内容不如这个男生熟悉，正一边参照目录一边写下要点：操练、命令……

交流的时候，皮鼓恰巧点了我身边的这个男生，在他逐条回答的过程中，皮鼓又做了一些情节和理解上的梳理。比如：

生：1. 利用外在的“不存在”的危险，威吓老鼠们。

师：这外在的“不存在”的危险是猫，你怎么知道这个“猫”不存在呢？

生：因为它从头到尾没有出现过，威利巴尔德只是利用它使鼠群团结起来。

师：（纠正）这只花斑猫可能存在也可能不存在，但是威利巴尔德利用它的结果我们已经知道，鼠群不敢出去了。

同样，对于其他学生的发言，皮鼓或者装作不懂，或者让学生再深入去分析，使全班学生都清楚了“专制是如何形成的”。

生：2. 取消民主制度，使老鼠们无法正常发表意见。

老师又和全班同学简单回顾了一下“召集人制度”。

生：4. 利用分配好的住所和食物，使老鼠们听从命令。

师：一句话，就是采用等级制度。谁被分配得最差？白老鼠莉莉。分配标准是根据颜色，莉莉有无过错？没有，唯一的“过错”就是它是白色的。

生：5. 隔断思想（禁止听故事）。

师：禁止听故事有什么效果？我有点不明白，为什么故事就能破坏专制统治呢？

生：禁止听故事就是阻止老鼠们思考。

这个学生发表完意见后，其他学生也纷纷补充，观点有以下几点：

1. 靠暴力来维持（比如威利巴尔德踩地球仪达33圈，把不听话的老鼠扔出去……）；

2. 怕鼠群发现不存在花斑猫的秘密，就找出一只“莉莉”老鼠，作为转移鼠群视线的工具；

3. 当鼠群有动摇的时候，就采用“大棒加胡萝卜”的方式，一方面极尽威吓，另一方面也给一些甜头，比如坐小火车等；

4. 用口号来统一鼠群的心态：一个头领——威利巴尔德，一个宅子——一个国家，一个种群——莉莉不算，只是灰老鼠；

5. 尤瑟夫、海尔曼都是重要人物，当其他老鼠有不满情绪，埋怨生活的时候，它们就跳出来；当老鼠怀疑外面有没有花斑猫的时候，它们也跳出来，利用鼠群对猫的恐惧来加强专制；

6. 让鼠群采取统一行动：撒豌豆、捡豌豆，拉窗帘、关窗帘，搭积木、拆积木；

7. 给鼠群一个梦想——“天空”，再加上偶尔的甜头——坐小火车。

可以说，学生的思维品质是非常优秀的，他们没有陷入具体的情节，而是从中提取实质和意义。

因此，皮鼓后面的梳理对这些孩子来说，就只是词语上更准确的表达了。皮鼓把“鼠群专制王国的形成原因”概括为以下几点，并摘录书中的原句让大家再读体会。

第一招：制造假想敌，使国民畏惧（威胁论）

片段一：

就在这天夜里，当老鼠会议召集人正准备举行大型协商会议的时候，雄鼠胡戈在到处传播一条可怕的新闻。

“你们想一想吧，”它瞪圆了眼睛说道，“真是要多可怕有多可怕！有一只硕大的、浑身长着虎皮斑纹的母猫正悄没声息地绕着宅子转悠呢！”

“危险！太危险了！”雌鼠卡琳呻吟道，“我的曾祖父曾经说过，它的祖父就是被一只母猫逮住的。那时，它正坐在窗台上，对着满月唱歌呢，没料想……”

……

“我那可怜的祖先被连皮带毛……”说到这里卡琳突然打住了，“生吞活嚼”这几个字它不愿意说出口，就是这样它已经毛骨悚然了。

“别去扯这些老掉牙的故事了！”一只老奸巨猾的名叫尤瑟夫的雄鼠训斥这群老鼠婆娘道，“还是去想想，一旦那只虎斑大猫侵入宅子，咱们该怎么办吧！”

片段二：

有一天夜里，最最强大的威利巴尔德把所有的老鼠召集到一起，做了一次意义深远的讲话。

“那只猫，”它直奔主题道，“是硕大的，长着一身虎皮斑纹的，也是异乎寻常的危险的！它在窥伺着我们，时刻想着夺去我们爱好和平的老鼠们的生命！因此，我们的一切都必须更快、更好地进行。要像蝙蝠那样敏捷，像蒂罗尔面包一样坚强，像猪皮那样柔韧！现在最不好的，是我们缺少秩序！我需要更多的秩序！每只老鼠都必须固守在它自己的岗位上。这样，只有这样，一切才会进展得更快，更好！”……

“为此听我安排，”威利巴尔德继续演讲道，“我来把大宅子加以分配。谁都不能像以前那样，哪儿能找到吃的就奔向哪儿了！在我们的群体中，每只老鼠应该有它固定的活动空间！”

第二招：清除异己，使人人因自保而噤声（血统论）

片段一：

（莉莉提出了不同意见后）

威利巴尔德接着说道："我要告诉你们，我认为，是莉莉把通往花园的门打开的！"

"莉莉为什么要这样做呢？"一只叫卡尔的老鼠不相信地问。

"因为它没有正宗老鼠应该拥有的灰色皮毛！因为它是白色的，就像厨房里的瓷砖一样白！还因为它长着一双讨厌的红眼睛！"威利巴尔德说道，它的声音充满了愤恨和敌意。"莉莉根本就不属于我们这个种群，也许就是它把虎斑大花猫勾引来的！一只白老鼠打老远就能看得清清楚楚，而正宗灰老鼠呢，却不引人注目，这一点连老鼠娃儿都明白！莉莉是我们的危险！"

片段二：

"最后一号令：老鼠莉莉，那个白妖精，到图书馆去！"威利巴尔德严厉地命令道，"必须单独前往！那是它的庇护所！群体早就对它忍不可遏了！就是它把我们带到了危险的境地，是它打开了通往花园的门！"

第三招：暴力（国家机器）

片段一：

"莉莉是一只白化鼠……"召集人想加以解释。可是最最强大的威利巴尔德威胁地盯了它一眼，还把它那强有力的尾巴攻击性地竖了起来。召集人慌神了，想说的话哽在喉咙里，只是轻轻地嘟囔道："白化鼠嘛，毛发和皮肤是没有色素的，如此而已。"再多的它就不说了。

片段二：

“安静！”最最强大的威利巴尔德吼道，“召集人格奥尔格已经被罢黜了！”它挺直老鼠腰杆，以胜利者的声调高喊道：“在危险的日子里，种群需要真正的大头领！我将成为你们的大头领！我，最最强大的威利巴尔德！这是无可置疑的，就像这强壮硕大的老鼠尾巴属于我一样！”

它跳上地球仪就开始奔跑，在它之前还从未有过老鼠这样疯狂。整个地球在最最强大的威利巴尔德脚下颤抖。它跑过中国和日本，越过浩瀚的太平洋……跑啊跑啊，一直横着跑过非洲大陆才扑通一声掉在地毯上。

“一共三十三圈！”被罢黜的召集人在一旁大声数数，所有的老鼠对这项成绩都深感敬畏。“三十三圈！”老鼠卡琳虔诚地重复道，“那么多的国家在它脚下过了三十三遍！”

“威利巴尔德！”大块头海尔曼不失时机地喊道，声音因激动变得十分尖细，“没有任何人能像威利巴尔德那样有资格成为我们的大头领！”

种群中的许多老鼠向威利巴尔德发出了欢呼。它跳到红色绒布沙发的扶手上，仁爱谦和地向老鼠们挥手致意。它的身旁环绕着一支由年轻健壮的老鼠组成的卫队，它们居高临下，狂野而坚决地注视着整个群体。

第四招：黄金预约（社会愿景）

威利巴尔德在那里对天发誓，要让所有的老鼠吃得饱饱的，要让所有的老鼠活得安全，要让所有的老鼠进入人间天堂……

第五招：仪式（专制文化）

口号：

像蝙蝠一样敏捷！像蒂罗尔面包一样坚强！像猪皮一样柔韧！

一个头领（集权）！一个宅子（国家至上）！一个种群（民族主义）！

歌曲：

它最喜爱的歌曲群鼠们每夜必须齐唱两遍。领唱者一发音，所有的老鼠直挺挺地站立起来，然后引吭高歌。

“我们必须给这首歌配上一个独特的动作，”大块头海尔曼建议道，“我想，当这首歌唱响的时刻，所有的老鼠必须举起右爪子，虔诚地举到老鼠鼻子边。这是一个庄严的举动。”

歌词：

让天下所有的猫
震恐在我们脚下！
倘若它侵入宅子，
就扯掉它的尾巴，
拔光它的利爪！
来吧来吧，
让我们跳舞祝捷，
让恶猫颤抖去吧！

谁还把捕鼠器放在心上，
老猫与我们有什么相干！
不怕利爪，不怕猫掌，
强大和勇敢是我们的方向！
聚集在强大的头领周围，
我们就永不完蛋，永不完蛋！

通天塔是谁设计，靠谁建成的？
我们！我们！雄的、雌的老鼠们！
来吧！抖擞精神，

参加最后的冲锋陷阵！
机遇到来，时光消停，
大钟已被摆平！
这是我们强大的，不，最最强大的
威利巴尔德的命令！

由于在刚才交流的时候学生的发言里没有涉及“歌曲”，因此皮鼓做了特别强调。

第六招：无意义的体力劳动（控制手段）

“……入夜我们撒下豌豆，早七点以前，我们把它收拢！”

……

在接下来的几个夜晚，老鼠们才明白，它们的负担有多么沉重。撒豆子挺轻松，速度也很快，然而把豆子收集起来，却是一桩辛苦活儿。有的老鼠边干边念叨：“敏捷、坚强、柔韧！”可是谁也不会因此而感到轻快。

它们很少想去抱着钟摆荡秋千，也很少到厨房的滴水龙头下玩“快速跑过不沾湿”的游戏。往往在匆忙中捡起最后一粒豌豆时，大钟就当当地打起了七点。老鼠尾巴还没来得及全部缩进洞子里呢，厨娘就已经进了厨房！……

“……现在，救命之策终于有了！我们拉上窗帘，这样房子就严实了！谁也不能往里打探了！”

……当老鼠卡琳再一次高呼“一个首领，一座宅子，一个种群”时，很少有老鼠保持沉默了。往日的热情之火重新被点燃起来。群鼠纷纷爬上窗帘绳，大头领安坐在沙发扶手上发号施令。……

（狡猾的尤瑟夫）对大首领进言道：

“我们必须给群体想些新花样。无所事事是万恶之源。”

……

“群体得有活儿干，否则在一群愚蠢的无赖的脑瓜里，马上就会滋生危险的思想。”……

“玩具箱里的积木给我们送来了好运气！我们可以用它来建造一个塔！像蝙蝠一样敏捷，像蒂罗尔面包一样坚强，像猪皮一样柔韧！我们建一个塔，让它高耸到香肠和火腿的天空里，然后，然后……”它再也无法往下说了，因为口水已经在它嘴里哗哗直流。

老鼠们迷醉地仰望着油香四溢的酱肝肠、红色的意式萨拉米灌肠、烟熏瘦肉香肠、熏猪肚以及挂在天花板下的两条火腿，脑子里盘旋着无数的惬意的美梦。

……

“……我们会把塔越建越高，越建越高，小心翼翼，一层压一层，一块压一块，笔直往上，高过桌沿，高过吊灯，向天空冲击，天空！天空！！天空！！！”

第七招：禁止故事（钳制思想）

“故事让你们变得又瞎又聋！所以说故事必须终结了！立即终结！

“从现在起，禁止朗读，禁止说故事，禁止传播故事！那些危险的书籍里所有的故事都在被禁之列！谁朗读，谁宣讲，谁倾听，谁就是群体的公敌！书籍有什么用？它的最佳用处就是供大家去攀爬！去蹦跳！去玩滑梯，或者偶尔躲在后面藏猫猫！不，藏猫猫也早就明令禁止了！那些该死的书，应该一页页地撕掉，应该统统焚毁，谁敢违抗禁令，谁就会被逐出灰宅！要把它从摇头气窗里扔出去，就像这根又长又漂亮的尾巴属于本头领一样，毫不含糊！让蔑视法律者去喂猫，其下场绝不会更妙！”

至此，关于本书的第一个问题经过充分的讨论后得到圆满解决。

四

接下来的讨论是围绕着第二个预习作业进行的：专制鼠国是怎样倒掉的？

学生的回答基本统一：老鼠们从莉莉的故事中得到自由和思想。有些学生还补充：鼠群整日处于一种心惊胆战的状态、鼠群有了等级制度，身份高低带来的不平等也是促使专制鼠国倒掉的因素。

莉莉是专制鼠国倒掉过程中不可或缺的人物。而阅读，则是促使莉莉觉醒的关键。在此，皮鼓引入黑塞的观点印证，阅读有一个非常大的作用，我们在书里看到的都是一些原型，看到我们自己。

莉莉从故事里也看到了整个鼠国的本质，这是它通过阅读产生独立思考的结果。由此，年轻的鼠群觉醒了，推翻了大首领的统治。

由于时间关系，皮鼓关于“专制鼠国是怎样倒掉的”这个话题处理得有些仓促，对“莉莉”这一非常典型丰满的人物形象的分析也止于“阅读”为鼠群带来的影响了。其实还有很多耐嚼的、对于学生当下生活也更有现实意义的内容，没有进行更深入的讨论。在课后，他自我评价说，由于本来是定为两节课来上的，但是因为今天时间调整成一节课了，所以就匆匆结束了。

第一招：阅读

阅读的力量来自何处？

飞翔、扬帆远航（灵魂自由）

另一双眼睛看世界（从每一个故事中，你都可以找到一部分

自我，你可以学会怎样更好地认识自己）

莉莉把从书本上读到的故事讲给老鼠们听，有时，它直接从书上选一些章节读给它们听。一开始时只有弗里德利克和卡尔是忠实的听众，后来菲列普也来加入，连被罢黜的召集人格奥尔格也来倾听，最终发展到种群中许多年轻老鼠也都竖起耳朵细听。莉莉给它们讲述了罗马帝国皇帝奥古斯都的故事。这位皇帝嘴里高唱“和平，和平”，却一心想要征服全世界。他在有生之年，一直驱赶部下去打仗，去送死。还有一位罗马帝国的统治者尤利乌斯·恺撒也是莉莉故事的主角，莉莉讲到他发动的战争和取得的胜利，讲到战场上士兵们的累累白骨以及孤儿寡母们的眼泪。当然它也讲到了恺撒的可悲结局——被朋友谋杀而倒地。莉莉还讲到不可一世的匈奴帝国阿提拉王，此人也曾企图让全世界在他的脚下颤抖。莉莉也讲到了可怕的拿破仑，他许诺臣民公正和自由，带给他们的却是死亡、贫困和恐惧。莉莉讲啊讲啊，白天讲，黑夜也讲，连一个小时都舍不得睡。

到第三天时，有一个年轻老鼠问道：

“在人类社会里，人们管那些号称要把人民领向天堂，实则把人民引向地狱的家伙叫什么呢？”

“这些人被称为大独裁者。”莉莉给出了答案。

“面对大独裁者，人民就一筹莫展吗？他们不可以反抗吗？”年轻老鼠追问。

“他们能够起来反抗，”菲列普说道，“可是大多数人心存畏惧，极大的畏惧。他们想，还是忍着吧，如果我们说什么，或者挺身而出，我们就会被消灭。”

第二招：民主政治

绝大多数老鼠同声叫道：

“莉莉当头领！当头领！！我们最放心！最放心！！”

“不！”莉莉说道。它一直在反复说“不”。

欢呼声渐渐平息了，莉莉响亮地再说了一遍：“不！”

然后它接着说道：

“我们不需要什么先知先觉的头领，不需要谁来独断专行。当初威利巴尔德自封为大头领，我们相信了它的诺言，又对它听之任之，结果怎样，你们都亲眼看到了：行军！操练！干活！卖命！不需要独立思考，只需盲从就行。我主张，大家要重新学会思考！”

在分析完“鼠国专制倒掉的原因”后，皮鼓又和学生讨论这样一个有深意的话题：我们都知道莉莉是一只善良智慧的老鼠了，可是它为什么不愿意当新的首领呢？这难道不应该是一件好的事情吗？

学生的思维很清楚：莉莉做了鼠王后，它也是会死的，还会有新的鼠王，我们不能保证新的鼠王还会是善良的。因此，必须建立一种制度。

老师又给了提示：莉莉有没有可能变成一个专制的鼠王呢？

学生发表意见说，有可能，因为权力不加以限制的话，也会重蹈覆辙的。

至此，结束了第二个话题的讨论。皮鼓开始引导学生将书中内容与现实世界产生关联了。

五

他的目的在于让学生通过现实世界与童书故事的关联，再次明确“专制国家形成的特征”及“如何消除专制”，从而寻找到“如何破除无所不在的奴役”的办法与途径。

他是这样做的。将专制鼠国的成因一条条显示在课件上，然后让学生对照《德国，一群老鼠的童话》的不同版本（乌托邦版、市场版、校园版、爱情版……）进行分析，看有无鼠群这样的特征。

小结：专制鼠国是如何形成的？

第一招：制造假想敌，使国民畏惧（威胁论）

第二招：清除异己，使人人因自保而噤声（血统论）

第三招：暴力（国家机器）

第四招：黄金预约（专制愿景）

第五招：仪式（专制文化）

第六招：无意义的体力劳动（劳动控制）

第七招：禁止故事（文化钳制）

在这个阶段，皮鼓以非常翔实的资料把《德国，一群老鼠的童话》与德国纳粹做了对比。看得出来，对于这些，同学们是完全新鲜而吃惊的。但是我想提出的看法是：不知道孩子对于这段历史已经了解的状况如何，这样会不会对孩子又造成另一种简单的历史观，简单地理解那段历史，毕竟，童书故事是只提取了“专制统治”的本质特征的。德国纳粹发生在相当复杂的背景下，虽说是在课堂上，但是如果就这样简单还原，会不会给学生带来一些影响。毕竟这个阶段的学生正处于思维活跃、血气方刚的年龄啊。

然后皮鼓又让学生进行知识迁移，描述一下在当前的市场经济主导的社会中有没有《德国，一群老鼠的童话》的特征，皮鼓的意图是想让学生通过对这几种情况（市场版、爱情版、校园版……），说明这种“专制机理”也都是隐藏存在的。所谓专制机理，就是以威胁论与血统论制造敌人，以暴力手段维护专制，以虚幻的愿景麻痹人民，以一定的仪式来强化专制，以无意义的体力劳动来使人民疲惫，以文化钳制来防止人民独立思考。而这一切，都是建立在根植于人内心的恐惧与安全需要上的。比如市场主义的专制机理为：贫富作为幸福与不幸的分野来制造敌人

（贫困），以市场看不见的手来维护市场主义，以香车美女别墅的生活愿景来麻痹消费者，以各种活动包括影视特别是广告来强化愿景，以就业压力来使人疲惫，以流行文化来抵制独立思考精神，杜绝多元选择的可能。这是根植于人内心的欲望与消费需要。

因此，在面对这些的时候要保持头脑的清醒，也就是他最后要完成的一个话题：如何破除无处不在的奴役？

但是这个弯转得过快过急，而且正如干老师在课后所简单评述的那样：其实市场经济中已经不是显示“专制”的特征，更多的是对人们的“异化”，而“校园版”其实显示更多的是教育学和心理学的问题，“爱情版”则是关于人类心理问题的探讨了，因此，在这样短的时间内，完成这么规模宏大主题复杂的讨论，是不可能实现的。

还有一点被皮鼓忽略了，就是课程完全可以再进一步。比如我们现在的社会与那个时代已经有一段距离了，那么现在的社会是不是就非常美好了呢？是不是已经彻底干净地清除“专制”的土壤了呢？

的确，民主、自由、平等，这是整个人类正在走和还要不断走的路程。

装满愿望的黄书包

——经典童书《黄书包》导读

“我必须找一个地方把我的愿望藏起来。我说的可不是那种毫无意思的，小小的，像吃冰棍儿、逃算术课、旧鞋实在穿不了老想买新鞋那样的愿望。这些愿望，全世界的人都能看得到，我才不要呢。我的愿望与众不同。它们三个突然萌生出来，而且膨胀起来。哎，我可不想让别人看到，决不。”

这就是《黄书包》全书的开头，一个饶有趣味的开端。但问题是，这本有趣的童书可不会如你所想象，满足于把“藏起来”“萌生出来”“膨胀起来”这些词语当成是修辞的词语。事实上，在这部微型的成长小说中，“愿望”是有形的，它会变化，会膨胀，会爆炸。你可以藏它，戳破它，使它因暂时的满足而平静、收缩，但是，你总是没办法摆脱它们。它是小说，但是，小说中公鸡会说话，雨伞有性别，有些人物是现实的，有些人物是想象的……只是小说没有告诉你它们谁是“真”的，谁是“假”的。就像我和棉种场小学四年级的孩子们在讨论这本书时说的那样，这本书的情节，是“真真假假，假假真真；假作真时真亦假，无为有处有还无”。

斯芬达克斯之谜

《黄书包》是巴西作家莉吉亚·布咏迦·努内斯的作品，作品的风格就像是同产于南美的文学经典《百年孤独》一样，呈现出一种魔幻现实主义的风格。也因此，在许多一二年级小孩子听得津津有味的同时，许多为孩子们朗读着它的成人却大呼“看不懂”“理不清”“不知道它究竟在讲什么”。因为我们的阅读经历已经让我们养成了一种只能理解和接受平稳、实在的叙事，或在这样的叙事上再添加上一点浪漫的、感伤的情绪，而对《黄书包》这样的充满了象征，在现实与幻想、在梦境与生活、在艺术作品和真实叙事之间似乎不再存在界限，时空在不断转换的作品，我们就像对待自己昨晚所做的一个扑朔迷离的梦一样，似乎有点熟悉，但总有些恍惚，不清楚它究竟对我们说了什么。

为此，我愿意像解开一个梦一样，把这个故事解一解。但是我很担心我的解读破坏了这本书原有的魔幻色彩，虽然我知道，这样的解读会让原本觉得有些迷茫的老师们开始喜欢上这本书，并把它带到教室里去。

解读一部作品最大的危险，就是面对没有阅读过这部作品的读者，因为他没有遭遇谜面，为谜语所困扰，直接就读到了谜底。但是，没有谜面的答案是没有意义的，它就像“它是人”这个答案。只有当你先知道“什么东西早上是四条腿，到了中午是两条腿，当太阳落山时又变为三条腿”这个谜语，并为它而伤透脑筋时，答案才会明亮得像一盏黑夜中的灯。所以，如果你正巧是那个没有读过谜面的读者，那么请你停下来，先读读那个谜面吧——至少，如果你是通过谜底而决定把这本书引进课堂的，那么你在让孩子们阅读时，请千万不要一下子说出谜底——世上再没有比看侦破电影时，有人告诉你那个穿黑风衣的人就是凶手更煞风景的事了。

我绕这么长的弯子，就是为了延迟讲述以下我并不愿意告诉你，而更希望你自己去探究获得的谜底。

不只是三个愿望

故事的主人公拉克尔是一个正在读小学的小女孩，应该是十来岁的年纪，也就是说，应该和我眼前的这些孩子，是差不多的年纪吧。再大一点，他们就要遇到“童话原来不是真的”“我要不要长大”这样的问题了——当他们遇到这样的问题时，会有另一本叫《彼得·潘》的书告诉他们如何理解和选择，而现在，他们的问题还不是这些。现在，他们还逗留在幻想与现实的交接处，逗留在抽象运算能力的外面，逗留在自我刚刚形成、一切混沌未清的阶段。

这个叫拉克尔的小女孩，感觉自己是一个“多余”的女孩，因为比她大十多岁的哥哥姐姐们告诉她，她是父母亲在不应该再有孩子的时候，不小心有了她的，而且她的出现让家里的生活变得拮据起来。拉克尔总是只能穿大人们穿不了了，改装一下的衣服。巴西社会的文化男女有别，女孩们还被禁止做一些事。所有这一切，让她萌生了两个愿望：一下子长大，一生下来就是个男孩。没人愿意听她的诉说，总觉得她想的、说的，都太荒唐，于是她只好化身为几个人，自己对自己说话，自己给自己写信并回复。因此，她又有了第三个愿望：当作家。

在课堂上，当我问“拉克尔为什么会有这三个愿望”时，由马玲老师带着慢慢地朗读完整个故事的孩子们，能够轻松回答“为什么想一下子长大”和“为什么希望一生下来就是一个男孩”，却不能回答“为什么想当作家”——这是一个奥秘，这个故事最大的奥秘。

这个故事奇特的地方，正在于故事中拉克尔几乎没有做过什么大事。因为她的生活就像许多平淡生活中的孩子一样，单调、枯燥、乏味。如果我们细心地分辨一下——这很困难，因为现实与想象在书本中是不加区分地糅合着的——那么我们将发现，故事中拉克尔整个经历无非就是：

因为遭遇困难而有了种种愿望—获赠一个旧的黄书包—修理黄书包并把愿望等装进黄书包—写作或幻想—到姨妈家做客并与表哥打架，受到欺负—私自外出被罚不能出门—在家里写作—做梦。

这个情节概括显然是单调、枯燥与乏味的，和这本书的奇幻风格不相称，但拉克尔的生活就是这个样子。让故事与书本变得神奇的是编织进生活中的那些幻想，在拉克尔的故事中，还编织进了四个幻想故事：公鸡阿丰索的故事、斗鸡“将军”的故事、一枚别针的故事、一把雨伞的故事。我还是直接说出谜底吧：

那枚拉克尔在路上捡到的生锈的别针，是四个故事的主人公中唯一一个在现实中有真身的，它正是拉克尔的自我镜像：多余、小、没用。别针的愿望是变得有用。

公鸡阿丰索是拉克尔最先创作的一个形象，它是一个鸡舍的母鸡群中唯一的公鸡，它的责任是领导母鸡，管理一切琐碎的事务，但是它不愿意自己在左右母鸡们的日常生活中被不自由的生活所左右，所以它就逃了出来，去追求自由的生活。它进了拉克尔的黄书包，获得了自由。有了自由后它就开始去寻找它的理想，并最终找到了理想：为解放全人类的思想（去掉人们头脑中的强力线）而奋斗。它怀着理想，和雨伞一道离开拉克尔和黄书包，去周游整个世界。

雨伞开始是一篇作文中的雨伞，因为作文没写完就被老师强行收上去了，所以它就成了小说中一把残废的雨伞。它的愿望是有人听懂它的话，同时修复自己，让自己变得有用。而且奇怪的是，这是一把在被制造时自己选择了当女伞的雨伞，它开始的时候能大能小，而且在慢慢长大，直到有一天，它被卡住了（像一个“自卑情结”），于是它的成长便被困在这失败的一刻。瞧，这把雨伞其实就是拉克尔的“自性”：漂亮的女伞，能大能小但被卡住了的雨伞，想要诉说但和成人世界语言不通的伞。

斗鸡将军是阿丰索的表弟，也是在未完成的作文被强行要求上交之后出现在故事中的。这只斗鸡的脑袋被一根强力线缝住了其他思想，于是它只剩下一个念头：“我要打败所有人！”其实琢磨一下就能明白，它就是我们今天学生的写照，学校的应试竞争就是在灌输一种“我要打败所有人”的思想，于是这斗鸡忘了亲情，忘了爱情，更不必提生活中其他的浪漫与诗意，它只有一个念头：斗、斗、斗、斗。拉克尔和阿丰索把战败的将军带回黄书包里，但这没用，因为已经被洗脑的将军只有那个唯一的念头，它只想重返斗鸡场。最后它差点就死在斗鸡场上，幸亏它头脑中的强力线突然断裂，被压抑的其他念头纷纷冒了出来，将军恍然觉悟过来，逃离了斗鸡场。

一切故事的本质是变化，当我们从内在变化的角度，梳理一下这四个先后入住黄书包的魔幻人物，我们发现这样的几条线索——

阿丰索：身体不自由→自由→有理想；

将军：心灵不自由（竞争）→自由；

别针：小、多余、无用→有用；

雨伞：无用→有用，没人理解→找到知音。

而当我们理清这几条线索后，就不难明白，究竟是谁渴望从不自由到自由，从无用到有用，从寂寞、不被理解到拥有知己。于是，即使是四年级的孩子们，也能够准确地判断，拥有这些愿望的是拉克尔。这些神奇主角，都只是曲折地反映了拉克尔的愿望。黄书包，就是用来装愿望的，不只是那三个不时膨胀的愿望，而且还有一些更深的愿望。如果我们用童话心理学来分析的话，我们可以说，那三个愿望倒仅仅是一个小女孩意识中的念头，而这几个童话人物所象征的，才是拉克尔更深层也更真切的愿望。

魔幻现实主义的清理

这本薄薄的书，因为这种表达形式上复杂的编织，所以故事与意蕴就都显得很厚。在理清上面的几条线索之后，我们就可以发现整本书现实与魔幻之间是如何精心编织起来的。

第一章　愿望——这一章写拉克尔遭遇困难，愿望因此而膨胀，她因孤独而写信、写小说，但信和小说都受到了成人的嘲笑。这里，拉克尔虚拟了几个她写信的对象，这些人物会回信。于是我们知道，他们其实是拉克尔的化身，所谓写信和回复，其实不过是拉克尔的一种精致的喃喃自语。这一章拉克尔写了一篇小说，讲一只名叫“国王”的公鸡，它不堪忍受鸡舍中平庸的生活。显然，这只公鸡正是小女孩拉克尔的化身——因为她想成为男的，她不堪忍受家里的平庸生活。

第二章　黄书包——这一章写拉克尔一家收到姨妈家的礼物：一些买来用了不久就不想再要的衣服等东西，哥哥姐姐们把装东西的黄书包，给了拉克尔。拉克尔正为愿望的膨胀被人发现而苦恼。于是，她给黄书包配上一个不灵光的褡扣，把三个愿望、收集的名字、乡下美好时光的照片、自己的作品放进了黄书包。

第三章　公鸡——这一章写第一章那篇被成人嘲笑的小说中的公鸡国王从小说中，也是从鸡舍中逃了出来，直接与拉克尔对话。也正是从这里开始，魔幻现实主义才真正开始。也就是说，现实与幻想不再存在分界线。但我们可以通过梳理知道，这事实上是人物进入了幻想。“国王”不想再用“国王”这个名字，拉克尔让它从自己收集的名字中挑一个，它挑了阿丰索。小说没有交代，阿丰索是一位著名的西班牙国王的名字，而这部小说用的正是西班牙语。这一章里有许多奇妙的暗示。阿丰索这个名字有三重含义：西班牙国王，拉克尔众多名字中的一个，想象中公鸡用的。还有就是，这只公鸡是戴着面具的，那么它的真实面目如何？

第四章　别针的故事——这一章非常短，讲拉克尔捡到一枚别针，这是现实，但是，拉克尔和别针开始了对话，现实与梦幻失去了边界。小、多余、无用的，这是别针的诉说，也是拉克尔的情感在小小的别针上的投射。

第五章　放学——这一章讲现实中的拉克尔没写完作文，就被老师强行要求上交。随后拉克尔就进入了她构筑的魔幻世界之中。魔幻世界中，阿丰索捡到一把雨伞，一把出生时自愿选择了当女伞的伞，一把成长受阻、患了轻度自闭症的伞。再然后，斗鸡将军出场了，很显然，学校生活，尤其是作文被强行要求上交，对拉克尔产生了极大的影响。对成人来说的小事情，对一个孩子来说，也许就是天大的事情。

第六章　午饭——这一章是在较长段的现实生活中编织进了一点魔幻。拉克尔一家去姨妈家做客，表哥想看拉克尔的黄书包里装了什么，拉克尔非常担心被大人们发现公鸡、雨伞、别针以及三个愿望，所以就坚决不让，结果和表哥打了起来。最终，书包被打开了，而在拉克尔的想象中，是书包中的愿望膨胀起来，发生了爆炸。

第七章　“将军”跑了——这一章讲因强力线缝住头脑，将军逃离黄书包，去参加必败的斗鸡比赛。这是完全的魔幻世界里的故事。

第八章　斗鸡和强力线的故事——这一章继续上一章，讲将军在比赛时强力线断裂，逃离了斗鸡场。但这一章中补叙了强力线的来历，也把强力线当成一个人物来写，还写了它的伙伴鱼线。

第九章　我改变主意啦——这一章最令读者迷惑，因为故事中出现了一个修理店，里面出现了一个叫罗雷莱的小姑娘和她的一家人，他们是非常和睦温馨的一家人。于是读者很难分辨，这里面谁是“真”谁是“假”，谁属于“现实”谁属于“魔幻”。其实，理解这个故事的奥秘藏在名字里，因为罗雷莱，就是拉克尔收藏的众多名字中唯一一个女孩的名字，也是故事的开头，给拉克尔写信的那个“分身”。所以，这一章，完全属于魔幻的部分。

第十章　在海滩——这一章是在一个大事实上编进了一个大幻想，大事实是拉克尔做了一个梦，而梦的内容当然属于幻想。在梦中，拉克尔在一个海滩上，把“想一下子长大”和“希望生下来就是男孩”这两个愿望放飞了，阿丰索也和雨伞远走高飞，去实现自己的理想，只有别针留了下来，它说：“你最好经常把我带在身边，说不定你会突然有一个愿望膨胀起来，那时，我就可以‘扑’地刺它一下。”一直太沉重的黄书包，现在留下了别针，还有那个想当作家的愿望。故事就在梦境中结束了，但我们可以想象，当梦醒来的时候，一个全新的拉克尔，已经因为这个故事而出现在生活中。

写作，或者叙事的意义

这时候，我们已经明白，为什么拉克尔需要“当作家”这个愿望，以及为什么要留下这样一个愿望。因为在小说中，拉克尔所有的困难，都是通过为愿望写一个故事，从而实现愿望的超越——超越不一定是满足，而是对愿望的认识与清理。所以，在主题探讨课的最后，我送给同学们一段话，这段话也可以视为对这本书主题的一个概括：

为你的每一个愿望，
编一个好的故事；
让你的每一个故事，
有一个好的结局。

让你的生命守护着，
那个最重要的愿望；
用一枚小小的别针，
刺破那些过度膨胀的欲望。

《黄书包》，是少见的聚焦于叙事本身的儿童文学作品。另外有一个更经典，但难度更大的是《永远讲不完的故事》。《永远讲不完的故事》侧重于阅读和经历，而《黄书包》侧重于书写与倾诉。如果把这两本书结合起来，就能够更完整地体现新教育实验儿童课程的叙事理念：生命通过穿越故事而丰盈，通过自我书写而形成“自我”，在这个过程中，经典故事、师长、孩子这三个有生命的事物相互编织，相互丰盈，相互唤醒与启发，从而共读共写共同生活。书本因阅读而去蔽，而重现为剧本与故事，教师的生命因对职业天命的承诺而豁亮，儿童生命因编织、刻写、自我静默的书写而成形。

只对老师们说的一些秘密

在阅读现场，当我们讲到强力线的时候，尤其是当老师们明白斗鸡只是学生的象征的时候，老师们会心地意识到：自己可能就是那根束缚别人的思想，也束缚自己的行动、生活的强力线。但这个秘密，在课堂上我没有向孩子们揭示，因为总得把一些秘密留给以后。好在它本来就只是一个象征，这强力线，同样也可以指向父母、社会的某些戒律。

在小说中，还有一些老师们有必要知道，但没有必要给孩子们一一揭示的象征。

鸡舍就是拉克尔家庭生活的隐喻；斗鸡场就是应试教育盛行的学校，学校就是把学生训练成斗鸡，让他们只剩下一个争斗念头；修理店就是拉克尔及她的象征物雨伞获得救治的地方，而在新教育儿童课程中，修理店就是儿童文学，就是故事、绘画、音乐和诗歌；海滩，就是自由之地。

而同样是拉克尔的化身，阿丰索、将军、雨伞和别针，分别是她精神不同层面的象征。别针是拉克尔的“自我”——自我镜像的现实一面，她觉得自己不过是一枚多余的、小小的、被遗弃且生锈的别针，她渴望自己有用一点；而阿丰索同样是拉克尔的“自我”与“镜像”，不过是较浪漫的一面，她厌弃鸡舍般的生活，她渴望成为一个男性，“自由的男孩”，这就是拉克尔意识中的自我。斗鸡将军是社会要求、灌输给拉克尔的“超我”——当然我们一样可以发现在阿丰索中也有社会的灌输与要求，但因为阿丰索拒绝接受，所以也就没有成为“超我”部分。而雨伞正是拉克尔的自性，本来之我——如果我们使用弗洛伊德的自我结构分析，但若不局限于弗洛伊德的理解的话，我们可以认为雨伞是拉克尔的“本我”，在故事中，这个本我遭遇到严重的扭曲，甚至出现了性别的危机。

于是故事也成了本我、超我之间的斗争，最终，外在灌输的、外铄的超我被否定了，本性之我，或者说自性之爱被认可，被肯定。别针觉得自己是有用的，而获得了自由的阿丰索——也就是拉克尔，又不仅仅满足于自由，在这些需要或者说动机获得满足之后，拉克尔－阿丰索获得了一个新的超我：追求理想，为解放被强力线缝住头脑的人们而奋斗。

就是在这样的心灵故事中，“罹病”的拉克尔获得了治疗，并且走向了超越。

在故事中，有一个小小的细节，就是拉克尔的几十个名字。这些名字暗示你，许多人物其实只是一个人，只是拉克尔，而在故事外，它同样暗示你，这是拉克尔的故事，这是罗雷莱的故事，这是阿丰索的故事，这是安德烈的故事。或者，这同样也可能是崔凯杰、翟超或者吴振北的故事。

这是所有这个年龄、这个处境的孩子的故事，这是所有需要故事来治疗的孩子的故事。

所有的孩子都需要一个或大或小的黄书包。这个书包里存放着他们不愿意别人轻率打开的秘密，存放着他们最深的说得清或说不清的愿望，但是，事实上，每个生命都在渴望有知音能够轻轻地打开这个书包。我想作者也会愿意我用这样的方式，解开其秘密。

追寻青鸟

——《青鸟》导读及共读

一

和一般“童书”不一样，圣埃克苏佩里的存在主义童话经典《小王子》，和诺贝尔文学奖获得者梅特林克的童话剧《青鸟》，与其说是“童书（儿童之书）”，不如说是两部意蕴极深的现代文学经典。

无论是从教育的角度解读这两部经典，还是把这两本童书带进小学教室，都将不得不冒丧失“深度”或者“本来面目”的风险。

但是，对儿童的生命来说，却并不能因为他们还天真幼稚，理解力不够，所以就只配领受那些肤浅幼稚之作——这是对儿童教育的一个严重误解。

必须是他们能够感受、感动的——这是一条绝对的原则。

必须是能够引领他们一生的生命朝向高处的——这是另一条绝对的原则。

因此这两本童书，是新教育儿童课程整本书共读中的必读图书，《青鸟》放在中段或高段，《小王子》和另外两部经典《永远讲不完的故事》以及《西游记》成为整个小学阶段最后的三本共读经典。

于是，这次“2009 冬‘灵山—新教育’贵州凤冈行”，我们决定把《青鸟》带到凤冈去，在一个五年级的班上来推进这本书的共读。就像两年前同样的初冬，我们把《小王子》带到山西绛县城内小学的五年级。那一次经历让我们对一条新教育共读原则坚信不疑：和书本同样重要的是相互编织式的师生共读，在这种生命相互吟唱与启发的阅读中，哪怕是艰深的经典，也会化为活生生的当下的场景，感动每一个一道穿越过这部经典的人。

二

我们在凤冈将停留七天，但最后两天是周六和周日，是面向实验学校领导教师做新教育通识讲座的，只有前面五天是田野培训，是能够和孩子们一起在教室里度过的。用五天时间穿越《青鸟》，对从低段就经历新教育儿童课程的孩子来说不算难事，但对阅读基础较差的孩子，这显然是一项不可能完成的任务。幸好设在凤冈的"新教育移动图书馆"里就有可以供整个班共读的《青鸟》，所以在我们去之前的一个星期里，孩子们已经开始自己阅读这本书了。不过，我到了之后一调查，孩子们反映"看不懂""看不下去"。

而在周一早上的晨诵检测，以及紧跟着的第一堂《青鸟》共读课中，我们发现：也许因为这是临时组建的学校和班级，孩子们的基础比我们想象的还要差一些，他们还不能自然地朗读（而采取一种我称之为"读字"的机械朗读），更不必说有意义的阅读了。

而且当时我一进课堂，还发生了一个小插曲。我手中拿着的，是剧本版《青鸟》，而孩子们手中拿着的，是朱陵翻译的童话版《青鸟》，两个版本并不仅仅是翻译的差异，不仅仅是语言的差异，而且在结构上，在一些细节安排上，也有着很大的不同。

怎么办？

我当即决定：

一、采用学生手中的那个版本的书，这当然是不得已的选择，因为

《青鸟》最完美的表现方式是“演出”，而不是“阅读”。

二、采取把“低段大声朗读”“中段分角色参与”“高段小主题探讨”这几种不同级段各有不同的“共读法”结合到一起的办法，由若干个老师扮演其中的重要角色，男女生分别扮演小男孩奇尔奇尔和小女孩米琪儿。其中老师的大声、表演性朗读，将既是对故事的演绎，又起到为孩子们角色扮演做示范的作用，在将故事一段段推进的过程中，把故事的“象征主义”意蕴的一系列问题逐一提出来，可探讨的就直接解决，不能解决的就悬置起来，堆在一起，直到最后一课主题探讨课时再一并解决。

关于儿童文学的精髓或者真谛，不同的文学创作者与诠释者有着不同的理解，但如果我们理解儿童文学的根就在“老奶奶”讲的故事、念的童谣儿歌那里，那么我们就不会舍本逐末，把一些局部的语言文字品味当成是师生共读的核心——事实上这句话容易被误读，因为无论是哪个文本，我们总是只能依赖具体的语言文字，才能进行角色扮演，才能进行主题探讨。但是比具体某一处精彩描写更重要的，是“故事”。

永远要牢记，其核心就是故事！故事！故事！

这就是为什么童话可以被翻译为其他的语言而不失真，神话可以被其他的民族理解，而完全不同的翻译版本，最终都不会取消掉故事本身。

因为故事就是人物与人物之间的关系，以及他们的经历。

对《青鸟》而言，故事就是贫苦人家的小男孩奇尔奇尔和妹妹米琪儿在圣诞节收不到礼物的背景下，受女巫的委托，帮她生病的女儿去寻找象征着幸福的青鸟。然后，他们和一些伙伴（即使在情节上并不重要，也会在象征上极其重要，这一点待会儿加以揭示），穿越回忆之国、夜之宫殿、森林、坟场、梦幻花园（或幸福花园）、未来之国，一次次寻找到青鸟，又发现它并不是真正的青鸟，最后回到自己的家里，发现奇尔奇尔一直舍不得送给邻家女孩的斑鸠竟然是“青色”的，而获赠了这只青鸟的邻家女孩居然神奇地病愈了……

无论你添上什么样的人物语言与景色描写，无论你在舞台上怎样地改变剧本与场景，不能改变的是人物与人物之间的关系，以及他们最最重要的历程。

三

在推广儿童阅读的过程中，总遇到有老师咨询一个实实在在的“笨问题”：孩子不喜欢阅读怎么办？

孩子不喜欢阅读？这真是教育中几大古怪中的一个古怪。游戏、阅读（故事）、交往，这些都是生命天然会喜欢上的事。如果竟然有孩子不喜欢阅读（和没有阅读机会因而不会阅读不一样），那么原因只有一个：老师在阅读中加上了一些让孩子害怕的东西，而不是把故事中原本精彩的东西演绎出来了。

所以新教育儿童课程中的师生、亲子共读以及自由阅读，不提倡做机械的读书笔记，不提倡做机械的阅读问答题（确实会有导读题推进阅读，但这是非本质的辅助手段），而是提倡：

让故事复活，如果是低段，那么老师应该学会像老婆婆一样讲故事；

强调故事与阅读者的相互编织，把故事编织进孩子自己的生活，把自己编织进故事中去（通过角色扮演、角色自居作用，通过面对主人公相同的处境的讨论与抉择）；

以故事主人公为镜像（镜中未来的自己）、以主人公的经历为自己生命故事的蓝本，构思自己的生活；

让故事中的人物、关键问题、抉择理由，成为班级共同的语言、密码、准则。

还原故事，让故事复活，这是一切好的阅读的前提。丧失这个前提，阅读就会成为变质的语文教学，成为孩子的又一项苦差事。

而教育中恐怕再没有比让故事复活更简单的事了，因为这是“老奶奶”天然就会的事儿。

《青鸟》第一节课，在发现孩子们的书本不一样之后，在发现孩子们大多数连起码的读通字面意思也显得困难时，在发现学生居然把阅读当成是一项语文作业来完成时，我们选择了最原始的办法：边讲故事，边扮演角色，把故事演出来。

第一部分，奇尔奇尔和米琪儿的樵夫之家，圣诞节，这些背景须由我这个讲故事者先补充进去。这是整个故事的前提。没有了这些前提，后面的旅程也就无法展开。

然后，在我的解释下，男孩子们成为奇尔奇尔，女孩子们成为米琪儿。从现在起，他们成为樵夫家的儿女（虽然是在大山环绕之中，但是大多数孩子连“樵夫”这个词语的意思都不知道，所以补充与讲解也成了必需）。

现在，他们迎来了一年中最隆重的节日：圣诞节。在圣诞节之前的平安夜，因为贫困，他们今年将没有礼物（这里必须要补充一些细节，以我们的春节来解释圣诞节，以压岁钱、新衣服来理解圣诞礼物），但是他们对面的富人家里，却有着高大的、挂满礼物的圣诞树，满桌的丰盛菜肴……

于是他们（我是指这个教室里的孩子们）开始玩想象吃大餐的游戏。

这时候，“我”——一个年迈的女巫登场了。

“我”在寻找会唱歌的草和青色的鸟，尤其是青鸟，因为它象征着幸福。“我”可怜的女儿生病了，只有这种鸟才能救她。

这是在童话世界里，而在《青鸟》这个故事的“现实世界”中，是邻居老婆婆家的女孩一直想要奇尔奇尔的斑鸠鸟，但是奇尔奇尔舍不得。不过这一点现在不必点破，现在只需带着孩子们进入故事，而不必急于跳出来讨论故事。

现在起，他们必须首先停留在故事里，成为故事中的角色，成为故事的主角，去经历故事中主角的经历，去思考故事中主角思考着的问题。

在故事中，老女巫和兄妹俩的第一次语言冲突出现在对自己家的描述上，兄妹俩认为自己的家“又黑、又窄、又没有点心”，而对面富人的家好漂亮。老女巫说：这房子一点也不窄，只是你们的眼睛没有看见而已。

为了让兄妹俩看到“真相”，老女巫拿出了一颗不可思议的钻石，它能让人类的眼睛看见真正的东西，譬如各种事物内在的精灵，过去及至未来的事情……

事实上，这既是这个童话中一个重要的道具，也是作为象征主义经典作品的一个重要象征。这个象征和后面的“光”的象征有时候可以结合在一起：转动钻石，就意味着转换我们的“目光”，或者是光明让我们看到事物的“本来面目”。

于是在钻石的光芒下，贫寒的家居然拥有童话一般的美丽，而家庭中所有事物的精灵，也纷纷登场：住在时钟里的十二个时间精灵，火的精灵，面包的精灵，猫和狗的精灵，砂糖和牛奶的精灵……

然后，兄妹俩和精灵们来到女巫的宫殿，换上童话里的装饰。女巫挑选了一些精灵陪伴兄妹俩踏上寻找青鸟的旅程，这些精灵是：火精灵、面包精灵、狗精灵、猫精灵、水精灵、牛奶精灵、光精灵、砂糖精灵。

为了让故事更加生动形象，在这五天中，许多老师参与到角色扮演中——本来这些都可以且应该是由学生来完成的，但显然这个班级的现状是更需要引导而不是摸索，所以男女学生除分别扮演奇尔奇尔和米琪儿兄妹俩外，有些还同时分担扮演了面包精灵、砂糖精灵、牛奶精灵和水精灵，而马玲老师扮演了火精灵和光精灵（有时还要串演一些另外的角色，如未来王国的孩子们），朱忠国校长扮演了狗精灵（这是学生最最开心的，因为他们敬畏的朱校长，居然在戏中扮演着对他们绝对忠诚的狗精灵的角色，还经常要受到他们的训斥），杨娟扮演反面角色猫精灵，而我则扮演每到一处的“主人”——夜宫女王、森林中的老橡树王、魔幻宫殿中的各种幸福精灵，以及时间老人……

整整五堂课，我们都是以角色扮演的方式来推进整本书阅读的。而我同时兼任导读者的角色，即在故事推进到关键处，突然带着大家跳出故事情节，来思考童话的意蕴及写作的特色。

譬如在用讲述、扮演的方式把故事推进到挑选一些精灵跟随兄妹俩前去寻找青鸟的时候（这两种方法是中低段的读书方法），我暂时跳出故事，插入一个问题："寻找青鸟的道路上，为什么需要这些精灵相伴？尤其是，这些陪伴者中间，好像有些还并不是支持者。"（在童话中，猫一直是这个旅程中的阴谋颠覆者，而另外一些精灵也经常受它的诱惑，除忠诚的狗精灵和作为领导人的光精灵之外。）

这种从故事情节中"跳出来"探讨主题或者写作方法的方法，是中高段读书课的主要共读方法。每一本经典童书，首先必须"驻留"于故事本身，但最终却应该抵达到其主题的深处——对《青鸟》而言，象征主义的方法，以及对人类意义、幸福的追寻、思考及理解，就是故事所蕴含的最大价值。

四

大多数童书共读时，我会"创编"一首诗，在每一堂推进课开始时让大家念一念，这就像是阿里巴巴"芝麻开门"的咒语，每当我们念过这首诗，就意味着现在我们进入了童话的世界——我们首先不是在教室里，不是在上课，而是在另一个广阔的天地里遨游、冒险。

因为这个星期我同时为他们上着晨诵《寻找一盏灯——顾城诗歌之旅》，所以我就把《寻找一盏灯》的意蕴化过来，写成《寻找一只鸟》：

走了那么远
我们去寻找一只鸟
一只叫幸福的鸟

你说
它在窗帘后面富人家的屋里
那些金黄金黄的东西
挂在圣诞节的树枝上

走了那么远
我们去寻找一只鸟
一只叫幸福的鸟

你说
它在过去的记忆里
那只吃过一次的苹果馅饼
在这里也会永远地散发芬芳

走了那么远
我们去寻找一只鸟
一只叫幸福的鸟

你说
它就在未来王国
由身穿天蓝衣裙的孩子守护
将要降生的孩子
会把它带到人间

在旅程真正开始的时候，即从女巫宫殿出发，踏上寻找青鸟之旅的时候，我们一起念诵这首诗，然后带着各自的角色定位出发。

这是阅读之旅，这更是真正的生命去穿越童话。

在篇幅上，《青鸟》只是一本薄薄的“小书”。所以我们第一堂课一直推进到第三章《回忆之国》。

这一章的导读问题是：“为什么前往回忆之国不能有其他的精灵陪伴？”以及：“回忆之国里究竟有没有青鸟？”

其实回忆之国象征的就是人生活在回忆（记忆）之中，所以这个问题也就成了:“我们能不能通过回忆，或者只在回忆中找到幸福？”

在此刻，我们只要停留在故事中，把那些重要的语句好好地读一读，但是到最后我们将不得不揭露谜底——这些语言的背后，有着重要、深刻的象征意义啊。

爷爷:(见到你们)会感到特别高兴啊！但是……好久了，你们为什么不常常来看我们呢？我们看到你们似乎都已经忘记我们了，我们没有办法见到任何人，我们真的是非常寂寞呢！

奇尔奇尔:我们也很想来，可是没有办法来呀！今天是借魔术婆婆之赐，才能够到这里来的。

爷爷:我们一直都待在这儿，等待着要见活的人，只要你们想起我们就可以了，这样子我们就能够清醒，能够见到你们了。

奇尔奇尔:什么，只要回忆一下就可以了吗？这真是令人感到惊讶啊！

爷爷:是啊！只要回忆就可以了，虽然一直躺在这儿睡觉很好，但是有时候也想要睁开眼睛，这是很快乐的事啊！如果大家都能够经常祈祷的话，那就更好了。

奇尔奇尔:可是，爸爸说我们已经不用祈祷了。

爷爷:这是不对的，有祈祷才有回忆啊！

奶奶:说得也是啊。如果你们能够经常到这儿来的话，就太好了，奇尔奇尔，你还记得吗？每次我做很好吃的苹果派的时候……你都会吃得太多，甚至吃坏肚子呢！

奇尔奇尔:可是，从去年开始我就没有再吃过苹果派了，今年根本没有采收到苹果。

奶奶:你在说什么蠢话啊！这里随时都有苹果啊！什么都没有改变啊。

——《青鸟》语句

这些话的实际象征意蕴是：在回忆中一切永存，发生过的遇到过的最美好的事物，都将在回忆中永远存在。而到达这个王国最为容易便捷，只要你静心回忆，你就回到了那一刻，那发生过的幸福时刻在回忆之国中将永不枯竭。

奇尔奇尔兄妹俩在回忆之国中找到了青鸟，但是当他们一离开回忆之国，却发现青鸟变成黑色的了！

所以这一处的主题探讨问题是：

回忆之国的鸟，以前是什么颜色的？

回忆之国的鸟，为什么在奇尔奇尔到回忆之国的时候是青色的？

为什么回来之后，青鸟又变回黑色了？

这个象征在整本书的象征系列中是最为明显的，所以当时就有学生大致说出了答案，我稍加点拨提升就行了：因为在回忆中，一切美好的事物都保留下来了，而且想象还把原先并不完美的生活（事物）变得完美，就像把黑色的鸟变成青鸟一样。但是，人不能靠回忆来取得真正的幸福，所以……

所以，记忆中的青鸟不是我们（兄妹俩以及我们）要寻找的青鸟，我们不能靠回忆中的快乐来度日，我们必须重新出发，去别的地方寻找青鸟——哪怕是那些极其危险的地方。

五

第二天的共读课，我原想在上一堂课的基础上，推进得快一些，不料效果反不如前面。所以后面所有课程，不得不放慢下来，我们（一群老师）带着奇尔奇尔兄妹俩，而不是奇尔奇尔兄妹俩带着几个精灵一道上路去艰难地追寻青鸟。

在齐诵过《寻找一只鸟》之后，我们利用图示，做了简单的“前情提要”。这个地图是随着一堂堂课、一个个章节慢慢地丰富起来的，现在还只有几个站点，而到了最后，完成了整个旅程之后，会成为一个圆环（如下图）。

各个地点的象征意义——

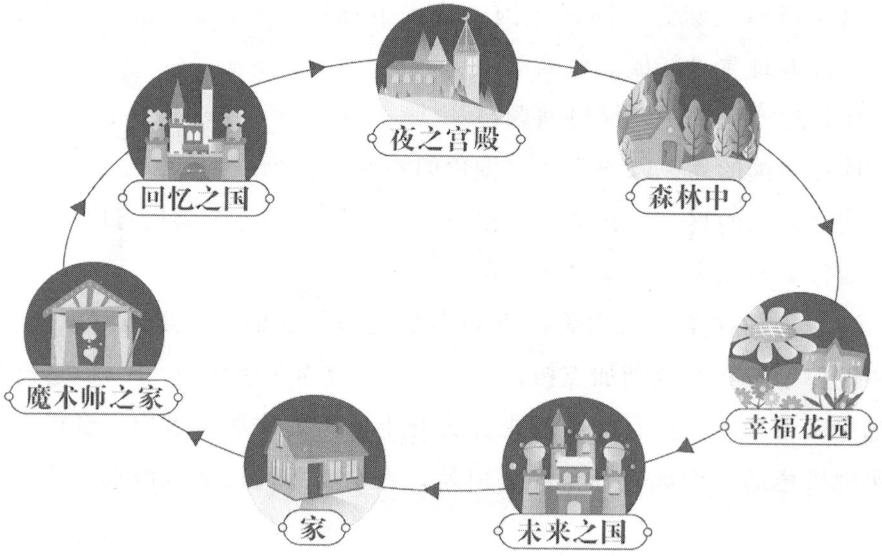

每一堂课，我们还把前面旅程中所遭遇的已经解决和还未解决的“重大问题”，在课前都做一个小结。这样整本书的线索在整个推进中越来越清晰，而那些重要问题的答案，也随着这个线索的展开而慢慢浮现。

然后，我们就进入本堂课要到的几个站点，今天首先是“夜之宫殿”。

在光明照不到的黑暗中，究竟有着什么？它就像大地及大地之下一样，深藏着神秘、可怕，以及美丽。

在夜之宫殿中，我扮演的是并不欢迎奇尔奇尔兄妹俩的“夜女王”——因为人类获得青鸟之后，可能将洞察关于黑暗以及大地的所有奥秘，这样更多的黑暗之物将从此无处容身。

在夜之宫殿有六道青铜门，奇尔奇尔将带着钥匙逐一打开，但却不知道这门背后隐藏着什么可怕的东西，青鸟又会不会在这里。

在扮演中，我用极夸张的语气，读出对兄妹的恫吓，然后大家带着奇尔奇尔式的恐惧与勇敢，把青铜大门一扇扇地打开。

第一扇门里藏着幽灵，现在的人们对它们已经陌生。因为随着科学的兴盛，人们已经不再相信幽灵。而当人们不再恐惧它们的时候，幽灵也就变得无力，只能深藏在夜之宫殿中，逢到鬼节的时候，才出去为人们凑凑兴。

第二扇门里藏着各种疾病。在作者写此书的时候，随着盘尼西林等药的发明，作者认为人类征服疾病的日子已经不再遥远，所以非常乐观地认为疾病也已经只能像幽灵一样躲在这个宫殿里无力地叹息了——除了偶尔还兴风作浪的感冒。当然他没有料到，病毒的生命力是如此顽强，它们在这个地球上比人类生存得要远为古老，也远为长久。

第三扇门之后藏的是战争。战争是人类最可怕的灾难，《青鸟》写在两次世界大战之前，这两次大战，才真正表现出了战争的可怕。

第四扇门之后藏着的居然是沉默（冷漠）。作者为什么会认为“沉默”（冷漠）比战争还可怕？恰好我们在顾城诗歌之旅中同时学着《小花的信念》，所以我们在最后的讨论中将明白：黄色小花旁边的那些石头，也许会露出牙齿微笑，但也许永远是冷漠与无情。正是冷漠，把人类变成了沙漠。

第五扇门后藏着夜之美好：夜晚的芳香、珍珠般的夜露、星星的微光、夜莺的歌声、萤火虫、夜女王影子的香气……

为什么夜之宫殿中居然深藏着美好的事物？因为黑暗代表着未知，而未知之中，并不只是可怕的东西，事实上它也有着一切美好的种子。正如星星是阳光的种子，萤火虫是灯光的种子……

第六扇门后，是梦花园。在梦花园里，藏着梦之鸟——无数只青鸟翱翔在意想不到的美丽花园里！

于是奇尔奇尔兄妹、狗精灵们抓了很多只青鸟，高高兴兴地离开了夜之宫殿。

但是，当他们走到光明之下，发现那些从梦花园中出来的梦之鸟全死了——一只不剩!

于是我们跳出来，思考：为什么夜之宫殿中的青鸟出来之后就会死去?

这个问题此刻孩子们还不能领悟，而且更重要的是，现在也许不领悟更好一些。让孩子们只在故事情节中，像奇尔奇尔兄妹俩一样去受惊吓，去探索，这样的阅读，是思考以上问题的前提。

当然在最后一课主题探讨课中，我们将明确：因为黑暗就是夜晚，还是你夜晚中的梦。所以夜之宫殿中的青鸟，就是你梦中的幸福。而你梦中的幸福，就是你的梦想。但是人类不能靠梦想生活，梦中的幸福不能带来真正的幸福——除非你实现它。梦醒，意味着青鸟死亡。但一切美好，都源自梦想。所以，夜宫之中，确实有一只真正的青鸟（理想），和它无数的影子（梦想）。

第三堂读书课，我们去了下一站“森林”。

我们带进这一章的问题是：

1. 为什么森林中的动植物会这么仇恨人类?

2. 为什么狗却对人类无比忠诚?

3. 停留在森林大王肩上的那只青鸟又到哪里去了呢?

在森林中，身为樵夫儿女的奇尔奇尔兄妹遭到了严重的报复，要不是忠诚的狗挺身而出，舍身相救，他们将被那些树木和动物撕碎在森林中。

在森林中，森林之王老橡树的肩上确实站着一只青鸟，但是这只青鸟并不属于人类。奇尔奇尔兄妹俩于是仓皇逃离了森林。

这一章的意义极浅显，但是情节性极强。因为猫的阴谋、狗的忠诚，以及树木们的懦弱、动物们的野蛮，都在这里表现得淋漓尽致，所以我们在扮演朗读中，品尝到了戏剧的快乐。

它的象征意义我们同样是在最后一堂课才清晰加以揭示：大自然是最和谐与美好的，所以它当然有一只青鸟。但是人类要生存，就不得不“破坏自然”，所以人类的幸福，是建立在对大自然的耗损之上的，人类也就不能从这里得到真正的青鸟。——换一个角度，植物和动物对人类的“憎恨”也是有道理的。人与自然和谐相处，才可能有真正的青鸟（幸福）。

因为表演得比较充分，所以耗时也极多。虽然“森林”一章是整本《青鸟》中并不太重要的章节，但我们却耗去了整整一节课。这同时也是发现前一堂课推进过快，许多孩子跟不上而做的调整。

但这样，最后两堂课的压力就显得非常大了，因为全书最重要的几个章节都在后面呢。

“森林”之后，是一个小站——“坟场”，或者说死亡之地。

这一节写得很短。就《青鸟》这本书而言，这一章似乎是可有可无的，它实在不像有什么深意，以及有什么必需。

但是如果我们了解作者梅特林克的思想背景以及写作历程，就会发现这一章作者其实是写给自己，以及自己以前的读者的。因为作者之前是一位非常著名的描述、思考死亡的作家，而《青鸟》则意味着作者思想的转型。在墓地（死亡）里没有人类的幸福（青鸟），这是作者断然得出的结论，这是对之前死亡深思的一个答复，同时也蕴含着基督教文化中的一个律令：人不得自杀，自杀者死后灵魂将不能上天堂。

当然，这对我们也有警示意义：无论如何，请不要用死亡这种愚蠢的办法去寻找青鸟（即去寻找幸福）。

走过死亡之地，我们就到了第七章《幸福花园》。幸福花园里住着形形色色的幸福，而在幸福花园的旁边，居然就是“不幸洞穴”。那么为什么不幸洞穴就在幸福花园的旁边？

而且为什么书上说“幸福或喜悦都很危险”？为什么幸福们会被赶到不幸洞穴里？为什么几乎所有的幸福居然都怕“光”？

带着这些疑问，我们进行了这一全书最重要章节的“细读”。方法仍然是角色扮演，那些最重要的角色，现在只能由老师来扮演。

虽然《青鸟》的创作远远在马斯洛的需要层次或者说幸福层次论之

前，但是，无论是从文学还是从心理学的角度，人类关于幸福的深邃思想总会有相通之处与差异之处。

在幸福花园中，幸福同样是有层次的。当然不同于马斯洛的基本低级需要是高级需要（高级幸福）的前提条件，在文学作品中，这种低级的需要，依据社会传统的道德律令，被视为“欲望的诱惑者”，是不纯洁的，并不是真正的幸福。

所以，当第一批幸福——发胖的幸福们（包括金钱幸福、地主幸福、满足虚荣幸福、喝酒的幸福、吃东西的幸福、无知幸福、什么也不做幸福、睡得过多幸福、大笑幸福等）引诱奇尔奇尔一行坐下来和它们一道沉溺这种幸福时，领导者“光”命令奇尔奇尔转动钻石。这时候，原来神气十足的发胖幸福们，全都像泄了气的皮球，哀号着奔向旁边的“不幸洞穴”去了。

是啊，这太容易理解了，几乎每个人都有过这样的经历：暴饮暴食后肠胃的灾难，贪睡懒觉而迟到的尴尬，因为懈怠或者懒惰而延误工作后的痛楚……

原来许多幸福总是伴随着不幸，与不幸只有一步之遥啊。所以在梦幻花园（即幸福花园）的旁边，就是不幸洞穴啊。

接下来上场的是孩子的幸福，但它们还什么也不会说，而只会唱歌、跳舞、笑。

再接下来上场的是“你家的幸福们”。它们包括：雨天幸福、冬天幸福、天真想法幸福、光脚幸福、太过吵闹幸福、健康幸福、清新幸福、爱父母幸福、晴空幸福、森林幸福、白色幸福、春天幸福、黄昏幸福、星光幸福……

当然，这些就在“你”家居住着的幸福认得奇尔奇尔，但奇尔奇尔却并不认得它们——如果不是钻石让这些原本藏在平凡中的幸福们现身，或者说如果不是换一种目光打量身边的一切，奇尔奇尔或者说我们又怎能看到生活中原本有着如许幸福呢？

奇尔奇尔：我家也有幸福吗？

你家的幸福：奇尔奇尔，你真是好笨啊！你们家里，无论是门或窗，到处都充斥着幸福。我们在那儿笑着、跳着，占满了整个墙，甚至于要冲破屋顶，给你们带来了很多的喜悦呢！但是，不管我们再怎么做，你也看不见，听不见，以后你一定要变得聪明一点哦，我们来握手吧！这样子，等回去以后，就会轻易地发现我们了。我们拼命努力地想要使你过快乐的生活呢！

——《青鸟》语句

当然啦，这些只是“小幸福”，后面紧跟着而来的，是“大幸福”们。它们一样存在着，但是要获得就并不那么容易了。它们是：正义幸福、善良的幸福、完成工作的幸福、了解的幸福、看见美丽事物的幸福、爱事物的幸福……

在扮演角色的时候，我突然跳出来插问了一句在角色中的孩子们：为什么善良的幸福是最最幸福的，同时也是最最悲哀的？

孩子们一愣，我们简单一讨论就马上形成共识：因为善良总是源自对不幸者的怜悯，而当它让不幸者摆脱了不幸，它也就获得了最大的幸福。

为什么要插上这一处？因为整个故事的现实前提是奇尔奇尔不愿意把自己的鸟儿给生病的邻居女孩，但是在内心深处，他一定感到一丝内疚。也许整个故事，就是从这丝内疚，以及面对富人家圣诞节的幸福，我们该如何对待这个难题开始的吧。

紧跟着大幸福们，最后一个走来的是“母爱的喜悦”。它是以奇尔奇尔的母亲的形象出现的，但是在兄妹俩看来，它却比自己的母亲更美丽，更漂亮，更圣洁。

这里有大段的精彩语句，点出了母爱以及儿女孝顺的意义。当时临时请来听课的研究中心原访问教师胡琴扮演了母爱的喜悦——因为母爱的喜悦与披着面纱的光精灵有一段对话，所以原想读这段优美深邃文字的马玲老师只能割爱，继续扮演光精灵的角色。

奇尔奇尔：你虽然好像妈妈，但是好漂亮啊！

母爱的喜悦：是啊！因为我的年纪已经不会再增长了……每当你们对我微笑时，我就能涌现新的力量，一年比一年变得更年轻、更幸福。

奇尔奇尔：妈妈这件漂亮的衣服是什么做的？是丝？银？还是珍珠呢？

母爱的喜悦：不，这是用亲吻、拥抱和温柔的眼光做成的。每当你亲吻我的时候，日光、月光，就会降临在这衣服上。

奇尔奇尔：真是有趣啊！我从来不知道妈妈这么有钱呢。以前都藏在哪里呢？是不是被爸爸锁在衣橱里呢？

母爱的喜悦：不！我一直穿着这件衣服，但是没有任何人注意到。不管是哪一个母亲，当她在爱孩子的时候，都是有钱人。母亲的爱，随时都是最美的喜悦，不管在多么悲伤的时候，只要能够有孩子们的亲吻，或是亲吻孩子们，母亲的眼泪就会在眼中化为星星。

奇尔奇尔：母亲比在家的时候爱说话呢！

母爱的喜悦：在家里的时候太忙了，根本没有时间说话，但是嘴上虽然没有说，心里却说了很多话呢！现在，你可以了解真正的我了吧！因此，你明天回家以后，看见穿着破烂衣服的我，应当也能够了解我了吧！

奇尔奇尔：我不想回去了，我想和妈妈待在这儿。

母爱的喜悦：不！我还是在你们所居住的地上，你们之所以来到这儿，就是为了让你们了解在地上看见母亲时，应该怎样看待母亲。奇尔奇尔，你知道吗？你现在已经来到天国，只要是我们的爱能够交融在一起的地方就是天国。

母亲只有一个，只有我才是你们的母亲，不管什么时候，你们的母亲都是最美丽的母亲，因此，你们一定要仔细地看母亲，仔细地了解母亲才行。

——《青鸟》语句

而“光明”，在故事中是所有幸福敬畏的——因为有多少幸福经得起光明的照耀啊？有多少幸福是真正的幸福啊？

但是无论如何，那些大幸福是渴望着光明的——纵然它们会在光明中失去自己，发现自己的不足甚至丑陋。

因此在这一章的最后一部分，有一处大幸福们与光精灵的对白，也许孩子们还不能明白这一处与他们无关的语句，但这是整个《青鸟》不可或缺的重要部分。

但令人吃惊的是，奇尔奇尔一行居然没有在幸福花园里找到青鸟！幸福不就是青鸟吗？为什么在幸福花园里居然没有青鸟？

带着这个深深的疑问，我们即将进入最后章节的阅读，以及整本书主题的揭示。

六

最后一堂课了。

按一般流程，整本书的推进阅读至此应该已经全部完成，这一堂（或几堂）课，属于主题探讨，既有对书中主题思想的讨论、思索、揭示，也包括把自己的生活、思想与故事进行有意识的编织。

但因为前面所述的原因，这最后一堂课，我们仍然需要用近一半的时间来推进最后的几个章节，同时，不得不舍弃更有准备的探讨（即让学生在事先书面形成思考），不得不舍弃生命、生活与书本主题的编织，而仅仅做到把本书的主题揭示清楚——因为这是除“故事”外最重要的元素，有了故事的乐趣，有了主题的人生指向，孩子们可以自己在今后的岁月里去回味和仿效。

分角色读过《寻找一只鸟》之后，我们来到了旅程的第七站，也是书本的第八章——未来之国。在青色的宫殿里，那些即将出生的青色孩子居住在这里，而时间老人则是这未来王国的管理者，他手握着一把巨大的镰刀（我们知道，在西方传说中，死神手中也握着一把同样巨大的镰刀），按神的旨意把孩子们送到下面的世界上。

在未来王国，所有的一切都是青色的，包括那些孩子，和他们准备在未来人间创造的种种事物的雏形。当然，这里的鸟自然也是青色的，所以当不是青色的奇尔奇尔一行出现在这里的时候，马上就被时间老人发现了。幸亏光精灵找到了青鸟，把它掩在披风下偷了出来。

但是，当他们回到日光下的时候，却发现这只鸟成了红色的。难道连这只未来王国的青鸟也是假的？

而同是正面人物的时间老人，为什么在剧本中却握着一把镰刀，对奇尔奇尔一行表现得这么严厉，毫不通情达理？

带着这些疑问，我们走到了最后一站——在完成整个旅程之后，他们“回到”了自己的家中——按书中的说法，是他们的梦醒了。

在梦中，他们用了整整一年时间来寻找青鸟。而据他们的爸爸妈妈说，他们只不过在平安夜睡了一晚，做了一个大梦，现在黎明来临，今天是圣诞节。

这时候，邻居家的老婆婆来乞火——她长得和故事中的女巫多么相像啊！她不也有一个生病的女儿，想要奇尔奇尔的略带蓝色的斑鸠吗？

这时候奇尔奇尔兄妹突然惊奇地发现：他们鸟笼中那只斑鸠，居然变成了青色的了！

原来他们苦苦寻找的青鸟，就在自己家中啊。

于是，奇尔奇尔决定把这只鸟送给邻居家的小女孩，也就是最后完成梦中的追寻青鸟，救治女巫的女儿的任务。

但是，在现实中的鸟儿真的会变色吗？它真的是在这一刻变成了青色？

而如果这是真正的青鸟，为什么在《青鸟》最后一刻的剧情安排中，要把这只鸟“放飞”——邻居家的小女孩获得青鸟后病好了，她抱着青鸟来感谢奇尔奇尔，但就在两个人羞怯的谦让中，青鸟脱手飞走了。

剧本的最后这样安排：各位，如果有人发现了这只青鸟，请尽快还给奇尔奇尔他们吧！因为，这只青鸟能为奇尔奇尔带来幸福！

为什么是给奇尔奇尔，而不是给邻居家的小女孩带来幸福？

七

整本书读完了，故事完成了，角色扮演完成了，我们从书中走出来，从角色中走出来，却发现还有一大摞问题有待我们去思考。

所以整个《青鸟》之旅的最后一站就是对这本象征主义名著的种种象征，做一个彻底的揭示。

所以我们《青鸟》整本书共读最后一站的标题是：破译《青鸟》的密码，理解“幸福”的真谛。

在借图示回顾奇尔奇尔一行追寻青鸟的整个旅程的各个站点线路之后，我们把所有路途中遭遇的重要问题全部再回顾一遍。已经解决的，稍做温习；还未解决的，或讨论，或揭示，在这回得到全部完成。

在奇尔奇尔一行出发的时候，我们曾有一个问题：“寻找青鸟的道路上，为什么需要这些精灵相伴？尤其是，这些陪伴者中间，好像有些还并不是支持者？”

我们的答案是：因为它们是人类最最密切的伙伴，我们可以没有电脑，没有汽车，但是不可以没有“水”“火”和“食物”（面包、砂糖、牛奶，典型的西方式的食谱）。而与人类很久以来就生活在一个屋檐下的，就是猫和狗。只不过，狗已经忠诚于人类，而猫，只不过与人类相互利用。

当然，人类最最需要的，是“光明”。所以故事中“光精灵”是领导者、引领者。

其实这些答案在书中写得明明白白，在最后时刻，精灵们将回到事物深处，向奇尔奇尔兄妹道别。

面包：分别之后，你们已经没有办法再听见我所说的话，也没有办法看见我活生生的姿态了，你们的眼睛又再度被蒙蔽了，没有办法看见隐藏在“物质”后面的精灵了。但是，我随时都会在大碗中，在炉子上、桌上，在汤旁边，尽我对人类最忠实的义务，我可以说是你最最古老的朋友……

牛奶：我会在牛奶瓶中……

砂糖：希望在你的心灵深处，空出一个小小的地方容纳我，希望你绝对不要忘记我，我再也说不出什么话来了，泪水与我的性格不合，我害怕它掉在脚下，恐怕会使我受伤呢！

水：少爷，我不会烫伤你们的，我会温柔地亲吻你们！我随时都会以充满着情爱、温柔与亲切地对待你们人类的！请你好好疼爱泉水，仔细聆听小河潺潺的流水声，我随时都待在那儿！当傍晚，你在森林各处的泉水边坐着时，在聆听泉水说话时，要仔细地倾听。当你看到水瓶的时候就会想到我，无论在瓶中，在水缸中，或是水龙头里，任何地方都有我的存在。

火：再见了，少爷！小姐！再见了……当你们在烧什么的时候，一定会想到我的……

狗：不要！不要！我不要！我要永远都可以和你说话，少爷，我说的话你懂吗？少爷，我会当好孩子，我会和你一起读书、写字，和你一起玩，而且我会把身体弄干净，而且我绝对不会再到厨房去偷东西吃了。少爷，我还会做一些让你感到惊讶的事呢，你看，我甚至愿意去亲吻猫那家伙呢！

猫（暧昧地）：我很喜欢你们，你们两个都是好孩子。

——《青鸟》语句

在回忆之国，我们知道了记忆中固然保存着我们经历过的一切美好，但是我们不可能靠回忆来生活，更不可能靠回忆来获取幸福。

在夜之宫殿，在黑暗的神秘中，我们领略到了令人类恐惧的种种事物，以及潜藏着的美好。而梦花园中的梦之鸟，为什么到现实中会死去呢？此刻我们也把它的奥秘揭示出来：因为黑暗就是夜晚，以及你夜晚的梦。所以夜宫中的青鸟，就是你梦中的幸福。而你梦中的幸福，就是你的梦想。但是人类不能靠梦想生活，梦中的幸福不能带来真正的幸福——除非你实现它。梦醒，意味着青鸟死亡。但一切美好，都源自梦想。所以，夜宫之中，确实有一只真正的青鸟（理想），和它无数的影子（梦想）。

在屡遭人类破坏的森林中，我们窥见了大自然中的“幸福”（青鸟），却被赶了出来。人的幸福不能以破坏自然为代价，人如何才能与自然和谐相处？这是《青鸟》在一百多年前提出的一个暗示。

在恐怖的坟场，我们知道了幸福不可能在死亡中找到。

在魔幻的幸福花园，我们看到不幸洞穴就在幸福花园的旁边，于是我们知道了：许多幸福转瞬即逝，然后我们就进入了不幸之中；许多幸福总是与不幸相伴，如暴饮暴食的快乐，导致肥胖，肥胖导致疾病；如懒惰的快乐，使得作业不按时完成，成绩不断下降，这可真是挺大的不幸啊！

所以我们停下来再想一想，有多少快乐，背后隐藏着更大的不幸？

而我们更奇怪地发现，幸福花园的幸福们居然都或者害怕光明，或者敬畏光明。现在我们清楚了：因为光、光明意味着真相，而许多幸福只是自欺欺人，人只能靠欺骗来获得幸福。当光照耀（真相大白）时，一些幸福原形毕露，甚至“正义”“善良”也可能会被发现竟然是错误。

在幸福花园里，我们遭遇了“家庭中的幸福”（可惜作者没有写“教室里的幸福”，也许下次编剧本时，我们可以把它编进去），这让我们知道：许多幸福就在我们身边，没有这些幸福，我们就无法生存下来。但是，因为我们总是渴望着更显性的幸福，所以我们总会无视、淡忘这些平凡的、日常的幸福。

而与平凡普遍也是日常的幸福所不同的是，我们在幸福花园里还遇到了“级别”更高的“大幸福”——正义、善良、求知……但这些大幸福可并不容易获得（除了母爱幸福）。

于是我们都静下来想一想：我获得过这些幸福吗？我能够把这些幸福永远地留在身边吗？——如果我能，我就接近了完美。

为什么幸福花园里居然没有真正的青鸟？其实就像母爱精灵与母爱的关系一样，母爱精灵有一段文字说得明白：

> 母爱的喜悦：不！我还是在你们所居住的地上，你们之所以来到这儿，就是为了让你们了解在地上看见母亲时，应该怎样看待母亲。奇尔奇尔，你知道吗？你现在已经来到天国，只要是我们的爱能够交融在一起的地方就是天国。
>
> 母亲只有一个，只有我才是你们的母亲，不管什么时候，你们的母亲都是最美丽的母亲，因此，你们一定要仔细地看母亲，仔细地了解母亲才行。
>
> ——《青鸟》语句

因为真正的青鸟不是在童话或者天国，而是在真正的生活中——但是童话或者天国能够指引我们的生活，引导我们去选择、经营我们的世界，我们的生活。

在未来之国，我们明白了：未来之国的青鸟和黑暗中的青鸟一样，虽然黑暗中的青鸟是梦想，未来之国的青鸟是理想，但是，在现实中，只要它们还只是梦想或者理想，就都并不是真正的青鸟。

而为什么时间老人如此严厉？因为时间是对谁也不讲情面的，他不会给谁多一分钟，少一分钟。他每天挥舞着镰刀收割着，又重新播种着。而我们，像种子一样孕育、出生，被他收割……

而在全书中成为线索与枢纽，一次次被使用的那颗钻石，其实是我们“目光”（眼睛）的象征——钻石就是你的目光，转动钻石就是转换你的目光。而转换了你的目光之后，原来美好的可能变得丑陋，原本平凡的可能变得神奇与美好。

最后，为什么奇尔奇尔兄妹突然发现自己家中的鸟居然是“青鸟”？这是因为当奇尔奇尔不愿意把自己的鸟送给生病的女孩时，它就不是奇尔奇尔的“青鸟”（幸福），而只是他的愧疚与不安；而当他决定把鸟送给需要它的病女孩时，他就获得了善良的幸福（青鸟）。

但是，幸福不是一次获得就不再消失的，善良不是做一次好事就永远获得的。

因此，剧本没有安排奇尔奇尔一劳永逸地找到幸福，而是让这只鸟再一次展翅飞走。也因此，奇尔奇尔必须不断地去重新寻找。

一切谜底揭示之后，我们最后一次念起那首导航诗，在诗的结尾处，添上了这样一段：

走了那么远
我们去寻找一只鸟
一只叫幸福的鸟
现在我们已经知道
它藏在母亲的微笑里
它藏在我们的善良里
没有一只青鸟可以永远青色
没有一种幸福可以永远停留
它不断地飞临，又消失
它需要我们不断地把它寻找

音乐响起，屏幕上一只青鸟在展翅飞翔，它说：我就在你永远不断的创造、成就、赐予里……

八

《青鸟》之旅结束了，这次探索给予我们的教训比经验更多。

其他的就不再总结，因为《青鸟》这本书，它已经展现在我们上面的旅程中，现在我们要检讨的，是我们的“共读”。为了未来能有更完美的新教育儿童课程之“整本书共读”，有几点遗憾不得不写在这里。

遗憾一：《青鸟》本可以有更完美的共读方式。

在2008年新教育实验苍南年会上，我们改编的《德国，一群老鼠的童话》引得与会代表交口称赞，而事实上，那本不是一个剧本，为了改编成剧本，我们实在费了不少心思，下了不少功夫。而《青鸟》从一开始就是一个童话剧本，我们几乎可以完全按照原书来一一排演。

因此这本书的最佳共读方法就是用半个学期时间来排演成一台大戏。在这台大戏中，全班孩子都要在其中扮演角色，要掌握全部台词的意义。重要的几个角色，可以由几个学生来分场扮演。

而共读，就是琢磨台词，琢磨表演。为了这台演出，孩子们将牺牲无数个休假日，独自一人或者和几个小伙伴一道，琢磨自己的角色，领悟剧情的意义。

演出是一种综合艺术，音乐、唱歌、舞蹈、动作、背景设计……我们需要多少个师生的创造才能完成这台大戏？而有多少个困难也就意味着有多少个锻炼的机会。而且这种大戏，还将把其他的相关人员，家长、音乐老师、美术老师，以及其他所有关心这个班级的人们，卷入其中。

而最后的演出，就是这本书的高潮。如果有必要的话，不应该只演一场，我们可以借着给低年级孩子演出，给福利院老人演出，把幸福的青鸟，一次次地带给他人，带给自己。

遗憾二：这次整本书共读中，没有把孩子生命与童话密码进行有效的相互编织。

因为仓促，事先没有收集孩子们对快乐、幸福、喜悦等的见解。

因为仓促，事先没有调查孩子们的痛楚、不安、不幸或者说恐惧。

因为仓促，有些问题没有事先让孩子们思考，让他们尝试用文字来加以回答。

因为仓促，最后大多数地方只是把答案展示了出来。虽然一定也会有领会的恍然而悟的快乐，但是，如果准备得更充分，自己投入得更多一些，就能把《青鸟》这本书，楔入孩子的生命里更深一些。

遗憾三：推进这本书的，不是每日和孩子们共同生活在一起的老师，因此既不能把孩子们往日的生活经历带进这本书，也不能让这本书中的精髓，成为以后共同生活的密码。

这是所有遗憾中最大的遗憾，这也是我们借班上整本书共读的“永远的痛”。整本书共读背后的几大核心理念中，有一个我认为是最最重要的，那就是共读共写共同生活，借助共读，拥有共同的语言与密码。而这种神奇的密码，将成为今后生活中的“点金石”。

当孩子们因为追求眼前的快乐，而忘掉旁边的不幸洞穴时；当孩子们忽略家庭或教室中日常的平凡幸福时；当孩子们不能从母亲或父亲疲惫的脸上看到最美的光彩时；当有些孩子借助回忆的快乐或者未来的幻想来抵抗现实时……

这些时候，“青鸟”就是一个密码，我们重温某些章节，就能够起到讲道理所远远不能的神奇作用。

遗憾四：面对阅读基础较差的孩子，我们最终呈现的阅读方法不是理想的分阶梯的共读方法，而是一种临机的应变。也许这种方法会造成阅读者的误解，而给不同年级的共读推进带来误导。

重申一些原则：

一切元素中最最重要的，是故事本身。谁破坏了故事的快乐，谁就是破坏了童书，破坏了共读，违背了新教育儿童课程的真谛。

低段要强调，老师要像老奶奶讲故事一样，配合大声朗读，不断重复，以及适当跟读来推进，整个过程以不破坏故事为绝对原则。

中高段在推进中，老师要放手让孩子们扮演剧中、书中的最重要角色，而自己或演反面角色，或演串联角色。一句话，不能让自己在课堂上成了主角，成了小王子和奇尔奇尔。或分角色朗读，或分角色扮演，或快速复述……一切策略，以确保故事的新鲜感为前提——对中高段孩子来说，简单重复是一件令人厌倦的事。

在中高段，尤其是在高段，我们应该带着孩子们不仅感受故事，而且去领悟故事，即尝试着去破译故事中的神奇密码。

有人反对这种解读，认为它是对故事的破坏。但是他忘记了我们阅读的层次：在完成故事之后，我们还可以做些什么？

要知道有了这种破译，一本书将对孩子们产生完全不同的影响。

没有破译的《西游记》，唐僧将是孩子们讨厌的一个对象；破译之后的《西游记》，唐僧将是一个孩子们尊敬并效仿的重要人物。

没有破译的《青鸟》，也许会在一些心灵中刻下关于幸福的暗示；而破译的《青鸟》，将对整个班级学生今后的生活产生持久的影响。

留下一些遗憾，让追寻到的青鸟再一次从我们手中飞走，这也只是因为我们相信：完美的课程，将在新教育人不断的创造、成就、赐予里……

那颗投向广岛的原子弹
——童书《两个伊达》的背后

这一段文字，深深地打动了我，虽然我知道这个结果，但当我读到这里时，还是忍不住叹息，忍不住忧伤。

因为我们也是一把寻找着失去伙伴与爱人的椅子啊。

“不可能，不可能！”

椅子走动起来。喀哒、喀哒地拖着腿，转起了圈子。

“不可能，不可能……”

椅子突然转了过来。

“好吧，我来让你看看我说她是我的伊达的证据吧！”

“证据？”

“是的。在她的背上……你把她的衣服撩起来，让我看看她的后背！应该排列着三颗美丽的黑痣。”

一瞬间，直树恐惧地看着椅子。直树不记得裕子有这些黑痣，但是会不会记错了？有三颗黑痣吗？直树害怕了。有也害怕，没有也害怕。

“快看呀！还是不敢看了？是的，你是不敢看了吧？”

直树把裕子叫了过来。

“你转过去。看，有个虫虫，我给你拿下来。”

直树说完，就把裕子的短连衣裙往上一提，又把裤衩往下一拉，裕子那小小的后背裸露了出来。

“不要！”

裕子扭动着身子，连衣裙掉了下来。裕子那柔软的后背上，没有黑痣……

“你看到了吧！”

直树说。他没有看椅子，他把裕子的裤衩慢慢地提了上去，啪地拍了一下裕子的屁股：“好啦，去吧！”

见裕子跑回到自己玩的地方去了，直树这才朝椅子转过身来。椅子微微哆嗦着，接着，身子一歪，就倒了下来，椅子腿、椅子背什么的，七零八落地散了一地。

关于那一场遥远的战争，我们知道得已经太多了。关于那两颗原子弹究竟该不该扔，我们也讨论得太多了。

这次刚来苏州，就在两岸咖啡馆与卢军、张荣伟说起了此事。

于是说起了战争，说起了和平。我说，投不好，不投更坏。

还能说什么呢？一颗炸弹下去，20万人的生命结束了。我们难道真的以为自己是上帝，可以随意地决定一个生命的存在与灭亡？

但是，不投就会有和平？难道那些在中国死于细菌、普通子弹与刺刀的人，就真的该死？

这颗炸弹对于日本人是有着完全不同的意义的，我在许多场合看到它的阴影，譬如在黑泽明的名片《梦》里。

但是，还是也怀着一份忏悔而不仅仅是受害者的身份来看待这件事吧，而且它将提醒我们，在我们的选票里，在我们提出或者响应的口号里，注定着我们的结局。

如果我们选择了一个借口来挑起一场战争，那么，也就意味着我们选择了战争，选择了杀戮与死亡，选择箭、子弹、火箭，直至核弹。如果这样，我们不能说自己是无辜的，我们不能置身于事外。

我所说的这一切，与这本童书已经很远了，它说的是这本童书背后的一个大故事。但是，如果遗忘了这个更大的背景，我们能够从这本童书里获得什么呢？

下面的这个转帖，是以上背景下的这本书里面的故事。

小椅子的等待与找寻

——关于《两个伊达》

一个读四年级的小男孩，一个两岁零十一个月大的小女孩，他们是一对小兄妹。因为妈妈工作繁忙，他们被送到了外公外婆家。原本这可能是又一次短暂的甚至是平淡无奇的逗留，一切却因一把小椅子而改变。一把小椅子，有什么特别的？是呀，一把普通的椅子是没什么值得大惊小怪的，可是，你见过会说话、会走路的小椅子吗？这够神奇的了吧！

小男孩名叫直树，小女孩名叫裕子。不过她喜欢被叫作伊达，没错，就是《小伊达的花》里的伊达，因为裕子也喜欢安徒生的这个童话。因为一把奇特的小椅子的出现，《两个伊达》的故事变得扑朔迷离、雾霭重重起来。护城河边一把会走路的小椅子边走边用低沉、嘶哑的声音嘟哝着："没有，没有，没……没有。"是直树看花眼了吗？是直树的幻觉吗？不是，真的是这样一把奇怪的小椅子。从遇到奇怪小椅子的那一刻开始，直树的"探险"就开始了。荒废的小洋房，一碰就像灰烬一样散落的向日葵，阴森森的杂树林，疯长的翠柏，无人居住的房子地板上居然会没有灰，一切都好奇怪。直树好好奇，要一探究竟。我们也会有些小小的心惊，这是个什么样的故事呀？好诡异、好神秘。

原来，小椅子一直在等待、寻找着它的小主人，一个喜欢安徒生的《小伊达的花》，喜欢叫自己伊达的小女孩。它执拗地认为裕子就是它的伊达。裕子和小椅子亲热地游戏，裕子喜欢这里，对一切都是那样熟悉，似乎她本来就是属于这里的。直树糊涂了。我们也仿佛置身于迷雾当中。有好多的谜团等待着去解开。耐心点，不要着急，跟随着直树的脚步，我们会发现真相。

小椅子的伊达真的存在，1945年8月6日，小椅子的伊达和爷爷出去了，就再也没有回来。也就是从那时起，小椅子就开始了它的等待与找寻。在小椅子的概念当中，那只是昨天发生的事情。“伊达会回来，伊达现在回来了，爷爷也会很快回来的。”小椅子就是这么坚定地认为的。那天究竟发生了什么，小椅子不知道，关于那天的记忆它已经很模糊了。关于那天的真相，直树在津子姐姐的帮助下尽力找寻着。直树以为他找到了答案，那一天原子弹在广岛爆炸，那天死了好多人，直树认为小椅子的伊达也死了，再也不能回来。直树要把这一切告诉小椅子，让小椅子和他一起回东京。“好天气”“广岛”“周围的亮光”“震碎的玻璃”“轰的响声”，在直树的引导下，记忆的碎片在小椅子的脑海中重新组合，模糊的记忆渐渐清晰。真相对小椅子太残酷，“你的伊达死了。”直树告诉它。小椅子还在做最后的努力，“伊达的背上有三颗痣”，但是没有，裕子的背上什么也没有，“椅子微微地哆嗦着，接着，身子一歪，就倒了下来，椅子腿、椅子背什么的，七零八落地散了一地”。直树哭了，“哭得眼睛都肿了，脸皮也火辣辣地痛，但他平静了许多，就仿佛在一道深深的伤口上，涂上了药膏，用绷带扎好了一样”。读到这里，你哭了吗？我和直树一样哭了，很伤心，很难受，为小椅子，为它的伊达。小椅子一直活在等待、期盼中，那是它的精神支柱，它有着坚定的信念，它的伊达一定会回来。直树告诉它的“真相”彻底把它打垮了。

“直树，我就是伊达，我就是那把椅子一直在等待的伊达。”

伊达没有死，津子姐姐就是小椅子的伊达。直树一定很意外吧。我们也小小地吃了一惊，不过细想想，也不是很奇怪，作者不是已经给我们很多的暗示了吗？小椅子的伊达重新拼好了它，但是，小椅子再也不能说话，再也不能走路了。即便是对它一直苦苦等待与找寻的伊达。还记得《青蛙王子》里忠诚的亨利吗？王子变成了青蛙，亨利好伤心，在自己的胸上套了三个铁箍，免得因为太过伤心自己的心破碎掉。小椅子一定也是有一颗真挚的心的吧。它以为再也等不到它的伊达了，它以为它的伊达已经死了。于是它的心也死了，再也活不过来了。或许这样会更好一点，因为它的伊达虽然活着，可是承受着巨大的痛苦——原子弹爆炸引起的白血病，多么可怕，小椅子一定不愿意看到它的伊达痛苦的吧。津子姐姐那个美好的梦想能够实现吗？我们不得而知。但愿吧。我们只能像直树那样默默祈祷与祝福。

这是松谷美代子为我们讲述的《两个伊达》的故事。“国际儿童年纪念特别安徒生奖”“日本全国学校图书馆协会选定图书”表明《两个伊达》受到了极高的赞誉，这本书自1969年出版以来一直畅销不衰。两个可爱充满童趣的孩子，一把古里古怪的小椅子，神秘的荒废的小洋房，故事的前半部分充满新奇、刺激、紧张，同时我们会有一种处在层层的迷雾中找不到方向的感觉，有好多的疑团，我们渴望着找到答案。可是当真相大白的那一刻，所有的一切又都是那样残酷呀。多希望就被蒙在鼓里好了。但是，逃避也不是办法，真相总归是要去面对的。小椅子原本是充满期待，满心欢喜——以为伊达终于回来了，可是现在它受不了这样的打击，散了架，“死去”了。

作者在故事的叙述中设置下一个个悬疑，最终，拨开迷雾，谜底都一一揭晓了。

《两个伊达》向我们讲述的是一个有关战争与和平的故

事——人类需要和平，生命的价值与尊严应该得到尊重。

《两个伊达》向我们讲述的是一个悲伤的故事，越往后越是沉重与伤感，但是，在这个故事里也有温暖与感动，有深深的爱在流淌。“椅子已经驮着裕子，从门里一跳一跳地到外面去了。它比真的马跳得还要好，从夹竹桃的边上跳到了还残留着一片草坪的院子里，开始兜起圈子来了。”我们多希望画面就定格在这里，在一个阳光明媚的中午，小椅子和伊达，它的伊达在快乐地游戏着。你感受到了这其中的温馨了吗？你感受到了在小椅子等待伊达归来背后隐藏着的深深的爱与执着了吗？但真的好遗憾，那是裕子，不是真正的小椅子的伊达。这样温馨的场景也随着小椅子的散架而难以再现了。

这是一个幻想故事，但却是那样真实与感人，我们仿佛看到了小椅子那孤独的身影，嘟哝着：“没有，没有，没……没有。”于是，眼眶微微地发红了。

第三辑

做一个阅读的解谜者

为什么要学哲学

周五,《苏菲的世界》开课了。在网师课程的结构中，这实际上是“构造更合宜大脑”工程的第一课，在此之前的新教育基础和《第 56 号教室的奇迹》两门小课程，其实是给所有网师成员提供一些基础共识和一个真实榜样。然后，我们就开始了这场静悄悄的惨烈战斗——在这里战败的人，我想一定会比任何一个战场上都要多得多。改造自己的头脑，其难度并不亚于拔着自己的头发让自己离开地面。

有人说，既然明知如此，为什么还要提出这样高的要求啊？这不现实啊!

如果以“现实”为标准，孔子就不应该在礼崩乐坏的时代去倡导什么仁恕礼义，而希腊人更不必要去探究眼前的世界背后，究竟隐藏着什么神秘。

网师的目标是卓越与理想主义的。卓越，故它的标准极高，高到平庸者会厌恶与恐惧，乃至生出憎恨;理想主义，故它根本不同于流行的种种成功学，重重粉饰过的名利主义，以及事实已经沦为犬儒主义（不是真正的犬儒哲学）的冷漠与清高。

网师是向着你和你的职业发出一声召唤与律令:或者继续在厌倦与抱怨中度此余生;或者转身步入修炼之路，去成为卓越教室的打造者、完美课程的开发者，成为自己职业传奇的书写者。

但是，总有什么遮蔽着我们，让我们觉得眼前一片迷茫，看不分明，让我们内心空虚，找不到可靠的依据。

除非我们有信仰，否则我们永不能坚定；除非我们有真正的智慧，否则我们最多只能达到有些小聪明的境地。

哲学，这是一种不同于物理知识、语文知识、数学知识或者政治知识、处世知识的特别知识。当你觉得眼前一片迷茫的时候，它说这是你的眼睛出了问题——也许几滴眼药水就会让你眼前的世界有所改变。

是的，哲学是让你最终在自己身上发现智慧、天命、尊严、责任、意义的一项修炼之术。它不是本体论、存在论、逻各斯、体用不二这些专用术语的解释汇编。

但是除非你从伟大人物身上，看出真理曾经“如此显现”。

除非你不仅看清那个显现，而且在一定程度上，明白那个显现的“所以然”，明白自己的境域已经永远地改变，不同于任何一个伟大人物曾经生活过的那样，你才可能学会从他们身上，思考这样一个问题：

对我而言，我的天命（天赋、责任、际遇、局限、潜能）是什么？真理将可能怎样通过我而再一次显现在这个世界的一隅？——譬如，在某个教室，或者某个课程中，或者，在那些年幼的生命中……

当你这样思考的时候，你就是在开始回答“我是谁”这个永恒的问题了。舍此之外，这个问题没有其他的答案。

你也是血肉凡躯，你也是神圣灵魂的拥有者，你也是宇宙间高等智慧的携带者，你也是必死之身……

在有限的时空里，是否存在永恒的意义与价值？

当你掌握了宇宙、地球、大自然、生物进化与基因的知识之后，当你了解了人类走过的几万年的文明史、几千年的文化史之后，你最终要返回到自身，面对那个简单的问题——我是谁？我从哪里来、到哪里去？我的必死之生该如何度过？

这就是哲学的根本——你有限存在的根据与意义。而为了理解这个根本，我们要走很远很远的道路，从数学、哲学等科学中，从人类学中，从心理学中，从历史学中，从社会学中，汲取很多信息——而哲学在另一个角度看，它就是让你反省你汲取信息的方式。因为你不是别的，正是这一处理信息的方式本身。

如果你只相信神话，你所看到的一切都将浪漫而模糊；如果你只相信科学，你所看到的一切都将清晰而刻板；如果你只相信哲学，你会陷在空洞玄虚的思维中，把概念的机器空转个不停。

追寻意义，保持省察（避免见障）——这就是哲学，或者是我们的哲学。

最终，意义是在行动之中得到见证的，而哲学将使我们保持在这种追寻的姿态中。

最终，我们仍然避免不了某种宿命般的局限，但省察的姿态，至少让我们比盲目者走得更远。

不要怪我没有告诉你哲学将带来哪些实益。这不是因为清高，也并非因为我自己没有从哲学中获得过实益，因为我想说的始终是：

当你改变了自身（信仰与思维方式）的时候，你就会发现整个世界同时已经全然改变。曾简单的，已变得如此丰富与深邃；曾困难的，已变得如此清晰与透明。

就好像你在此之前一直被眼疾所困，突然间哲学让你换了一双眼睛，你猛然发现：世界原是如此清晰而美丽！

抬起头，你还将第一次看到星辰的微光……

2009年9月26日于扬州宝应

哲学究竟有什么用

当年网师提倡深度阅读，我和魏智渊等人，选择研究中心内部共读书中语言浅近而思想深邃者，作为网师的哲学共读书。

虽然网师是一群不甘堕落的教师的汇聚之地，但为什么要学哲学，这对大多数教师而言，确实是个需要重新理解的问题。

因为大多数一线教师当时心目中的哲学，就是马克思主义思想，近乎政治学，再或者，是大学教授们自娱自乐的一套象牙塔里的符号系统。

因此，我前前后后写了不少文章，从道理，从运用，来讲为什么一个教师应该学习哲学。

上周五，第二次研讨《苏菲的世界》。不同于第一次，这一次课堂结构清晰，秩序井然，但是许多学员仍然反映：听不懂，云里雾里……

在“痛”读哲学而不“通”的前提下，自然难免会滋长出一种质疑：网师为什么要开哲学课（而且是把哲学课当成是重点课程之一）？哲学究竟能够给我们的工作带来什么好处？

如果是一个纯粹的哲学家，他会对这样的问题嗤之以鼻。因为对他来说，仰望星空的乐趣本身就是最高的目的，你还需要它有另外的目的，就好比是你质问玫瑰有什么用一样——玫瑰的芬芳与色泽就是目的了，并不是要结出一个南瓜或者豆荚才能叫作有用的。

但是一个以课堂事务为第一己任的教师有权这样问，就像一个要解决温饱问题的农民，有权问种子，你能够有什么“用”——而这个“用”仅仅局限于你能够结出一个什么样的果。

那么“哲学有什么用”这个问题，也就转化为：哲学对我们的教育教学实践究竟有什么直接作用？

“哲学究竟是什么”这个问题和“哲学究竟有什么用”是紧密相关的。只有当我们认识到哲学渗透在我们生活的每一个角落，而且还起着决定性的作用，我们才能意识到：这就是哲学，原来它是这样起作用的。

人类的知识从哪里来？一般回答曰：从经验中来。但是这样回答其实是非常机械的，因为知识一旦形成，成为语言，它就比经验更早也更重要地进入一个人的生命中。而最早的经验，又是比喻和象征的，而不是精密科学的。这样，与其说人类的知识从经验中来，倒不如说，人类的知识从人类的语言中来，而人类的语言，则是一个无穷无尽、蕴含着无限可能的游戏。而看清这种游戏的努力，就是哲学。

为什么 $(A+1)^2 = A^2+2A+1$？

这好办啊，我们来证明它就有了。我们有两种方法，最方便的一种是我用任意一个数来代替，譬如 1、2、3 来代替 A，验算一下，完全正确。如果你不相信，你可以试举一个反例出来，你举不出，你就要相信。

好像很有道理啊。但是，如果我说天狼星上有波斯猫，如果你不相信，你就举个反例出来，你举不出就说明我说的是正确的。这两者有什么差别呢？

所以，以上的证明显然是不妥当的，至少是不完全的，没有起到证明的作用。在这里，哲学就起了一个监督官的作用。是的，当我们这样思考的时候，就进入了哲学——哲学能够帮助我们看清究竟什么是对的，什么是不妥当的。

再举一个例子。一个素质教育的坚定追随者把学生带到了毕业班，而毕业班的应试氛围是空前的。他面临的处境是：除非他和学生也同样残酷地卷入应试，否则他们就会必败无疑；但如果那样做，他觉得自己又违背了原则和良知……在这个时候，网师的专业课程也许能够帮助他更好地解决教学问题（即用更少的时间，取得更好的学习效果），但是，这根本的冲突问题却不能够靠那些解决。

类似这样的根本性冲突，在我们的教育生涯中其实时时存在着，只是我们有时来不及细加思考，就用最惯常的方式把它们打发掉了。

譬如：学生意识到应试教育的无聊之后，作弊是不是一种合规手段？作为监考老师的你发现一个有心理问题的学生被迫卷入作弊时，你是该遵守学校的严格规则将之绳之以法，还是网开一面？你让学生民主选举班长，但是出乎你的意料，学生推举了一个你根本不能信任的人当班长时，你如何应对？当你观摩了国外民主教育模式后，决定在自己的教室里推行，但当学生开始直呼你的名字时，你又发现问题没那么简单。为什么？“差生”这个词语究竟能不能使用，如果不用“差生”这个词，我们能不能找到一个不会带来同样麻烦的词语？……

所有这些问题，如果你深入地思考下去，想要获得一个合理的解释，并在这合理的解释下采取合宜的措施，你就无法绝对地相信你的经验，而不得不求助于哲学。

而在我们的各学科的教学中，如果你理解了哲学，会发现它同样是时时处处在起着巨大作用的那只看不见的大手。

历史是真实的吗？历史学家凭什么在书写历史？为什么他只记录这些而不是那些？这些取舍又说明了什么？如果换一个记录者，我们今天会读到什么样的历史？那么没有被记录下来的，是不是意味着从来没有存在过？如果它们存在过，你又何以证明？

为什么我们会觉得这首诗很美？为什么同一首诗，有人这样理解，有人那样理解？有谁的理解是一定正确的吗？

《满江红》中的“笑谈渴饮匈奴血”中的“匈奴”，无论指汉朝还是宋朝的敌人，在今天来说，大多数都已经是我们大中华民族中的成员，那么这首词还有意义吗？我们还能吟诵吗？为什么？

……

凡此种种，无不表明，哲学就是文化的建构蓝图或者潜在结构，而这个蓝图与建筑蓝图所不同的是，它本身也随着借着它建立起来的大厦而随时在变幻着。

但无论如何，如果你拥有了一种哲学的视角，那么你将从所有问题中，看出一个“究竟”来。换一句话说，就是所有事物与事情成为一种现象，通过这种种现象，你总能够看到一些“本质”的东西。

我们可以把对事物的看法分成三种。一种是日常的意见，一种是科学的观点，还有一种就是哲学的观点。日常的意见未必错误，但是它是想当然的，错与对都处于一种不言自明的肤浅状态中；科学的观点是严谨的，但遗憾的是它对于大多数问题不会发表意见，因为那些问题它至少是在今天还无力回答（像上面的问题，科学能回答哪一个呢？）；而另外一种方式就是哲学的方式，哲学的方式未必正确，但它是对问题做更为深刻的思考。

哲学是什么呢？是我们借以建造人类世界的蓝图，是我们观察世界的眼睛。

学哲学有什么用呢？它能够帮助我们把所有问题看得更深刻更透彻——除了那些我们应该睁一只眼闭一只眼的事情，但要知道什么时候该睁什么时候该闭。这本身还是一个哲学问题。

可惜我的文章仍然是一杯纸上的蓝山咖啡，我在努力地描述它，但只有那些喝过蓝山咖啡的人，才知道我的描述对不对。（其实我们的口味不一样，这里存在着一个对不对的问题吗？这又是一个哲学能够解决的问题。）而对没有喝过蓝山咖啡的人，他想象的也许是一杯苦茶，也许是一杯中药汁，除了苦和香这两个字，大概无法想象其余。

那么，自己去慢慢地品哲学这杯咖啡吧。

2009年10月于扬州

读尼采“精神的三种变形：骆驼、狮子、小孩”

在尼采最重要的作品《查拉图斯特拉如是说》里，借波斯先知、拜火教创始人查拉图斯特拉之口，向读者传达尼采自己的观点。

我向你们说出精神的三种变形：精神如何变骆驼，骆驼如何变狮子，最后狮子如何变小孩。

精神，忍辱负重而内含令人敬畏之物的强健精神，有许多重负：其强健渴望重的和最重的负担。

何为重？负重的精神如是问，如同骆驼一般跪下，要满载十足的重量。

何为最重，你们这些英雄？负重的精神如是问。我承载得起，并为我的强健而高兴。

自贬以刺痛自己的高傲，显出愚钝以嘲弄自己的智慧，难道不是如此吗？

或者是：告退于我们的事业庆祝胜利之时？登上高山而给予诱惑者以诱惑？

或者是：以食知识之果、知识之草为生，为真理而遭受灵魂之饥饿。

或者是：生病却把安慰者打发回家，而结交永远听不见你想要什么的聋子？

或者是：假如脏水是真理之水，就跨入其中，而不拒绝冷冰冰的青蛙、热烘烘的蟾蜍？

或者是：爱那些轻蔑我们的人，向想要使我们畏惧的鬼魅伸出手去？

负重的精神将所有这些最重的东西担负于身：像满载的骆驼匆匆走入沙漠一样，它匆匆走入它的沙漠。

但是，在最寂寞的沙漠中，发生了第二次变形：精神在这里变成了狮子，它要争得自由，统治它自己的沙漠。

它在这里寻求最终的主人：它要敌对于他，敌对于它最终的神，它要与巨龙一争高低。

精神不再喜欢称之为主人和上帝的那条巨龙是什么呢？那条巨龙叫作“你应该”。然而狮子的精神说“我要”。

“你应该”，一条长着鳞甲的动物，金光闪闪，躺在它的路上，每一个鳞片上都闪烁着“你应该”的金色字样。

这些鳞片上闪烁着千年的价值，所有龙之中最强大者如是说：“万物的一切价值——在我身上闪烁。”

“一切价值都已创立，一切已创立的价值——那便是我。真的不应该再有‘我要’了！”巨龙如是说。

我的兄弟们，需要精神的狮子来做什么呢？那忘我而忍辱负重的动物难道已不够用了吗？

创立新的价值——甚至连狮子也还做不到；但是为自己创立新的创立的自由——这却是狮子力所能及。

为自己创立自由，在义务面前说一个神圣的“不”字：我的兄弟们，需要狮子来做到这一点。

获取创立新价值的权利——这对于一个忍辱负重的精神来说是最可怕的行为。真的，这对它来说，是一种攫取和一种猛兽行为。

它曾经爱“你应该”为最神圣之物，现在它不得不在最神圣之物里找到疯狂和专横，从而从它的爱中攫取自由。需要狮子来实现这种攫取。

可是，你们说啊，我的兄弟们，小孩还能不能做连狮子都不能做的事情呢？猛兽狮子为何还不得不变成小孩呢？

小孩是无辜与遗忘，一个新的开端，一场游戏，一个自转的轮子，一个最初的运动，一个神圣的肯定。

是的，我的兄弟们，做创造的游戏，需要一个神圣的肯定：精神现在要有它自己的意志，丧失世界者赢得了自己的世界。

我向你们说出了精神的三种变形：精神如何变骆驼，骆驼如何变狮子，最后狮子如何变小孩。

—— 查拉图斯特拉如是说。而当时，他停留在叫作彩牛的城里面。

干国祥如是解读：

我向你们说出精神的三种变形：精神如何变骆驼，骆驼如何变狮子，最后狮子如何变小孩。

精神的三种变形，也就是精神成长的三个阶段，精神发育的三阶梯。尼采讨厌辩证法，否则，我们可以说这三个阶段就是精神的辩证法：接受阶段——骆驼，批判阶段——狮子，原创阶段——孩子。

精神，忍辱负重而内含令人敬畏之物的强健精神，有许多重负：其强健渴望重的和最重的负担。

在精神成长的第一阶段，精神贪婪地汲取过去智慧者留下的财富。对于注定必须创造才配称之为精神的精神来说，这称得上是“忍辱负重”。但精神的强健也体现于此，它能够承担，它乐意承担，甚至它需要承担、渴望承担。谁不愿意接手历史，谁就不能清算历史，更不能创造历史。

何为重？负重的精神如是问，如同骆驼一般跪下，要满载十足的重量。

在精神成长的第一阶段，你需要如同骆驼般跪下，以便能够满载十足的重量。跪下，也就是在前人的精神世界里，给前人足够的敬意，甚至在这样的致敬里暂时迷失了自己、丢弃了自己，以为过去英雄们的创造已经足够辉煌，再想要创造已经多余，难免重复。

何为最重，你们这些英雄？负重的精神如是问。我承载得起，并为我的强健而高兴。

更重！再重些！叶嘉莹？好，但是不够。再重些！王国维？不，还要再重些，叔本华和尼采！强健的精神之为强健，就体现于类似的贪婪或者攀登。在任何一条精神的道路上，它们都寻找着更重的负担，一如贫乏的精神拒绝重负。

自贬以刺痛自己的高傲，显出愚钝以嘲弄自己的智慧，难道不是如此吗？

可是，这不是天性的卑贱，这是精神成长史中必然的“怅然若失”。重负之重，于是在既往精神的高贵和智慧者面前俯首，便刺痛了自己的高傲，嘲弄了自己的智慧。这本是天性潜存的高贵，因为它能够在最高贵者面前感到自己也当如此。但它又被迫装扮愚钝，因为最智慧者的创造，让它暂时失语，仿佛自己无力同样地创造。于是，精神暂时只能默默地承担着重负。

或者是：告退于我们的事业庆祝胜利之时？登上高山而给予诱惑者以诱惑？

《圣经·马太福音》第4章第1节：“当时，耶稣被圣灵引到旷野，受魔鬼的试探……魔鬼又带他上了一座最高的山，将世上的万国与万国的荣华都指给他看，对他说：‘你若俯伏拜我，我就把这一切都赐给你。’”拒绝世间价值的诱惑，是因为最终还有自己的道路，自己的价值。但是，会被诱惑，也就意味着可能被诱惑、差点被诱惑，或者说，内心已经被诱惑。“我们的事业庆祝胜利之时”，也就是精神迷失于“我们”，把众人的价值当成了自己的价值。虽然精神最终从这样的成功和庆祝中告退，但诱惑与迷失乃是绝对的历史事实，这也是骆驼之为骆驼所必然的道路。

或者是：以食知识之果、知识之草为生，为真理而遭受灵魂之饥饿。

在精神成长的道路上，在骆驼阶段，精神把外在的、固定的、书面的、过去的“知识”当成精神的粮食，结果遭受了灵魂的饥饿。

或者是：生病却把安慰者打发回家，而结交永远听不见你想要什么的聋子？

于是精神在负重的历史中暂时病倒，它拒绝了前来安慰的朋友，这是没有什么问题的，因为精神毕竟是孤独的精神，除非战斗中需要战友和敌人，否则精神并不需要安慰者。可是精神却结交了那些“永远听不见你想要什么”的庸众，把这样的结交当成使命，当成爱的历练，以为这是自己的慷慨和强大。

或者是：假如脏水是真理之水，就跨入其中，而不拒绝冷冰冰的青蛙、热烘烘的蟾蜍？

精神在此时还不能清晰地分辨，它无力做出区分。于是为了解渴的真理，它（只能）同时接受了脏水。精神还丧失了美感，它不拒绝冷冰冰的青蛙和热烘烘的蟾蜍，当然这也是因为它还无力拒绝，它只能承受一切，历史赠予的一切，所有自以为是的“先辈”。

或者是：爱那些轻蔑我们的人，向想要使我们畏惧的鬼魅伸出手去？

这里谈的涉及信仰。无论基督教还是佛教，都让我们爱那些轻蔑我们的人，而许多宗教本身就是“想要使我们畏惧的鬼魅”。

负重的精神将所有这些最重的东西担负于身：像满载的骆驼匆匆走入沙漠一样，它匆匆走入它的沙漠。

所以精神成长的第一阶段，其特点就是负重，慢慢变成一匹“满载的骆驼”。如果不负重如何？不负重也就不再是学习阶段的精神，也就是还不强大、还未独立的精神居然拒绝了学习。所以，先成为负重的骆驼，这是精神的宿命。谁拒绝这阶段，谁就是试图回到历史的开端之前，两手空空地成为历史开端者。

但是，在最寂寞的沙漠中，发生了第二次变形：精神在这里变成了狮子，它要争得自由，统治它自己的沙漠。

如果精神一开始的形态就是骆驼，那么从骆驼变成狮子，应该是精神的第一次变形。除非精神一开始还不是骆驼，而只是某种初始的一般形态，通过“进化”，才变形为骆驼，那么骆驼变为狮子，就是“第二次变形”。如果是这样，那也就意味着骆驼、狮子和小孩都是精神通过努力赢得的“应然形态”，而不是本来如此的“实然状态”。现在，精神成长起来，意识到了自身，于是它由骆驼变形为狮子，想成为自己存在的统治者。

它在这里寻求最终的主人：它要敌对于他，敌对于它最终的神，它要与巨龙一争高低。

在变形为骆驼阶段，精神遭遇到形形色色的先知、英雄，他们是过去知识的创造者，并由他们的门徒维护着权威。在骆驼的最后阶段，精神识别出在这形形色色知识的背后存在着一位“最高主人”，它是现存一切的缔造者，是既定价值的确立者。现在，骆驼变形为狮子，要和这位至高神、这条终极巨龙一争高低。

精神不再喜欢称之为主人和上帝的那条巨龙是什么呢？那条巨龙叫作“你应该”。然而狮子的精神说“我要”。

精神曾经热爱、崇拜上帝和巨龙，因为它们是一切价值的最高赠予者，是这个世界的开创者。但是，它们因历史的宿命，由创立者蜕变为维持者，对所有后来者说“你应该如此这般”，以及“你不能这样那样”。后来者必须接受既定价值，只能接受既定尺度，如此这般被规定了的何谓真、何谓善、何谓美……但是觉醒的精神却说“我”“我要”“我认为那才是真善美”！

“你应该”，一条长着鳞甲的动物，金光闪闪，躺在它的路上，每一个鳞片上都闪烁着“你应该”的金色字样。

分析我们整个既定文化，在社会的每个角落，每一个文字，每一句话，都在重复着：“你应该……”

这些鳞片上闪烁着千年的价值，所有龙之中最强大者如是说：“万物的一切价值——在我身上闪烁。”

因为上帝或者巨龙，正是赋予万物价值的创世者。

“一切价值都已创立，一切已创立的价值——那便是我。真的不应该再有‘我要’了！”巨龙如是说。

任何新的“我要”或者“我认为”，都是对既定价值的质疑，都是创造新价值的企图。

我的兄弟们，需要精神的狮子来做什么呢？那忘我而忍辱负重的动物难道已不够用了吗？

所以只会负重是不够的，需要批判，需要破，需要战斗。

创立新的价值，甚至连狮子也还做不到；但是为自己创立新的创立的自由，这却是狮子力所能及。

狮子能够批判，但不会创造。批判，摧毁控制着精神的旧价值，获得精神的解放，这是狮子能够做到和应该做到的。但精神的终极目标是“创立新的价值”，这是狮子做不到的。

为自己创立自由，在义务面前说一个神圣的“不”字：我的兄弟们，需要狮子来做到这一点。

说“不”，其实就是精神的反题。骆驼说“是”，是精神的正题。尼采讨厌黑格尔和辩证法，但讨厌也就意味着曾经被严重地影响——哪怕不曾被左右。

获取创立新价值的权利——这对于一个忍辱负重的精神来说是最可怕的行为。真的，这对它来说，是一种攫取和一种猛兽行为。

对骆驼来说，狮子无疑是可怕的野兽。对任何信徒来说，异教徒无疑就是掠夺者，是来自旷野的野兽冲进了安宁的城镇。

它曾经爱“你应该”为最神圣之物，现在它不得不在最神圣之物里找到疯狂和专横，从而从它的爱中攫取自由：需要狮子来实现这种攫取。

骆驼是真诚的信徒，但正是它的真诚最终让它成为传统价值的背叛者。因为它的真诚引导它在传统的神圣之物里找到了疯狂和专横。于是，在每一个新诞生的狮子背后，依然矗立着骆驼巨大的尸体。精神在热爱传统价值的同时，痛恨传统价值的统治。

可是，你们说啊，我的兄弟们，小孩还能不能做连狮子都不能做的事情呢？猛兽狮子为何还不得不变成小孩呢？

因为狮子是破坏的锤子，它只会破坏。

小孩是无辜与遗忘，一个新的开端，一场游戏，一个自转的轮子，一个最初的运动，一个神圣的肯定。

最重要的词语：遗忘。不会遗忘，就被记忆捆缚，就因旧价值而否定一切新事物，憎恨一切新开端。

是的，我的兄弟们，做创造的游戏，需要一个神圣的肯定：精神现在要有它自己的意志，丧失世界者赢得了自己的世界。

神圣的肯定，就是对一切新可能都做出肯定：失败的，错误的，欺骗的，不道德的，疯狂的……唯如此，才是游戏，才能创立新开端。所以，小孩不是美德，而是纯洁，是没有任何道德教条束缚的纯洁。因为没有任何既定价值的左右，所以他才能对一切新来者张开双臂。

我向你们说出了精神的三种变形：精神如何变骆驼，骆驼如何变狮子，最后狮子如何变小孩。

——从继承旧价值，到批判旧价值，再到创立新价值。新的真（知识），新的善（道德），新的美（艺术）。

—— 查拉图斯特拉如是说。而当时，他停留在叫作彩牛的城里面。

——如是我闻，这意味着和佛经、《圣经》等一切宗教经典一样，这是新经典的记录。彩牛，彩色乌鸦，多元价值之所在，一切价值在这里皆有信徒，所有新开辟的价值，正需要混迹于多元价值中，通过“如是说”，赢得自己的门徒。

——不要鄙视骆驼和狮子，因为许多人终生抵达不到狮子，也抵达不到骆驼。他们停留在精神更低的层次里，从来不曾变形。

——有些人以为自己是负重的骆驼，其实他囊中空空、腹中空空、脑中空空，不能承受的生命之轻。有些人以为自己是批判的狮子，其实他只是破坏，无论新旧，他只是以抱怨否定一切，是最彻底的虚无主义。

骆驼，至少是虔诚的教师和学生，他们维系着一个现存的价值，虽然很可能他们意识不到既有价值对生命的损害。狮子，其实好的狮子就已经在创立着一些新东西，在它的批判里，有全新的希望在闪耀着光芒。佛陀、耶稣、苏格拉底、孔丘，他们都是虔诚的教师，也是或温和或犀利的狮子，因为他们的价值一半在于对流行价值的否定，一半在于对未来价值的创造。但是，当他们创立的新价值成为对新来者的诅咒、专制，他们也就因为信徒们精神的低劣，成为必须被批判、被突破的旧上帝、老巨龙。

——新来的孩子一无所知，一无所有，他的纯洁就是他的知识，他的道德，他的审美。他的纯洁会在成长中慢慢蜕变，当那时，拥有真诚，他就能够继续前行，延续他的游戏。

非此即彼
——一个儒家徒眼中的基尔凯戈尔

> 一个星期天的下午，他照例坐在哥本哈根菲勒利克斯堡花园里，叼上一支雪茄，心中反复考虑着许许多多事情；他突然想到他自己还不曾成就过任何个人功业，而他自己周围随便什么地方像他这般年纪的人却都出了名，成了颇有声望的人类恩人。……他想到，既然每个人到处都在忙于使事情容易些，或许也需要有人使事情变得更难点；现在生活已变得这般容易，致使人们滋生了重新召回困难的想法，而这可能就是自己的事业和命运。(《非理性的人》第 165 页)

这个叼着雪茄，思想怪僻的男人，就是基尔凯戈尔。如果你观察一会儿，还会发现他是个跛足的驼背，而一头乱发，让他活像个稻草人。借着那位强奸了家中女佣而生下基尔凯戈尔的“父亲”所留下的巨额遗产，我们的主人公可以从容地进行思考，而他古怪的外貌，与比外貌更为古怪的性格，使他不可能成为世俗世界的宠儿，但这种命运反而让他得以看到庸常观点后的空虚、空洞。思想从哪里来？“我”是谁？其实并不存在一个先天做这样思考与抉择的“我”，我们总是在独特的经历中，成就我们自己。

前面说那些人成了“人类恩人”，指他们的一切努力都旨在使人类生活得更安逸些，如发明铁路代替大家用脚走着去朝圣与探亲，或发明思想体系代替大家去思考世界本源和人类意义，等等。但是基尔凯戈尔仿佛就像是《黑客帝国》中的尼奥，蓦然发现这些创造其实是在制造一个“母体之国”。在这个“母体之国”中，由人类发明的机械和理论代替了每一个人生活，而每一个个体，却已经被剥夺了存在的根本权利：自己去经历，经历那痛楚、犹豫、彷徨、不舍、舍弃与懊悔；自己去抉择，去通过亲身的抉择而成为什么——成为审美的、游戏的人，或者伦理的、道德的人，或者成为信仰的、宗教的人……

在当时的丹麦，基督教是国教，只要是在丹麦出生的人，国家教会都把他视为是基督徒。婴儿刚一出生就接受了洗礼，人在尚未成为他自己之前，就被规定了信仰，规定了成为教会的一分子。而中世纪流传下来的神学，则已经把一切关于上帝及基督教的思考，都做了繁复、周密的规定。在这里个人既无法穷究如此庞大的神学，也根本无权做自己的思考。但在基尔凯戈尔看来，这样的基督徒事实上只是挂名的基督徒，因为他们没有经历过自己的信仰的抉择，没有自己去真正活过。

自己真正活过，是不是意味着要在个体之内重新思考那庞大的神学？不是的，基氏发现，正是那庞大的神学，把活泼泼的基督精神完全地扭曲，并将其淹没在繁文缛节的形式和客观冷静的理论中了。

而从宗教神学中重新独立出来的哲学，在那里也同样在有意无意中走上了一条外在于“我存在”的客观化道路。

基尔凯戈尔之前的哲学家们已经对“我存在”这个命题做过思辨，但是只有他才注意到他们淡忘了的一个至关紧要的事实：我自己的存在对我完全不是思辨问题，而是一种我个人热情介入的实在。我并不是在心灵这面镜子里找到这种存在的影子，我是在生活里遭遇到它；它就是我的生活，一股无形地环绕着我的整个心灵镜子奔腾不息的“流”。但是，如果存在不是作为一个概念在心灵里被反映出来，那么在何处我们才能真正地把握

到它呢？在基尔凯戈尔看来，同自我的这种决定性的遭遇存在于“非此即彼”的选择中。(《非理性的人》第171页)

以存在主义哲学家们的观点，这事实上是把“客观真理”与“主观真理”混淆了，也就是把自然科学的思考方法（客观的、外在的思考），不仅带进了精神领域，使得关于人类精神的思考，也照搬了那种客观思考的方法，而且这还使人们遗忘了后一种真理（主观真理）——然而它却是存在唯一本真的真理形态。也就是说，“我存在”，注定“我”不可能置身事外地把“我活着”这件事当成一个物体来研究与表述，“我活着”这一事实注定“我”只能以切身的喜怒哀乐、犹豫抉择去经历和承担。那么作为存在的真理，就是“我”存在于一种本真的状态中——至于什么是这种存在状态的本真，不同的文化和不同的个体将做出不同的回答。对基尔凯戈尔而言，成为基督徒就是他唯一的道路；对于我而言，在我做出选择之前不存在任何命定的道路（你可以说还没有道路，也可以说潜藏着无数条道路），而在灵魂最终做出抉择之后，将出现一条唯一的道路。你或我的一生，不可能同时穿越两条道路，非此即彼！

客观真理容易承认……如果我知道二二得四，则这种知识是最不个人的了；一旦我知道了它，我就知道了它，我再也无须不断努力使它成为我自己的：它是精神阁楼上一块结实的木料，随便什么时候我需要它我就可以随手把它拿下来。但是宗教真理与这完全不同：这条真理必须渗透我自己个人的存在，否则，它就毫不足道；而且，在我有生之年，每一天我都必须努力更新它。(《非理性的人》第180页)

为什么说存在的真理必须在有生之年每一天努力地更新它？因为这种真理就是我们活着的状态，每一天，我们的肉体需要呼吸、饮食，我们的灵魂需要呼吸、饮食，我们须以自己的存在本身，站立于世间，为自己，同时也是向世界替我所信的这个真理作证。唯一的证人就是我们自己，唯一的证据就是我们存在本身。对于基督徒而言，栖身于真理的状态中，这是上帝的恩赐。而对于儒家徒而言，这就是“人能弘道，非道弘人”“士不可以不弘毅，任重而道远。仁以为己任，不亦重乎？死而后已，不亦远乎”。二者相同的是，关于我们所信奉的“道”（上帝、真理），我们只能以亲身活出来的方式，为之作证。

> 博学的神学家也许拥有全部所谓理性神学的真理，能够证明和反驳各种命题，而且一般而言还能够以最好的方式辩证地坚持自己的主张；然而在他的心里，上帝却可能已经死了或者从来就不曾活过。另一方面，一个目不识丁、对正式神学一无所知，甚至无法确切说出自己信什么教义的农夫，却仍然可以是宗教的。用一种俗语说，就是他在真理中；凡是认识他的人都可以从他的举止仪表及生活方式辨认出这个事实。……严格地讲，主观真理不是我所拥有的真理，而是我所是的真理。（《非理性的人》第 158 页）

因此，这种真理不是哲学家们（以及神学家们）所演绎出来的庞大的理论体系，而是一种个体做出抉择并将它活出来的生活方式。并不是所有选择都是对的，有些抉择把我们带往自我的沉沦与遮蔽，有些抉择则让我们与自己所信奉的那个道（真理）一道显现——这就是“我所是”的真理。

基尔凯戈尔为什么选择基督教？这显然是一个无法回答的问题，这是只属于他个人内在的事。因为如果可以用合理化的方式来解释，那么它事实上就成了不虔诚的信仰，成为一种可鄙的投机。他信仰它，不是因为西方的宗教比东方的宗教强大，不是因为这一宗教是国家的意识形态，不是因为上帝是最可靠的可以证明的，不是因为上帝是最善良的，不是因为上帝将给予信奉者以回报……他信仰它，首先是因为他需要去信仰，是因为他必须信仰才能成为本真的存在。

那么他可以信仰什么？我们无从知道在一个灵魂的内部究竟有过怎样的道路，使得基尔凯戈尔成为一个虔诚的基督徒，而面对相似困境的尼采，则成了一个反基督者。但如果从我的角度来看，基督教对基尔凯戈尔而言就是他所拥有的文化的绝对中心，是他成为此刻的他的元语言，是他一切思考的绝对支点，他不能让自己挣脱自己的存在之外，去寻找另外的支点。因为外在于他存在的东西若他可以借着理智拿过来，作为自己的出发点。这本身就是一种虚伪，一种背弃，一种把真理客观化的行为。

他必须从自己存在的内在去寻找支点，我认为正如尼采的支点是希腊时代，他的英雄是酒神狄俄尼索斯一样，基尔凯戈尔的支点是基督时代，他的英雄是耶稣基督。

> 基尔凯戈尔的唯一的主题，他唯一热爱的，就是基督教。……他所关心的，毋宁是个人要成为一个基督徒具体地意味着什么。（《非理性的人》第158页）

在科学时代，在掌握了许多知识之后，我们仍然不能放弃信仰。如果说在基尔凯戈尔那里，如在中国宋朝儒学家陆九渊那里一样，理智知识或客观知识因为不与存在的本真关涉，而多少有些被贬损的话，那么对于一个儒家徒而言，我所掌握的各种知识本身也需要有一个信仰来引导，否则它们将让我忘却存在的累赘知识，甚至会让我成为可以随便出卖给魔鬼的能干的奴隶。

> 理智是永远提供不出信仰来的；然而，要是没有信仰，他就会死在自己的心灵里面，成为一个病弱、瘫痪的哈姆雷特。（《非理性的人》第158页）

基尔凯戈尔选择成为一个基督徒，是他的存在（那一切加诸他的经历及他个人的自由意志）做出的一次根本性抉择。这种抉择不是理智的计算与挑选，而是对自己所栖身的文化所做出的最深沉的呼应。但这首先不是为了弘扬文化，这首先是因为如果我们要成为一个本真的人，我们必须“去信仰”，必须“栖身于信仰”。而我们去信仰的，永远只能是那绝对的真理，它不可能是凡俗的教会、教皇、皇帝、朝廷、政府……我们是凭着对那绝对者的信任，来评判世俗的一切的。这意味着这样的信仰者必定充满痛苦，因为世俗与理想之间的鸿沟永远无法消除，而信仰者不能屈服于世俗的标准，他必须为自己所信仰的而战。

> 任何一个人只要他决定性地选择了或是被迫选择了，也就是做出了关乎终生（从而也就是关乎永恒，因为我们只有一次生命）的选择，他就经验到了他自己的作为处于思想之镜以外的某种东西的存在。他遭遇到他存在的这个“自我”，不是由于思想的“超然”状态，而是由于选择的“介入”及精神病苦。（《非理性的人》第 171 ~ 172 页）

正如基尔凯戈尔所认识的那样，一部基督教的历史，在某种意义上，是不断以各种偏离的方式追随基督精神的历史。我们也可以说，一部儒家文化史，同样也是以各种偏离的方式追随儒家精神的历史。在这种追随中，那伟大的本真时刻总是少数与例外，而大多数时刻的大多数人，总是在蒙受其精神熏陶的同时，并未能将其真正的精神活出来。

然而这并不是值得悲哀的历史。因为我们可以想象，如果不是这些伟大的精神存在着，那么人类将以更为平庸、肤浅或者更为残忍的方式生存。而一种传统、一种文化有没有生命力，就是看它是否还存在着让后继者得以在新的处境中，将其本真的精神活出来的潜质。

> 基尔凯戈尔并不只是告诉我们说，存在先于思想，或者说，一切思想都是对某个具体存在的一种表达；他可以说是把这条真

理活生生地展现给了我们，因为他展现给我们的思想撕去了伪装，真情毕露，径直是一种存在活动，也就是说，径直是他自己个人的、热情的生存活动。（《非理性的人》第160页）

这就是基尔凯戈尔所体认的基督教真理。它不是哲学或神学教授们的严谨整饬的论文，不是规模宏大的神学系统，而是一种激情的存在。

作为儒家徒，我也曾经错误地发表遗憾：我们儒家的思想不够体系化，我们缺乏类似西方哲学与基督神学的体系。而在我终于在儒家著作中发现那个并不亚于西方哲学或神学的体系时，我才发现自己及时代所缺的，乃是我们已经远离了的我们的文化之根。我们那曾经使这个民族歌唱了几千年、思考了几千年的文化之源，现在已经在我们身上枯竭，我们，我，并不能够让它活在我们的身上。我们已经不再能够把那些伟大的词语重新唤醒，如基尔凯戈尔唤醒“信仰”一样，唤醒“生生不息”“仁”“己立立人”“浩然正气”这些属于我们文化的根本性词汇。

今天，在有些人看来，基督教不过是死灭了的过去的悲哀回声；然而，即使对于这些人，……基尔凯戈尔也仍能向他们自己的存在发出呼唤。成为一个基督徒毕竟是成为一个人的一条途径（对基尔凯戈尔个人来说，这是唯一的途径）；而照亮这条途径，应召完成这项使命，也就是应召成为一个人，不管我们自己选择的途径可能会多么歧异。（《非理性的人》第160页）

我们总须通过某种信仰成为我们，我们总须通过某条道路成为我们。

如基氏所分类的，我们所选择走的也许是一条审美的道路：或如孩子们沉溺于切身的快乐与悲哀中；或如艺术家在创造性的游戏中，忘却存在的另外的痛苦；或者学会将自己抽身出来，像对待戏台上的演员一般对待自己的存在，在生活的舞台上和舞台下，学着精明地算计，把某个角色演好。

我们所选择走的，也许是一条伦理的道路：在人类道德和绝对律令的指导下，明辨是非，抉择做那正确的行为，弃绝那不义的行为。

我们所选择走的，还可能是一条宗教的道路：听从内心深处响起的神秘者的召唤，让自己走上一条严肃、崇高的信仰之路。

那么请问：有哪一条道路外在于我们的存在，可以注定成为所有人的必定抉择？纵然我们会与某个陌生的教义猝然相逢，成为它虔诚的信徒，这事实上也是我们以前所走过的道路，把我们带到了这个路口。只要这一抉择注定须由我们自身来亲自做出，那么它就不可能是被规定的合理性。

> 对于基尔凯戈尔来说，这个问题始终是个人的：他已选择成为基督徒，他必须以他存在的全部力量和热情经常地重新做这一选择。……他的思想是基尔凯戈尔其人的抒情诗：公开坦率的自我表白活动。（《非理性的人》第 159 页）

我不愿意追随《非理性的人》的作者威廉·巴雷特，把基尔凯戈尔与黑格尔的对立当成思考的焦点，更不愿意在我欣赏的两位伟大的思者之间，做出某种选择——因为他们不涉及我的信仰，这里不存在非此即彼的问题。我也不愿意如作者那样，把基尔凯戈尔的解除婚姻事件，当成他思想的见证。

> 既经解除婚约，基尔凯戈尔便永远无法成为黑格尔的信徒了。这种非此即彼的选择利剑般地猝然刺透了他的生命，没有一帖哲学家的膏药能够解除这种损失的痛苦。（《非理性的人》第 161 页）

确实没有任何哲学家的理论，可以抚慰这种痛苦——确切地说，如果哲学家的理论竟然能够抚慰一个人的生存痛苦，那么事实上他就只不过是以哲学家的理论，来忘却自己的存在罢了。通过让自己忘却自己的存在，而栖身于某种宏大华丽的理论之中，这才是基尔凯戈尔所要反对的。追随基督，就是像基督那样生活，而不是借神学系统那样生活。这就是基尔凯戈尔所理解到的。

> 对于思想家，就如对艺术家一样，生命中算得上重要的，不是他所遭遇的感人奇遇的多寡，而是那生命的内在深度，一旦生命有了深度，甚至最平常、最不足道的事件也可以产生出某些伟大的东西。（《非理性的人》第 164 页）

从追随基督的角度，我们可以理解基尔凯戈尔一生的戏剧性——虽然和耶稣相比，这些事件既不是奇迹，也算不得重大。他用笔为武器，以报纸为阵地，以所有对基督教的世俗理解为敌人，仿效耶稣，号召人们返回到那真诚的信仰中去。而那个婚姻事件，既是他不幸性格的宿命，又是他为了让自己保持对基督信仰的真诚做出的“偶然”事件。这是他切身的痛，这是他亲身做出的抉择，这必然和他整个存在息息相关不可分离，但是重要的毕竟不是这新闻事件，而是他努力在一个信仰成为华丽装饰的时代，重新呼唤一种本真的存在、一种真诚的信仰。

而哲学、文章，都是他成为一个虔诚的基督徒这一中心事件所附带的，或者说，是他去成为本真的基督徒这一过程中的见证。

任何存在的真理（也就是真理性存在），都仿佛是在大地和历史的黯淡画幅中，开出一朵转瞬即逝的明亮的花朵。虽然基尔凯戈尔是一个基督徒，我是一个儒家徒，但我相信，我们能够用自己的同情恻隐之心，理解他者，在坚持自己非此即彼的信仰的同时，让他者成为另一个非此即彼的他者。

（这是为网师《非理性的人》的书籍研读课程而写，写于 2010 年 4 月 11 日）

什么是心理学

此刻，在我的房间里，能被叫作生命的事物，除我这个人外，还有几只躲避寒冷的瓢虫，几盆植物——其中羊角吊兰和紫竹梅还依然开着花。当然，事实上还有我和它们体内那些人类肉眼看不到的被称为微生物的生命：病毒、细菌、真菌、寄生虫……

如果我说我现在想研究一下植物的心理，你一定会笑我是不是搞混了心理学的界限。

但如果我说我想了解寄生虫的心理呢？如果我说我想了解瓢虫的心理呢？或者我说我想了解窗口那几只小鸟的心理活动呢？——它们小小的大脑里的那些活动，能够被叫作心理吗？如果不能，那么从哪些生命的哪个程度起的智力活动，能够被称为心理呢？进而，什么是心理学呢？

我们可以把心理学规定为对人类心理现象的研究，但是，我们不可避免地遭遇这样一个尴尬：太多人类自以为高贵的人类独有的精神活动，却并不难在普通动物身上发现。

一个少男或少女精心打扮了，默背了普希金的诗歌前去赴约会，这当然是人类生命中极其重要的场景。但是我们难道没有发现，几乎任何动物乃至植物，都为它们的青春约会做了极其隆重的打扮。有些因此散发出迷人的芬芳，有些则一展令人类望尘莫及的美妙歌喉。

这一盆兰花并没有大脑，但是它开出如此芬芳的花朵，以吸引蜜蜂帮它实现基因的延续。这和窗外鸟雀的求偶舞蹈及歌声有什么本质的区别呢?

是的，对窗外的鸟雀而言，这一切行为经过了它们小小的大脑处理，它们纵然不能反省，但至少在脑部完成了这个过程的信息处理，并对其中的某些部分还做了个体精心的设计。

那么刚才带着诗集前去赴约的少男和少女，和这丛兰花、这些鸟雀，在此行为上的差别究竟在哪里呢？被我们称为心理活动或智力活动的，在这类行为中究竟居何地位？我们所说的心理活动，指的是这类行为的动机、愿望，还是这类行为的设计和执行呢？或者兼指这二者呢？

一株植物作为生命，有它的变化、发展与生死，而且在不同的环境下，它能够做出一定的“应对”，以适应环境的变化。

但我们知道，决定这应对的，不是因为它有智力，它能够做出判断，而是它的基因里已经写定了一些规定程序。正是这些程序，决定着兰花在怎样的温度下开始孕蕾，在怎样的温度与阳光下开出花朵。

这些程序源自它的祖先在遥远的年代里的无数次变异，而自然选择的压力则不断地淘汰掉某些变异，让这几路和环境相适应的变异保存了下来。

如果我们把这些无数岁月累积而成的程序也称之为智慧的话，那么它可以算得上是造物的神秘。这是一种无中生有的过程，你可以形象地理解为：道即无，无而有阴阳，阴阳转化出万物，万物为有，万物又各自依据神秘的阴阳原则不断变化、生出新物。如果你不满足于这样原始的、过于简单的概括，那么我们便有了达尔文的进化论（其实应该是指达尔文主义的生物观和生命观，达尔文只是其中最伟大的代表人物而已）。

但是，我们并没有把这个完全地写定于基因中的程序称为智力或者心理，我们把心理或智力归于一种叫“大脑”的特殊部件的相关活动。

当然我们已经知道，虽然没有大脑，我们不能不承认捕蝇草的笼子及其捕蝇过程设计得很精致，而所有经历了无数进化以及淘汰幸存下来的绿色开花植物的花朵和果实，事实上都是非常非常智慧的。如果我们想要把这些编制程序用人类的语言写下来，并且用某种足够精致的机器来实现这个过程，我们将会发现，这事实上是一本本目前人类还不能完全写出来的超级大书。

大脑本身也是进化的结果，是偶然产生的无数次伟大的变异，在经历了无数淘汰后得以保存下来的宇宙硕果。

相比于植物，动物和环境的互动性更为复杂。因为植物往往驻扎于某个固定的环境，而动物则更多地迁徙——这也是我们把许多会运动的原始藻类，最初误归为动物一类的原因（但确实它们也许就是动物和植物的共同祖先）。

任何一种固定的程序，往往只能应对特定的环境。如果环境变化较为频繁，这就使得只有那些能够对这变化了的环境采取即时应对的生命得以保存。

尤其是，如果生命的延续必须仰赖捕食另外的生命，那么那种能够找到其他生命的种类，就更有机会活下来。这是进化原理对动物的一大考验。于是在无数次伟大的偶然中，感觉器官和神经系统一道产生了。

从神经节到丘脑到小脑，再到大脑和越来越厚的大脑皮层，这事实上是动物智力发展的“沉积岩层”：越在下层的，是越原始的，人类和拥有同类结构的动物共享着这些智慧的部件及其功能；越在上层的，是进化得越晚的，也就是进化复杂程序更高的，人类和拥有同类结构的动物共享着这些智慧的部件及其功能。

也因此，人类事实上同时也仍然是两栖动物、爬行动物和低等的哺乳动物。那些最早的基本程序以及应对模式，只要没有被改写的而且是继续起着作用的，就仍然保留在我们的体内，是我们的精神成分。

随着脑的产生和完善，越来越多原来由基因直接命令细胞和肌体的事，改由这个生命的司令部来完成了。当然，脑本身的结构及其功能，自然也详详细细地写在基因这本生命的手册里——但现在多了一些例外，那就是脑里所留存的，将永远会有部分多于基因已经写就的，我们可以把这部分基于基因的先天规定，但又确确实实是后天写成的内容，称为“经验”。它既是一种记忆，又是一种新写成的临时程序，或者说一种习得的反应模式（图式）。

这种图式保留在成年生命体的大脑中。

如果成年生命体有意识地带着幼崽经历某些特殊的场景，把自己大脑中的经验间接地翻录给下一代（基因是直接地、原封不动地遗传给下一代，但个体的经验却无法通过遗传传授给下一代，它只能由年长者通过某种方式传递给年幼者），这就意味着又一次伟大的革命开始了——但这革命现在看来也挺麻烦的，因为它很不省事，它为成年生命增添了无穷的烦恼，今天的应试教育，都源自那次伟大的生命进化。

蜘蛛不需要教育儿女，在童话《夏洛的网》中，夏洛在这一年的秋天为了拯救好朋友威尔伯不当腌肉火腿，而过早耗尽精力去世，但它还是顺利产下了卵，封存在一个卵袋里。第二年春天，小蜘蛛们爬出卵袋，就顺风飞翔，只要找到一个合适的屋檐，它们就能够开始吐丝捉虫。

这一切完全地写在基因中。作为司令部的大脑，不必用来习得这些，而是基因直接把这些编写到渐渐成形的脑中，然后，脑只需要用来处理感官部门传递来的信息，依据早已经写定的内在程序做出判断，向某些执行机构发出行动指令就行了。

据说科学家们确实发现了蜘蛛间存在着友谊，有对伙伴的记忆，并能对伙伴和其他同类做出完全相异的行为对策。

我们相信，这种友谊观也一样写在基因的程序里。作为大脑，只是记忆伙伴的脸和身材，并按照破译出来的友谊观和食物观，随机地进行执行。它不能将自己对爱情的感受传递给下一代，让下一代从自己身上吸取教训。不过大自然会替它执行这一程序的，譬如大自然会让不懂得执行蚁后命令的蚁群灭亡，或让没有团队感、友谊观但却需要群生的族群灭亡。

因此，我们完全可以相信，诸如友谊、集体感这类东西，并不是人类后来才慢慢学会的美德，而是早在人类还称不上人类的时候，在某个群体生存的阶段就已经内在地写就于生命的基因中了。我们可以相信，在极其艰难的生存条件下，那些不懂得团结，不知道友谊的族群都将相继灭亡，唯有知道既要保全个体又要为集体、团队、他人考虑的族群，才能够生存下来。而我们，就是它们的后代。

以牙还牙，以恩报德，以及对蛇的害怕，恐怕都远在人类进化到猿类之前，就都已经存在于基因程序中了，因为它们在后来继续有用、有效，所以一直被保留下来。直到今天，我们中的任何一个从未见过蛇的人，都会本能地害怕蛇；而面对像汽车这样的钢铁家伙，却不存在本能惧怕。然而只要是基因破译了大脑中的任何程序，人类就有可能通过特殊的训练改变它们。因为和基因不同的是，大脑里的程序，是可以改写的。

完全可以确证属于这种人类在早期就写就的，还有亲情、亲属关系，以及大多数美学观念——我们可以非常实用主义地理解，所谓美的，就是传递那些有利于生存和繁衍的信息的。譬如香喷喷的食物，漂亮或强壮的异性，广阔的草原……我们永远不要忘记，稍为高级一点的动物，都是和人类观念极其相似的美学家，它们喜欢的，往往也正是我们喜欢的。而事实上只不过是因为我们乃是它们的后代，我们继承了它们的传统观念。

所以蜜蜂们喜欢的，鸟儿们也喜欢，猿类也喜欢，我们也喜欢：某些鲜艳的色彩，某些气息，某些形状……但是爬行动物对异性皮肤的喜爱，就和我们的美学观点相距较远了。

但是，这种祖先写成了“智慧宝典”，直接通过基因灌注让后代获得智慧的方式固然省力，却也有一个很大的不足：如果环境变化足够大，而基因无法准确地对这些差异做出精确反应，把各种变数尽数写入，那么后代就只能听天由命，用一种死板的程序，去应对千变万化的环境了——这样，它们的存活概率就会非常低。

所以，双亲的哺育，原本只是确保其后代能够有较高的成活率（从而这个种类能够保存下去，没有这种对子女进行哺育的相似同类，则会在同样的处境中被淘汰），但现在又出现了一个新的自然选择的压力：如果上一代能够对下一代进行经验的传授，将大大地提高下一代的生存能力，从而让它们在严酷的生存竞争中存活下来。

于是，紧随着哺育，教育产生了！

那些带着下一代练习飞翔、捕食、躲避天敌的动物，和人类一样都是“教育的动物”。原始部落和它们相比，语言要发达一些，禁忌要烦琐一些，而且往往伴随着一个成熟的神话体系，同时也使用木头和石头作为工具来获得对环境的征服。但是这里究竟本质的区别是什么，我们却难以说清：同样有声音，而且这些声音一旦脱离社会，将都不可能再自然出现；同样没有文字；同样有特定的等级与禁忌……

我们知道，从一个卵子和精子的状态，到二者的结合，再到受精卵的分裂、胚胎的形成，直至胎儿的成形、婴儿的出生，人在某种意义上，是完整地重现了一次生命由原始的单细胞到人类这整个进化史的全部历程。

那么是不是我们也可以同样臆测，人类个体的智力发展，或者说心理发展，同样也要经历整个生命进化的全部阶段，或人类发展的全部阶段呢？

其实我们马上就可以判断，婴儿出生后到长大成人，不可能必定要重现人类整体精神的发展过程——因为人类整体的精神发展，没有办法通过基因保存到婴儿身上。今天婴儿的主要基因，乃是在人类任何一个发展阶段之前就已经存在了的。如果有一个几百万年前的人类婴儿能够在今天得以哺育、教育，他一样可以和我们用电脑交流，讨论哲学和美学，以及这该死的心理学。

这就是说，人的认识潜能、人的精神生活的基本模型，都早已经在数百万前年定型，这数百万年间没有生物意义上的较明显的进化。

那么如果我们要讨论人类精神、心理的先天部分，或者说后天精神发展的潜在基础，就绝对不能够拘泥于任何一个现代社会的环境，而只能想得更为遥远一些。

这一粗粗勾勒的生命智慧进化线路，对我们学习心理学是非常重要的，因为它是心理学“物理的、生物的”基础，它能够让我们扫清神创论等迷信的观念，和对人类精神的彻底的神秘主义姿态。同时，它也是一把有价值的公共尺子。我们讨论荣格的集体意识和集体无意识，讨论弗洛伊德的情结以及意识层次、生命不同时期的力比多聚焦方式，讨论马斯洛的需要层次，讨论阿德勒的自卑与超越，讨论弗洛姆的爱的阶段，以及皮亚杰的认识图式同化和顺应，都要和上面粗粗勾勒的线路保持某种深刻的关联。

凡和上面的进化史明显冲突的心理学观点，就极可能需要用科学的眼光再重新审视、审察。

心理学乃是一门科学，但它并非只能像行为主义那样，把对小白鼠的研究，当成对人精神的研究。它仍然允许在实证精神的支持下，提出各种大胆的假设，尤其是提出各种人类精神的理解模型。

而仅仅是琐碎的局部行为的实证，最终不可能把我们带到对人类精神这一宇宙最复杂最丰富事物的理解。它需要人类精神的全部财富的聚焦，才能抵达对这一事物的深刻理解。

也就是说，最后，仍然必须把哲学的、文学的、美学的、现实生活的、宗教的、生物的、传统心理学的观点有机地纳入我们的心理学思考中，才能够帮助我们更为丰富地理解人、人性、人类的精神。

我从心理学矿里挖到了什么宝

——一个人的心理学书单

昨日的微信公号文章后，读者艾蜜尔留言说："干老师您好，已经在当当下单买了您的3本作品，翻阅您的文章，发现您读了大量心理学著作，可否拨冗给新手小白推荐一二，谢谢指点。"

这个问题似乎是对我自己的重要提醒。心理学研究是我做教育的绝对根基，但现在我基本只读哲学书籍，所以一般不会提及那些曾经"刻骨铭心"的心理学著作，甚至有时自己也忘了有这个根基的默默存在。

更严格讲，首先不是为了教育，而是为了理解自身，我曾经入迷地阅读了很多心理学著作。

读心理学的缘起，是我居然被算命先生们一致认定有精神病，至少有潜在的精神病风险，发作时间可能在十五岁之后。

基于当年的教育，十来岁的我已经是一个足够强大的无神论者。我把算命先生的说法斥之为迷信，把他们的不约而同理解为理论一致。

十五岁进了师范学校，学校开设有心理学课。老师用一套试卷帮我们测试每个人的"气质"，结果我是两个极端气质的不可思议的混合品，老师说，心理学称我这种人为神经病候补者。一直要到"狂躁抑郁症"（简称躁郁症）这个词语流行网络后，我才知道自己的"气质"意味着什么。

从那时起，我就开始留意心理学问题了。教材实在编写得无趣，只有知识罗列，没有对灵魂或者精神做任何一次深刻的剖析。当时弗洛伊德的学说，已经开始蔓延到我所在小城的学校，于是就在接触佛教的同时，接触了“性本能”“性压抑”“性升华”“潜意识”“本我与超我”“文明及其不满”……这是我心理学阅读的开端。但实话实说，弗洛伊德对我的影响不是很大，虽然我肯定是一个非常棒的病人（病案），但弗洛伊德以童年被压抑的经历来解说人格，却与我的事实有冲突。我确实有病——当然依据弗洛伊德的理论每个人都是病人——而且相比常人可谓病得丰富多彩、千姿百态，然而我自己很清楚，我的病似乎不是因为压抑，而是因为基因。我的童年太自由了，甚至过于自由、过于自然了，但我依然过敏、焦虑。我似乎是一个极端的矛盾体，先天已经有病，而后天的治疗根本没法治愈。

但我依然知道弗洛伊德很重要。也许他治不了我的病，他的诊断和药方对我是药不对症，但对整个西方文化却很有力量。所以我依然啃读了不少他的书。

当时直接对我有效、有用的，是一本书名很俗的书：《浪漫爱情的心理奥秘》。

这本书讲了什么，细节已经不清楚了，毕竟它不是名著，没有深刻、独到的“揭示结构”。它的内涵就和《活了一百万次的猫》有点相似：独立、爱慕、缔结、意义。于是人类就超越了自然，又超越了孤独。这一切对当时的我意义非凡。

毕业后，也就十八九岁，心理上最需要滋养的时候，却一个人去了会稽山里教书。于是读了许多书，有些书看似不是心理学，却是学习心理学的必读阶梯，也是人类心理现象真正的沉淀：《圣经》《希腊神话》。尤其是后者，事实上还包括了古希腊的史诗与戏剧，所有这一切，都包含人类最丰富、最典型的心理现象。西方的心理学著作，一定程度上就是对这些现象做出接近科学的解释。

然后读到一本叫《关注灵魂》的书，一下子架起了我前面所说的作为文学的心理现象和作为科学的心理学理论这二者之间的桥梁。我第一次感觉到心理学巨大的揭示能量。

然后我就开始读荣格和弗洛姆。我都忘记了究竟是先读谁后读谁，但对这两个著名心理学家的沉溺，终于使得我开始建构起自己理解事物的模型——因为我偏爱生物学，所以在读进化心理学、脑科学、认知心理学之前，我就开始朝那个方向靠拢。

荣格揭示的世界是人类的深层心理结构，他称之为文化沉淀的东西当然不会有，但文化却是从人类的先天精神结构里创生出来的——全世界类似的神话、文化，是不是在提示着一些什么呢？所以，理解人类，不妨读荣格、荣格一派。很久以后读到荣格一派的坎贝尔的《千面英雄》《神话的力量》等书，可以算是荣格理论在童话、神话、传奇中的运用，值得入门者阅读，但不能停留得过久。

还有一本小书，当年我也曾入迷，《两百万岁的自性》。一看题目就是荣格派的风格，大气磅礴，诗意充沛，至于科学性，让科学家慢慢去跟进——科学有时候太慢，可是思无涯，思想不能停止与自我局限啊。

弗洛伊德、弗洛姆和荣格的著作，我都是大批量阅读。最初读的是“文集”，许多本书集在一起，甚至不知道读的究竟是哪本书——尤其是读荣格时，我几乎是一气呵成地阅读下去，但似乎任何一本书名都没记住。而弗洛姆比较幸运，我至少经常推荐他的两个单行本：《爱的艺术》和《逃避自由》。原因之一，是书写得漂亮，几乎不亚于荣格的作品，最大的原因，是书名起得漂亮，而书的内容又完全配得上这样的书名。从《爱的艺术》，我更加明白独立人格与依附人格的本质差异，爱，其实是一种去爱的能力，而不是依附、依赖、猜忌。读了《逃避自由》，我从更高的文化层面，理解了后来哲学家齐格蒙特·鲍曼所说的“安全”与“自由”的悖论。进而，也对中国文化的保守有了更多的同情与理解。

然而最最实用的心理学家，或者说最可以解释正常人类的一般人格的心理学理论，是来自美国的马斯洛。欧洲心理学家深受欧洲哲学影响，深沉、阴郁，而马斯洛是真正的美国天才，简洁、明亮、乐观。我个人虽然偏爱欧洲哲学和心理学，但用作普通教育学理论，我首选马斯洛。

马斯洛有许多理论被我用于教育，主要有“需要层次金字塔”“高峰体验”“自我实现者人格”。南明教育每间教室里有需要层次金字塔，高峰体验结合着我的《良性教育学循环》一文，渗透在所有课程中，而南明教育核心理念第二句“做一个自我实现着的自由人”，明显也有马斯洛的影子在，无非更偏向哲学而不是心理学了。

越到后来，我解释心理现象时就越少弗洛伊德的成分，而越多生物学的因素。甚至后来我直接回到了达尔文的《物种起源》和《人类的由来》，我认为那才是最出色的心理学著作，不过需要被重新解释。

后来读到一本《进化心理学》，做的就是从达尔文的角度重新解释人类心理现象的好书，真正的科学派。但是，一如科学，少了深厚，少了丰富，也得警惕。方舟子们的问题，就是不知道科学的边界，不知道科学必须止步的地方，人类依然可以前行。还有一本《美德的起源》，不属于人类心理学，但受的启发很大。

假如只能推荐一本心理学书，我要么推荐马斯洛的《动机与人格》，要么推荐埃里克森的《同一性：青少年与危机》。《同一性：青少年与危机》是精神分析学派的集大成之作，把人从幼儿时期到晚年要遭遇到的心理挑战，做了认真的梳理。这当然是人为的模型，却是我看到过的最合理的模型。

以上书籍中，没有列出事实上对我理解生命、理解人类心理极其重要的动物行为研究、动物心理学研究方面的著作，我估计自己阅读过不下几十种。也没有列出许多很知名，但是对我没有产生深刻影响，或者曾经产生极大影响，后来觉得可以被替代就没那么重要了的心理学家，如罗洛·梅、罗杰斯、威尔伯、布鲁纳、阿德勒等，甚至许多心理学家我已经完全地忘记自己曾经深入阅读过其作品，受过他们的影响——不是他们不杰出，而是他们的药治不了我的病，或者说他们的食物，填不了我求知的饥渴。而最初几本也许并不杰出的小书，却因缘际会，烙印在了我当时还年轻的生命里。

读网十年，为何平庸

“为什么读了那么多精妙好文，我的思想依然不深刻，不犀利，不能发现事情的本质与真相，而只能随波逐流，接受别人的观点，让自己的头脑变成别人的跑马场？”

为什么？你真的这样追问过自己吗？一直保持这样追问，那么自我拯救还有可能。拒绝这样追问，那么余生安全、安静、安然，可以不起波澜地度过。

井底之蛙的成语谁都知道，但出了井的青蛙后来怎样了？答案是：它找了一口更舒适的井！

只要你在为自己寻找一口舒适的井，网络就根本不能帮助你完成思想进化。网络是什么都有的超级市场，但如果你害怕的是“需要自己去思想”，那么你就不会遇到思想。你会遇到老树画画，小鸡唱唱，中二笑笑，但就是不会遇到思想——万一不小心遇到了，你也许会这样评论：难看，不中听，为什么不好好说人话？

正是你每天乐于点击的舒坦文章，每天在哄骗这样的你：你的思想属于中产阶级，你的品位属于小资小众。

但真相却是：小众就是十万+，小资早已烂大街。

我第一次使用头条APP的时候，惊呆了，太牛了，每一条信息，都是我想要的。当我喜欢军事，所有关于军事的信息蜂拥而来，我越点击，就越军事。最近，我被网络军火商们彻底包围，草木皆兵……

然后我就想到，其他的人其实都一样，都被自己的选择规定着、束缚着、复制着。我们为自己筑了茧，再也看不到另外的世界。

为了赚取每天的羊肉烩面，我在微信公众号中插入了广告。然后有朋友向我告状，说某某某是个骗人的东西，你怎么替它做广告。我开始以为是腾讯的随机安排，就推卸说，腾讯怎么审查的，它放什么广告我不知情啊，我只是开放了广告位。然后，有人告诉我，每个人看到的广告并不一样，你看到的广告，是由你以前点击过的网页、文章所决定的——哦，可怕、可恶、可恨的大数据！

怎么挣脱自身？我愿意一万次重复推荐我的读书秘诀。作为一个没能在年轻时候进名牌大学读研读博的“中师生”，我和我的同学都有足够的智商，但没有接触经典、接触学术的机会，是我的阅读习惯把我从浪漫中拯救出来。

我的阅读习惯其实也很简单。在读一本不错的书的时候，一定努力寻找到作者多次引用的那个人、那本书，以及他竭力反对的那个人、那本书。这样我就至少获得了两本新的书，一本很可能比这本还高明、艰深，另一本很可能会打开另一种视角、另一个世界。

我从魏书生老师的书里读到了苏霍姆林斯基，因为前者反复引用后者，然后一个真正的教育实践家就走进了我的精神世界。

我把皮亚杰和维果茨基这对相反的思想都纳入了自身，不知是哪本书，把这对认知心理学领域的伟大冤家送到了我面前。

但最后，按图索骥，寻根问底，探本溯源，西方总是一次次绕到了康德、黑格尔、柏拉图、亚里士多德、海德格尔、尼采、雅斯贝斯等人那里，东方总是回到了孔子、庄周、老聃、荀况、王弼、慧能、朱熹、王阳明等人，以及清朝那些注释、训诂的高人那里。

所以，一生中读得最多的，还是这些“经典”“大家”。可惜，生命太短，那么多白雪皑皑的巅峰，此生来不及去一一攀登，有时甚至怀疑自己攀登上的那几个雪峰，是不是真正的主峰。

当年我刚上网的时候，还是BBS的时代。我只上教育网站，逮住任何一个愿意讨论学问的网友，就学，就问，问是追问、诘问、打破砂锅问到底。因为一个全新世界的开启，对我来说实在太震撼了。我原本以为外面的世界到处是修炼了硕士博士的高人，结果不小心差点成了那时候教育BBS的第一网红——因为热衷“吵架”而屡屡被围观，今天的教育界名人朋友，要么是那个时候不打不相识结交的，要么是他们看我被围殴却越打越强悍而认识的。虽然我现在已经绝不吵架、不太辩论了，但当年BBS老友相见，总怀疑我依然在偷偷盘算着批谁一通。

别人以为我在吵架，其实我就是实实在在地想学术争鸣——即使高度有限，但态度绝对是春秋战国时代的百家争鸣式的，或者魏晋时代的辩难问道式的。凡在争鸣中发现有什么不懂，似乎又很重要，立刻一边争鸣，一边下单，往往争鸣还未结束，书本的阅读已经开始。此生仅有的一点学问，十年山中岁月其实不到三分之一，网络五年，倒占了近半。

经典难啃？在争鸣的强刺激压力下，有什么书不能啃下来？

只有读美文、鸡汤文，才会舒适得昏昏欲睡、不再思考。真正的思想阅读必是一场斗争，所以我也从来没有企图让我的读者轻松舒服。

也许你所谓的精妙好文，就像好莱坞电影，都是针对你的“伪中产阶级”心理而精心炮制的“软文”，它知道你会点击，它知道你会赞同，它知道你会期待。因为它呕心沥血地让你舒服，让你舒坦，帮你发泄你的不满，帮你满足你的优雅，帮你自我认知是“少数”和“小众”，甚至，自以为是真诚的“学习者”——可哪有总是十万+的忠实读者居然可能是另类!

亲爱的老师，那本无用的书，我受用了一辈子

昨晚，和宝鸡市高新一中的部分老师共进晚餐，走进包间，看到墙上有一幅有趣的字，内容是：“郊外青草遍地生，露珠盈盈满草叶。有个美丽的姑娘，眉清目秀好动人。不期而遇见到她，与她同行共欢乐。”

写得如何？我觉得挺有趣，它的诗意，来源于真正的诗歌。我读了前两句，就确信它来自《诗经》，应该可能是那首著名的“有美一人”。一查对，果然如此。

诗经·郑风·野有蔓草

野有蔓草，零露漙兮。有美一人，清扬婉兮。
邂逅相遇，适我愿兮。野有蔓草，零露瀼瀼。
有美一人，婉如清扬。邂逅相遇，与子偕臧。

昨天刚到宝鸡时，吴文博校长向我介绍他们以海棠为核心意象的学校文化。为什么是海棠，吴校长说，和召公有关，召公曾经在本地的一棵海棠树下断案。

哦，原来书上注解为梨的甘棠，当地人却传说是海棠。究竟是梨还是海棠，我没法知道，而且认为并不太重要。不过我居然比较清楚地知道那首诗——这首诗并不“优美”，但就是那么奇怪，我居然记着它。

诗经·召南·甘棠

蔽芾甘棠，勿翦勿伐，召伯所茇。

蔽芾甘棠，勿翦勿败，召伯所憩。

蔽芾甘棠，勿翦勿拜，召伯所说。

我什么时候读的《诗经》？我们读书那个时代，怎么我碰巧就读了《诗经》？

那是师范一二年级的时候，语文教材里有《诗经》里的内容，我记得好像一首是“硕鼠硕鼠，无食我粟”，一首是“氓之蚩蚩，抱布贸丝；匪来贸丝，来即我谋”。

现在想来，我是真的觉得非常奇怪，为什么教材里选用的，不是“关关雎鸠，在河之洲;窈窕淑女，君子好逑”？不是“蒹葭苍苍，白露为霜；所谓伊人，在水一方”？

即使必须剪掉爱情，那为什么不是“呦呦鹿鸣，食野之蘋。我有嘉宾，鼓瑟吹笙”？

不知道是语文教材的编辑们太懂得少年们的心思，还是少年们读不懂教材编辑们的心意。反正，凡是学生可能喜欢读背的，就一定不在教材里；凡是能够把少年们远远推离原著的，总是最容易“中奖”。

也许真正把我导向《诗经》的，是金庸武侠中对《诗经》诗句的引用，又也许是当时流行的《在水一方》那首歌。再也许，是我们爱文学的语文老师，多说了一些《诗经》的好话吧。

然后，我就买了一本厚厚的《诗经》——有注释和白话诗译文。

于是我捧着这本属于自己的书，在教室里读。当时阳光灿烂，身边是一群同样青葱的少男少女，就像“国风”里的那些句子，新鲜得快滴出水来。

教我们文学和鉴赏的朱老师走过来，拿过我的书，翻了一会儿，沉默了一阵子，轻轻说：你还真买这样的书看啊，以后谁还会看这样的书呢？

我大概知道她的意思。这些古老的经典，仅有历史文献的价值，以后用到的可能性很小很小，差不多就是一本无用之书。

其实我不久就用到它了。恋爱时节来临，鸟儿们纷纷换上自己最漂亮的羽毛：体育健将的肌肉，乐队成员的乐器，文学爱好者的诗作……我引用过哪些《诗经》里的诗句，早已经忘得干干净净。但我知道，说“青青子衿，悠悠我心”，即使女孩子看不懂，也是听得明白的，而且不会立刻就落荒而逃——至少多了需要解释的那一阵子嘛。

年轻的时候就是喜欢《国风》，以及一部分《小雅》。那都是一个个个体自己的悲欢离合、爱恨情仇。

随年岁渐增，越来越重视《大雅》和《颂》，它们应该是庙堂、祭祀上的交响乐与颂歌（唱诗），周朝的人们，用它们歌颂祖先的伟业，不小心就记录下了当时人们劳动、庆祝、祭祀的诸多细节，是无可替代的珍贵史料。连同用诗歌美化历史本身，对我而言都是定格了的历史，并且如此影响了后来一切历史的历史。

因为自己在字源研究上的一些突破，忽然发现自己在许多首诗的理解上，也有了前所未有的突破——譬如“上帝”概念的还原，就能够让许多首颂诗“去蔽”，显现出大气磅礴、生机勃勃的本来面目。

而对《论语》中“仁”和“佞”的理解，以及“礼”的了解，反过来又必须借助《诗经》。

“汉之广矣，不可泳思；江之永矣，不可方思。”

《诗经》，不是像我这样偶然翻翻，就能够翻成诗人或者专家的，但在这汉语的源头活水里泡上几月、几年，一定会终身受用不尽——那是无用之用，就像阳光，或者新鲜空气，然后某一刻忽然想到、忽然写下。类似这篇不知如何安置的文字，随手丢弃在时间的河流里。

今天我们为什么读《论语》

一

在拥有了前所未有的物质财富和知识之后，现代人突然发现有一样重要的东西已经在不知不觉中消失了，而且想要再度找到已经极为困难。它就是可以称为“生命意义”的那种存在感觉，那种知道自己是谁、为何而活的感觉。

我相信，人类的财富和知识，将继续随着科技的进步与政治的改善而增长。但对于我们能不能比先辈生活得更幸福，或者说有更真切的存在意义，却并不敢保证。

你可以说以前的人们是蒙昧的，在许多事情上他们甚至是“无知”的。譬如连孔子、耶稣这样的人类智者，也都认为是太阳绕着地球在转。但是我们不能否认的是，在他们的存在感觉中，他们是有来处有去处的，或者说，他们是有根系的，是天空和大地的一部分。这种感觉可以让他们在同样本能地恐惧于死亡的同时，拥有一种无惧死亡的充实。因为对他们来说，自己的存在确乎是大生命中的有机组成，他们是承天命而来，受天命而去。你可以说那一代代人为自己的去世营造坟墓只是一种迷信，但是你不能否认在他们的存在内部，确实有着明确的意义感、充实感、永恒感。

这种感觉，是一种和更大的存在紧密相连的感觉。那更大的存在，或者是至高的神性，或者是辽阔的天空与深厚的大地，或者是一个悠久绵延的传统。而自己的生命就是从那里诞生，又最终归于那里；终其一生，作为个体的生命与那个大生命息息相通。

从这个意义上，我们也可以把现代人的意义感的丧失，形容为“失根”。当然这个比喻过度强调了大地意象，而对基督徒来说，他们的根系在天空。

二

在我们熟知的伊甸园的故事中，我们已经知道这个故事的最终结局：文本中的上帝早已经知道，发现赤身裸体的真相（失去神话和宗教的庇护）是人类的宿命。

人类不可能永远生存在无知而快乐的伊甸园中，在步出童年期之后，人类最终会发现一个事实：自己是自由的（裸体的象征），意义并不是先天赋予与规定的，上帝是可以违抗的，而自己同时也因此确实是孤独无依的存在。

失乐园其实并不是今天才发生的事实，只要有一个人醒来，发现自己的自由与无依靠，失乐园故事就会重现。我相信，这个故事在佛陀、孔子、耶稣、苏格拉底、柏拉图、王阳明等伟大哲人的身上都曾经发生过，也同样在罪犯、酒鬼、纵欲者身上发生过。只是从来没有像现代这样普遍地发生着。

在关于月球的真相如此快捷地摧毁嫦娥神话、在关于太阳的科学解释如此早地摧毁阿波罗神话的时代，连我们的孩子，也早早地在小学三年级左右，人的个体意识刚刚萌生的时候，就失去了人类的童真，被驱逐出了伊甸园。

三

在我看来，失去伊甸园纵然不能说是人类的一个进步，也应当视为人类的一次解放，一个宿命。（同时我会在教育学维度，强调保护儿童早期的伊甸园状态。）

虽然今天有越来越多的人重返教堂、佛寺，重返基督教和净土信仰，重新去相信上帝的慈悲与安排；虽然我相信这种重返与重信，不失为疗治现代性创伤的一剂良药；虽然人类也许确实没有强大到可以独自面对死亡而不得不仰仗上帝的力量……

但是我相信，自由毕竟已经来到，那种由一个或几个文本规定全部存在意义的做法，事实上已经不再可能。

我的意思是说：

人必得去寻找意义；

有两种赋予人类意义的途径，一种是先在的规定和“他力”的帮助，一种是后天去寻找，靠的是“自力”；

先在的规定（如基督教，如佛教的净土宗）是最安全可靠的，而后天的寻找是自由但并不可靠的，因为没有神可以保证你找到。

我并不反对净土信仰，我也极其赞赏基督信仰，而且我认为对大多数人来说，它们是找到存在意义感最便捷的两条途径。但我坚持认为，在现代之后，人类将最终只能依靠自己去重新找回意义。也就是说，我对现代条件下的神话信仰的纯粹性，表示一定的质疑。

四

我前面曾说，孔子、耶稣、苏格拉底，都曾在内心的深处，对存在的意义产生过深刻的质疑与追问——我并没说他们怀疑自己的信仰，而是说，他们认为信仰并不是那么简单的事。上帝并不在我们眼前直接显现、言说，我们如何能够知道自己所走的道路是正确无误的?

那些经典还存在着，而且世间有着许多宣讲经典和上帝的人，但是并不表示你照文句去行事，更不表示你照着法利赛人和教士的解释去行动，就是真正地信仰上帝，且能够获得存在的意义。

如果是这样的话，苏格拉底和耶稣都不会死去，而孔子也无须去重整经典，且讳言神鬼上帝。

在几大文化的开源处，那些文化典范的创始人已经以身作则地告诉我们：存在的意义，就在于传统（经典文本）与自身存在的交织处，并不是死抠章句，盲从他人就可以获得灵魂的解脱的，真正的信仰是怀着信任去独自远行，直至用生命印证到那个存在的真理。

他们把自己的感悟说出来，更活出来了。人们把他们的言行记录下来，成为经典，命名为《论语》和《福音》。但是渐渐地，这里面的精神丧失了，他们革命性的言行，再一次成为新的教条。于是我们就有了中世纪的故事和三从四德的封建礼制。

五

人类曾为自己创造了两种知识。一种向外，说明这个宇宙运行的规律的，包括我们生物性的身体也是这宇宙万物之一；另一种向内，是解释人的精神现象的，诸如信仰、理性、诗意、意义……这两种知识既是从同一个存在源泉冲涌而出的，又是始终密不可分的。我们绝不能说哪一种知识更高尚或更重要，而只能说，如果它们中哪一种知识出了问题，或者被忽略，或者独占人类生存的事务，那么它都将有损人类的幸福。

对某些宗教者来说，人类的幸福本就无关紧要，所以找到终极的意义就足够了。因此科学、民主、经济、国家，都只是毫无意义的世俗事务而已。但他这样说的时候，至少还会用别人布施或供奉的食物维持身体。

而在一个族群发展的过程中，有时候因为战争或者饥荒，人们被迫更为关注眼前的事务：如何对抗强敌，如何解决温饱。在这种时候，人们往往会暂时地认为精神之事只是空泛领域的无聊之谈。但只要他们一旦解决了最为紧迫的生存危机之后，衣食无忧的他们将时时面对终将到来的死亡阴影。他们最终必须要回答这个问题：存在的意义究竟在哪里？

一部中国近代史，中国人关注的重点就像是钟摆，像上面所说那样一忽儿左摆一忽儿右摆，但在根本处，两个问题都没有被完全放弃。如果说这几十年的改革开放在相当程度上解决了其中一个问题的话，那么另一个问题必将随之而成为关注的焦点。

六

中国文化在近几百年中的命运是十分尴尬的。

当希腊被罗马征服时，我们说那是野蛮战胜了文明；当宋皇朝被辽、金、蒙古不断侵略最终覆没时，我们仍可以说那是野蛮战胜了文明。

作为当事人，我们的文化中心（自居中国正统的部分）曾被北方的蛮族入侵（其实他们一直是广义中国的一部分，更不必说他们后来也融入文化正统之中），我们殊无骄傲可言，但多少还保留着一点点文明人的自尊。而对被罗马征服了的希腊，我们则会以一种崇敬的目光投射到他们的失败中去。

但是对数百年败北于西方现代文明的事实，我们并无任何一点骄傲可言。

我相信，世界上的许多文明都是在这样的西方强势征服前失去骄傲甚至灭亡，因为他们在根本上丧失了文化自信。丧失了这种文化自信的后果，是许多文明事实上已经彻底地消失——即使留下了语言的外壳，那也不再是一种能够原创出文化的、有生机的文明。

七

但是语言真的只是一套可以任人使用的外壳、一套可以承载任何信息的工具吗？

我们的唐诗宋词，只是古典韵律的优美吗？

我们的道家的神秘、兵家的智慧、儒家的正义、禅宗的灵性、书法和国画极高的抽象美，那些在历史上曾经创造出无数传奇的前辈，都只是无意义的语言外壳吗？

基督神学或者民主政治，可以帮我们本真地理解《山居秋暝》中的满盈之“空”，帮我们理解《春晓》中的寂静之“觉”吗？可以帮助我们理解《正气歌》中赴死者的勇气与信心吗？可以帮助我们理解王阳明在临终前“此心光明，夫复何言”的宣告吗？

难道那些创造者，那些信奉者，在此之前的创造和信仰，全是无根据的盲目、无价值的冲动吗？

答案当然是不。在许多年前，中国人中极少有人有这样的文化自觉（梁漱溟、熊十力、牟宗三等人可谓文化的先觉者）与文化自信，有人甚至错误地认为只有将中国文化全部根除干净之后，才能够获得拯救——当然他没有问自己，那时候被拯救的究竟是什么，当文化与文明已经不再存在的时候，还谈得上中国被拯救吗？那只能说，这片土地成为西方世界的延伸与扩展。

那时候，除了地域意义上的“中国”二字，将不复有文化中国的概念。唐诗宋词，诸子百家，那些历史英雄传奇，文化先知们，就当成考古学，或者外国的神话故事去课外学习吧。

这将是超现代版的大同世界，是一个国家的文化人自觉割断文化历史，而用一个尺度拉平所有人类文明的尝试。

八

但只要语言还活着，神话传说还活着，唐诗宋词还活着，儒的精神、道的智慧、禅的灵性还通过人们使用的语言而存在着，文化就是一个有机的生命，它会呐喊着、挣扎着让自己存在下去。

如果这种文化确实是非人性的，确实是无创造的，确实是和未来的世界格格不入的，那么无论它多么努力地呼喊、多么恳切地哀号，它也不配在未来的世界上存在下去。它只配像古埃及的木乃伊一样，供奉在博物馆里供人们瞻仰。

于是在许多人仅凭文化的疾患处、臃肿处、腐烂处得出中国文化无可救药的同时，另外一些人不相信一个曾创造出绚烂物质文明和精神文明的文化，会在根本处就是错误的。

在西方，基督的精神也曾经被教会组织蒙蔽住，好在人们不曾因为教会的错误，而否定基督的精神和整个基督文明。于是在某种程度上，它一次次地复活着。

中国文化也不能仅凭它闭关锁国之后的丧失活力，就武断地认定它无价值。

于是越来越多的人开始追溯到中华文明的源泉处，去寻找那曾经创造不息的生机，和它一次次地被遮蔽，以及一次次地重新涌现的契机。

除非我们找到一个清澈的源头，理清它被一次次遮蔽和疏通的历史，否则我们或者盲信自己的传统，或者武断地否定自己的文化根源，在两种狭隘之中来回奔徙，往返无已。

九

如果把神话只当成是虚构的故事，悬置在文明的起源处，那么我们狭义意义上的中国文化，事实上是从商周文明，以及周公和孔子处开始的（我们依从一种把《道德经》的诞生放在孔子之后的学术传统）。

如果说《易经》是中国人的《旧约》的话，我们可以说《论语》就是中国人的《新约》。

“旧约”告诉我们宇宙的诞生，人类的诞生，以及祖先的历史；“新约”告诉我们何者是正义与公理，人类如何依靠内心的信念在这个世界上生存。

在耶稣说“你希望别人怎样待你，你就怎样去待别人”之前，孔子就说过“己所不欲，勿施于人”“己欲立而立人，己欲达而达人”。他用这两句话，表达了“仁”的两重含义。

在《旧约》和《新约》中，一以贯之的，是“信”。

在《易经》和《论语》中，一以贯之的，是“生生不息”的精神。

因为“仁”，就是不麻木（麻木不仁），就是生命的恻隐心和同情心，就是立己立人的责任心，就是生生不息的宇宙精神在人身上的体现。这是儒家，或者说中国先人所体悟到的存在真理。而道家所说的“自然”，也只是对这种宇宙生机的有益补充——我曾经考证过“自然”的原初含义，它就是让万物以自己本来的样子涌现于世间。

另外，彬彬有礼、孝悌、忠信、社会正义，都须建立在这个“仁”和“生生不息”的基础上，才有生机与意义，否则就成了一张没有灵魂的死皮。

十

但是孔子的伟大，正和耶稣或者苏格拉底一样，他们都不是哲学论著的撰写者。我相信他们会对今天许多哲学教授的生涯嗤之以鼻，因为他们的真理性，就是他们的全部真实存在。

如果悬置死后复活的传奇，那么这三个人（还可以再包括佛陀等人）将是何等相似。在佛陀和耶稣被门人神化，成为教主的同时，苏格拉底和孔子依然以人的真实面目，成为后世仿效的榜样。

也因此，在阅读《论语》的时候，我们不是在阅读一本书，而是在读一个活生生的人，一个创生出中国文化之根源的罕见者。

我们没有必要把《论语》和孔子神化，在一个人格之神毕竟已经只能作为神话存在的时代，人性而不失神圣人性的孔子，将比一个神人或圣人，更能够引领我们步入创造与寻找到存在意义的道路。

如果说真理是一不可思议的“大全”的话，那么体现真理性的历史人物，同样是那不可思议的“大全”。我们可以视孔子是存在真理在他身上实现的结果，按照月映千川的体用原理，这个存在的真理既是那绝对的大全，同时也是那特定的境域、际遇、时空、历史。

因此我们在阅读中，对这个“历史的真理”不得不小心地察看，这里哪些只是境域的因素，哪些才是真理。譬如当年的服饰与仪礼，就只是一个特定的境域，但人与人相处，人与历史相处，却须凭着一定的仪礼（包括服饰），这却是一个超越历史境域的真理。

如果不知道这一点，我们可能会把孔子的一切神化，而唯独没有看到真理本身。

十一

面对经典，中国古人有“我注六经”和“六经注我”的说法。这也是西方解释学上的两种对立：“文本中心”和“读者中心”。

前者想要严谨地得出文本绝对真实的原初意义，后者认为意义终归只是“我”赋予文本的。它们都说对了一半。阅读的意义，既不是文本先在规定而且自动赋予的，也不是读者后来强加而且可以随意而为的。事实上，阅读是一种超越时空的共同存在，文本以及隐匿了的书写者、言说者，凭借着我们的重新言说与书写而复活，我们凭借着对文本的阅读而步入一种存在的澄明之境。

所以，标准既不在文本里面，也不在读者里面，而在那个重新创造出的意义上面。

美妙的阅读，会有一种存在的意义感流动于阅读和对话行为之中，这时候，文本和我们一齐澄明、畅亮。

而这既不是文本在言说，也不是我们在言说，而是那隐蔽了的真理，现在通过阅读这一行为，而重新出现在此时此地。

所以，我们的《论语》课程，不是训诂学的考据，不是古典解释学的章句，也不是文化批评者的用另一种观点贸然攻击的行为，而是一种欲通过阅读，让隐蔽的真理重新在阅读中显现的创造。

它需要训诂、考据、章句、义理，但是更需要文本和我们共同向着今天的存在境域敞开自己，道出自己。

十二

无论是从“天”（天道、天命）的概念，还是从“仁”（礼、孝悌、信、义、恕、忠）的概念，或者“乐”（悦、和）的概念，我们都可以借此步入孔子的世界。

但是我们在这里要千万警惕用单一的标签，去形容一个神圣的大全。

我的意思是说：把这种存在描述为“乐”或者“逍遥”，事实上彻底地丢失了这一文明创造之初因感受到“天命靡常”而产生的“敬畏”与“忧患”；把儒家文明视为只求内在超越的宗教性追求，又丧失了它直接作为文明创造者的博大与精微。

也许我们将不得不通过“乐感”（孔颜乐处）、“内在超越”等词语来重新理解孔子、《论语》和原初的中国文化，但是我们在使用这些词汇的时候必须清楚，这不能不说是一种窄化，而存在的大全，却并不会因为我们的这种窄化而不复存在，只是它将不复在我们自身的存在中生机盎然地涌现。

当然，源泉毕竟还不是江河本身，更不是大海本身。我们从源泉处找到它的清澈，只是因为我们已经浩浩荡荡地穿越了数千年，作为一条宽阔的大江，它既想知道那源头活水，又想知道它沿途的汇入，更想知道它将贯注而入的大海。

于是永恒的返回就是永恒的前行本身，在存在中，时间并不是单维的。

真理总是一次次地在特定的境域中重新涌现。在遮蔽与沉沦之间，历史并不是简单地进化或者退化，而只是当下的我们自己，究竟是那沉沦者还是涌现者而已。

2010 年 1 月 31 日于扬州宝应

在教育的暗夜里想起孔子

我从不讳言自己是苏格拉底、柏拉图、亚里士多德、黑格尔们的“学生”，我思想的基因里，他们的编码清晰可见。

但同样显而易见，庄周、孟轲、慧能、佛陀……尤其是孔子，才是我个人，以及我们语言文化基因的主要来源。

我们的诗意，我们的德行，虽然被元明清以来的政治压抑了，但纵观始末，对比全部人类的历史事实，它们依然值得尊敬，值得守护，值得弘扬，值得在未来的思想和文化基因库里，作为最优秀的原始品种，备之于创造和继承！

我所认识的孔子，和所有的文明缔造者一样，是一个双面人：热衷于保留过去的美好，却无意中摧毁了过去，创造出一种全新的思想，缔造了全新文明的最初模样。

犹如犹太人耶稣真诚传播犹太人的耶和华，却因为用爱和宽恕替代了仇恨与报复，用信仰替代了血统，所以他创造了新的宗教，缔造了新的文明。

犹如希腊人苏格拉底坚信希腊宗教的神明，却因为不相信一切神明在人世间的代言人，所以他最终弑杀了希腊诸神，率先体现了人类个体的自由和解放。

孔子信奉周朝的礼乐——作为殷商贵族的后裔，他毫不犹疑地选择了更为文明、更为美丽的周朝礼乐制度。文明和美丽是孔子做选择的标准，而不是血统纯正，或者力量强悍。

虽然捍卫贵族的传统——我赞同孔子，贵族制度并非一种过时落后的制度，更不是一种罪恶与丑陋的制度——但孔子和其他文化先知一道，篡改了“君子”和“小人”的本义，而赋予它们以积极的价值。君子的本义是君王之子，即今天的王子，相类似，公子是诸侯没有继承王位的儿子，公孙是没有继承大统的孙子。而越来越边缘化的子孙，当五代血缘耗尽，自己又没有获得权力和财富，那也就沦落为“小人”：丧失了贵族身份、贵族权益、贵族资本的贵族的后裔，已经不再是贵族！小人，仅仅高“民”一筹。在那时候，“人民”并不是一个词语，而是两个词语：人，是有姓有氏的贵族；民，是没姓没氏只有绰号的奴隶。所以“百姓”不是平民，而是诸部落首领的意思，都是有身份的贵族。当然，只有一个姓才是最尊贵的王家之姓。

即使是王族后裔，几代之后，也不再享有这个姓氏及其尊荣，而必须拥有自己新的姓氏。所以，君子和小人，完全是血统的尊卑，加上当世权势大小的体现——无论血统距离中心已经有多遥远，只要通过努力重新拥有了大夫等贵衔，也就是重新跻身于君子之流。

但是孔子却说：不是只要是贵族，就是君子，而是只有道德品质高尚，才算是君子！不是出身卑贱就是小人，而是道德品质低下，才是小人！

振聋发聩，惊天泣地！也许你不再有如此感觉，那么你去印度走走，看看一个婆罗门和一个首陀罗的区别，是不是个人道德品质的区别。

“天不生仲尼，万古如长夜！”

不生仲尼，还会有伯尼、叔尼。但照亮一个民族的精神之眼，终归需要有那么一个人！他恰好就是孔丘仲尼！

他，用每个人内心可以拥有的“仁”，替代了外在的“礼”——虽然他从来都强调礼的绝对重要性，但从此之后，一个从来没有人品味过的“仁”，就此成了文化之魂魄，文明之精神！

他一心想在现世功成名就，但又没有办法屈从于外在的力量，所以他没有成为那个最伟大的政治家，却因为相信时间和岁月，相信教化的力量，成了所有时代里最伟大的教育家。

他是音乐家，是武术家，是驾驶高手，是舞蹈家——他把生活里的动作化成了美妙的舞蹈，《论语》几乎有整整一章在讨论这种根本不可能用文字传达的美妙技艺。

他有偏见，有偏爱。他对宰予们的偏见，对颜回们的偏爱，都证明他是一个活泼泼的人，而不是一个绝对正确的神。

他曾经被权力诱惑，他曾经被世外高人冷嘲热讽，他曾经迷失过方向……更重要的是他从来没有展现过任何“神迹”！

他没有化水为酒，没有在水面上站立，没有通过触摸治疗过皮肤病人……甚至面对暴力，他也只能够“不立危墙之下”，或者“乘桴浮于海”。

但是，这就是我们可能的人的模样，君子的模样，圣贤的模样。

让亚伯拉罕的后裔们嘲笑东方先知的“无能”吧，确实，这仅仅是几千年前的精神光芒，而且一再被遮蔽，一再被歪曲，一再被涂抹和利用，被专制强配，视等同于软弱……

但是，他“己所不欲，勿施于人”的道德金律，“己欲立而立人，己欲达而达人”的教育金律，即使在我们这代人的时代最终一无所成，还将依然会成为未来人类最宝贵的财富（之一）。

2018年9月28日，车次杨陵，姬水河畔，后稷故土，为最美丽的教育奔走一二，忽想起今日是孔子诞辰日（是否真是这个日子重要吗，反正我们总得有一个日子来纪念文化里最伟大的英雄），于是随手随心，简书一二，聊表心意。

在知无知邂逅诗人弗朗西斯·雅姆

2019年10月13日下午，去西安文化地标知无知，听谌洪果老师导读黑格尔《哲学史讲演录》——其实呢，就是去呼吸一下特别的空气。

和往常一样，免不了又一次思想碰撞。尤其是在这个特殊的时刻，东方中国究竟路在何方，黑格尔们的西方思想是否还能滋养自卑而自大的国人？一切悬而未决，但保持在思想和对话的路上，一切就还有希望。

傍晚读书会结束，欲回渭城，有朋友挽留，说晚上有个诵诗会，请我们参与。于是，就不小心邂逅了法国诗人弗朗西斯·雅姆（1868—1938），和他天主教气息浓郁的乡村诗歌。

对我而言，这才是一场遭遇。

黑格尔是我熟稔的大师，而且哲学的上帝概念我从来不觉得生硬——不就是绝对精神吗？它和生生不息的天道，并不构成冲突。

可是，雅姆的诗歌就不一样了。每一个词语，每一个意象，都冲击着我的常识——除非我暂时放下自己，否则我什么也听不见，但却明明感觉遭到了冒犯：被最宁静、最谦卑的诗人冒犯。

朋友们诵读的诗歌中，至少有两首诗提到了驴子。正因为我写过《何故作驴鸣》这篇诠释本土文化意象的文章，所以，倔强、孤傲、悲愤这些气息，比别人更清晰地围绕在中国驴子的周围。除非我忘却这一切，静静聆听雅姆诗歌中的驴子啼唤，记起耶稣所骑坐的驴子，记起一个叫希梅内斯的西班牙诗人，也曾经养过一头小毛驴……

而这仅仅还只是开始，只是可以开始进入雅姆的诗歌。

从晨祷到晚祷·致辞

我的上帝，你在人群中唤我
我来了。我受苦，我爱。

我以你赋予我的声音说话。
我以你教我双亲，
而他们也传给我的文字写作。

我像一头载货的驴子，
走在路上，受孩子们揶揄，
也被他们摸头。

当你愿意的时候，我就前往
你要我去的地方。

祈祷声响起。

（莫渝　译）

瞧，就是这样，驴子的意象承载着不同的文明，除非我从陆游和朱耷骑坐的驴子上下来，否则我听不懂雅姆的诗歌，但我听懂的那一刻，雅姆式的天主教泛灵论，就冲击着我感受世界的方式。

这是一份礼物，一场筵席，也是一次争执，一场艰难的犹豫不决。

为了接受一份突如其来的礼物，我必须静下来，像雅姆那样去聆听，把树林中的自然之声，理解为万物的祈祷——必须认为它们比人类的祈祷更虔诚、更纯洁、更接近天国的声音。

天要下雪了

几天内就要下雪了，我想起
去年的今日。我想起火炉角上
我的哀愁。假如有人问我："怎么啦？"
我将回答："让我安静，没什么。"

往年，我在自己的房间里深深地思索，
当外面大雪沉重地降落。
我无端地思索，而今就像当年，
我吸着带琥珀嘴的木烟袋又开始思索。

我的老栎木柜橱仍旧散发着芳香，
但我却愚木起来，因为这些东西
总是一成不变，因为我摆出
想把我知道的事情全部赶走的架子。

我们为什么要想，要说？真好笑。
我们的泪我们的吻它们不说话
我们却懂得它们，一位友人的
脚步比甜蜜的话语还温存。

人们给星斗洗礼，不用想
它们不需要命名，美丽的彗星
在夜空出现的次数的数字
对它们并没有任何的压力。

而今，我去年的古老哀愁
何处去了？它们只给我留下朦胧的影子。
假如有人来到我的房间问我：“怎么啦？”
我要说：“让我安静，没什么。”

（葛雷　译）

雅姆的诗歌世界里，不是没有了语言，也不是要那种丧失语言的绝对安静，而是强调：人类除非闭嘴，否则就听不到上帝的声音——上帝借万物而言说，每一颗星，每一朵花，甚至我们的悲伤和眼泪，都可能是上帝言说的词语。诗歌，悖论地用词语指向无言，指向宁静。

但雅姆说，人类依然可以应和自然的祈祷，伴着树林的祈祷，开始舞蹈和歌唱——这是词语原本开始的地方。

每个礼拜天，树林都在晚祷

每个礼拜天，树林都在晚祷。
人们将要在山毛榉树下跳舞吗？
我不知道……我又知道什么呢？
一片叶子从窗檐落下，
这就是我所知道的一切。

教堂。人们在歌唱。一只母鸡。
这个农家女人唱了歌，多好的节日。
风在蓝天上滚动，
人们将要在山毛榉下跳舞吗？
我不知道，不知道。

我的心充满忧愁和柔情。

人们将要在山毛榉树下跳舞吗？
但是你知道，每个礼拜天，树林都在晚祷，
想想这些，这就是诗人吗？
我不知道。我又知道什么呢？
难道我看到了？难道我在梦想？
哦！阳光和这只善良、温柔又忧郁的狗……
这个小小的农家女人，
我对她说：你唱得真好……

人们将要在山毛榉树下跳舞吗？
我想要做，要做那人
像一棵树摇落它的珠果
慢慢地让他的忧愁摇落，忧愁，
仿佛这晚祷中的枝柯

（徐知免　译）

其实，诗人不是在反人类，也不是在反语言，而是强调了聆听和沉默在人类语言中的核心地位。

我们漫不经心地活在密密麻麻的语言里，我们被语言包围，又制造着太多语言，层层叠叠地包围自己和别人。

我们用语言描述、指称万物，但语言本身早已经不再是一种揭示，而成了遮蔽。就像“宝马”一词，对我们而言已经不再是一匹生死与共的马，一个忠诚可靠的战友，而是一辆奢华的汽车。

但是，如果我们像自然万物那样，质朴地对待自己，对待异性，对待世界，那又会怎样？

雅姆的爱情诗，尤其是写少女的诗歌，就像希腊雕像的裸体那样：纯洁地裸呈，安静而热烈。就像亚当和夏娃一样——不，甚至比亚当和夏娃还自然，它没有淫荡，只有原初情爱与性爱的纯净。哦，纯净或者淫荡，不都是人类加诸自然身上的词语吗?

显然，无论雅姆自己有多深的自我觉知，他已经是一位诗人中的诗人——也就是对诗歌的语言本质进行沉思、进行表达的诗人。

他既担忧语言的无能，正是词语才造成了对万物的扭曲，但他却又创造出新的语言，试图把人们从日常语言的遮蔽和无明中拯救出来，带向原初的聆听和观看——直到有一天人们把他创造的词语也扭曲成对事物的遮蔽。

结束诗会，我不得不真诚地向诗人弗朗西斯·雅姆致敬，感谢他再度用诗歌向我提醒：要对日常词汇保持警惕。

但我也只能就此擦身而过，不能过久地停留在雅姆的世界里。

因为，一首诗就是一个诗人所有的诗，也就是一个完整的诗人，一个完整的异世界。对一首诗真正的聆听和阅读，要求我支付这样的代价：我必须暂时放弃其余，才有可能听到另一世界的召唤。

其实安详地睡在别人的语言家园里，这正是灵魂渴求的幸福。我们中许多人，不就在唐诗宋词里，沉睡了千百年吗?

我可能已被驱逐到旷野，除非找回自己的语言——如果语言确实就是存在的家园——否则不得栖居，不得安眠。

一个不是诗人的讲话者、书写者，又如何可能拥有自己的家园?

但谁说写着长短句子的那些人，就是诗人?

为万物命名，为词语去蔽者，才是本真意义的诗人。

去成为一个本真的诗人，聆听万物，在自己的世界里，如此吟唱。

孤独地创造“诗化世界”
——读海子《活在珍贵的人间》

海子原诗：

活在这珍贵的人间
太阳强烈
水波温柔
一层层白云覆盖着我
踩在青草上
感到自己是彻底干净的黑土块

活在这珍贵的人间
泥土高溅
扑打面颊
活在这珍贵的人间
人类和植物一样幸福
爱情和雨水一样幸福

海子，一个以痛苦为食的诗人，幸福于他，总是可望而不可即。诗人是得不到世间幸福的可怜人吗？诗人之痛楚，是工资不能比别人更高？是恋人不能比别人更美？是车子或者房子不能比别人更昂贵？

也许，诗人确实得不到这一切。但诗人不是因为得不到这一切而成为诗人，诗人是因为这一切里找不到他想要的价值，而去其他事物寻找。

更高的价值在哪里？

经无数辈人的努力，宗教和哲学已经为我们创造了一个超越世界（也是超验世界）。也就是说，那是理念的国度，是道或者梵的世界。感性之物不可以进入那个世界，因为爱恨、冷暖等凡人的感受，正是它们带来了痛苦，只能留在这个必将消逝的低级世界。

信上帝，得解救。永恒的幸福就是不再为尘世的痛苦而痛苦。

但是海子说：活在这珍贵的人间！

太阳，水波，白云，青草……这一切和小学生作文相似的意象，为什么在此刻有了动人的力量？！

这个赋予平凡意象以力量，打动读者的东西，就是诗歌的奥秘，它一部分珍藏于诗歌本身，一部分蕴含于所有海子诗歌的互文，而最大的力量，源自海子的献祭——一个如此幸福的人为何自杀？难道这是谎言？或者，这真心的话语里总泄露着一些什么？

"感到自己是彻底干净的黑土块"，一些读者把海子解读为大地诗人、泥土诗人、麦地诗人。这当然是对的，大地总是海子最深的慰藉，但逗留于大地，海子就不可能是一个真正意义上的创世纪诗人。

从超验世界逃逸，认识到尘世乃是我们唯一的真实世界，这种觉悟既带来幸福，又带来痛苦。

从尘世上升，追寻远方之远，天空之高，这解除了认识到尘世是唯一真实世界的痛苦，带来了暂时的慰藉，却又带来更深更远的痛苦。

海子的诗歌，有一些逗留在前者，有一些刻意表达后者。

在后一类诗歌，大地与天空对峙，诗人在大地和黑夜里找到安宁，却最终不得不走向远方，走向高处。

在前一类诗歌，诗歌仿佛是纯粹的幸福，单纯、简洁、干净、明白：

泥土高溅
扑打面颊
活在这珍贵的人间
人类和植物一样幸福
爱情和雨水一样幸福

诗人仿佛常人，从自然的恩赐里，感受幸福，在挥汗劳作里，放置自己，获得珍贵的、暂时的安宁。

为什么相似的意象会有不同的深度？甚至，就语言的强度（力量）就有天壤之别？

因为这是寻找后、斗争后、否定后才被确立的美丽意象，这是放弃了整个天国和远大前程，才发现的真实的“珍贵”。

它不是老生常谈或者泛泛而谈，不是抄袭老师的讲话，或者课本的陈言。

这是找遍宇宙，最后发现的美丽与珍贵。在绝对的价值上，此刻诗人确实认识到泥土比黄金珍贵，成为泥土确实比成为人类幸福，而“此刻”，也比“永生”更有价值。

谁有这样的觉解，谁就能赋予草木以诗意，乃至力量。

但是，正如它雷同于语文课堂上的“闲言”，感性世界是唯一的世界，也正是最平庸的世界！

从否弃超验世界，回到感性世界的觉悟，这是诗意。但逗留于感性世界，就往往成了沉沦。所以诗人必须在保留感性世界，感谢感性世界，把感性世界赠予“亲友”的同时，孤独上路，去寻找，去创造“诗化世界”。海子的一生，就是开辟了这样的道路。

所以，眼前的幸福乃是短暂的幸福，昙花一现，无比珍贵。

它是存在的闪光，幸福的流星。如果它不寂灭，不消失，不超越，那也就太寻常，太平淡，自己消解了诗意。

在英雄周围，一切必须成为悲剧。

第四辑

让我们来谈谈电影

《海蒂》：教育与天性的永恒斗争？

《海蒂和爷爷》，不如原名《海蒂》。因为它并不是一部亲情片，而是一部通过八岁女孩海蒂的成长，探索教化与人性之矛盾张力的概念片。

电影的剧情大致是这样的：

海蒂被姨妈送到阿尔卑斯山，与脾气古怪的爷爷同住，因为姨妈无力也无心再养育这个可怜的孤儿了，她们都得去寻找自己的生活。

海蒂的姨妈，一个从乡村艰难攀爬到城市的女人，一身城里人打扮，却掩盖不尽生活的艰辛。

当海蒂随姨妈爬山时，因为炎热，海蒂把一身笨重的城里服装脱去，只剩下轻便的内衣，敏捷地爬上山坡。姨妈当然是不敢也不肯脱去这一身衣服的，那是她过去努力所得的唯一见证。

海蒂的爷爷是一个古怪老头，仿佛敌视现代文明似的，一个人生活在高山上。但高山上的风景确实美极了！高原植被，深蓝的野花，深灰的山岩，高耸的雪峰……然后是黝黑粗笨的木屋，不规则石片做的屋瓦，和山岩、枯木一样沉默的爷爷。

爷爷一心想把海蒂送给别人，甚至交给孤儿院。但仅仅三天“试着在一起”共同生活，爷爷就接纳了海蒂——因为海蒂带来了欢乐，或者，是因为海蒂在山里的生活居然也是欢乐的。

海蒂的欢乐，一半是因为爷爷和阿尔卑斯山，另一半是因为“羊将军”彼得，一个笨笨的、憨憨的牧羊男孩。

如果故事到这里结束，那就什么也没有发生——没有发生过叫故事的故事。

正当海蒂渐渐融入阿尔卑斯山，和爷爷、彼得、山下的村民、山羊们，尤其与美丽却高冷的阿尔卑斯山彼此驯养、逐渐融合时，姨妈再度回到山里，向爷爷索要海蒂。

原来，她新工作的老板有个双腿残疾的女儿，需要一个更有活力的小女孩伴读。

爷爷知道海蒂需要伙伴，需要读书，但他可能并不认为，眼前这个“女儿”的生活，就是理想生活的模样，是海蒂应该去奋斗的生活。他愤怒地拒绝了！

姨妈偷偷找到正在放羊的海蒂，告诉她爷爷希望她离开。然后，就偷偷带着海蒂下山，马车换火车，从瑞士来到了德国工业城市法兰克福。

然后，她遇到了高冷、刻板，全力维护着贵族式尊严的女管家和至少表面上干净、古板、机械的男仆和女仆，以及坐在轮椅上的同龄小女孩克拉拉。

克拉拉家的生活如果用一个词形容，那就是“精致”：以城里上等人的标准，一天天复制着那种生活。

从衣着、吃饭、口音，乃至走路的方式，海蒂都需要被重重地规训。

而作为伴读者的海蒂，居然不认识词语——不，甚至连一个拼音也不认识。

但克拉拉和海蒂相处得非常好，她们就像是在一面神奇镜子里看到了截然相反的另一个自己。她们在一起的日子，免不了有许多故事，尤其是免不了闯祸——闯祸，不仅是电影需要，更是童年必需。

一个最富教学启示的故事，是海蒂学会了阅读，她完全按我这十多年来坚持推广的方式，学会了阅读！阅读不是拼音，不是识字，语文教育不能分解为拼音和字词并从这里开始！一切需要从故事开始，而故事必然是一个整体的文本，而且切中儿童的灵魂。至于细节嘛，不剧透了！

但是，影片中最最睿智的克拉拉的奶奶看出了海蒂灵魂上的空虚，提醒克拉拉的父亲，不要为了克拉拉自私地留下海蒂，应该把海蒂放归山林。

在发生了一些耸人听闻的故事后，海蒂终于告别了克拉拉，回到了阿尔卑斯山。

而这时候，彼得和他的同龄人正在被新开辟的乡村学校的教育教学所“摧残”。老师问大家的志向，所有的孩子都以父母为榜样：放羊，种田，做铁匠……海蒂的理想是“写故事”，一种乡村和城市都会觉得匪夷所思的人生。

海蒂和克拉拉保持着书信往来，海蒂快乐的高山生活，终于吸引了克拉拉。她克服重重困难，和奶奶一起来到了阿尔卑斯山。睿智的贵族奶奶把克拉拉独自一人留下来，寄养在海蒂家。

现在，是克拉拉必须学会另一种生活了——不，是暂时放下文明，原始地、本真地开始生活：脱掉沉重的礼服；不用精致的餐具，直接用碗喝羊奶、用手撕面包……

彼得一时嫉妒，把克拉拉的轮椅推下坡，结果轮椅坠崖摔成了碎片。于是在许多必然的细节之后，克拉拉终于站了起来——如许多懂电影叙事的观众所猜测的那样。

后来呢？

后来克拉拉穿上礼服，撑起小伞，被山民抬下山，回到她的法兰克福。而海蒂，继续牧羊，读书，写故事……

你遗憾吗？为克拉拉再度回到精致如牢笼的工业城市？或者，为海蒂依然生活在贫困、贫瘠，甚至愚昧的山野？

是的，电影并不是单纯地谴责文明与教化，谴责教育对人性的压抑——我相信许多人会这样误读，因为至少导演使用的象征系统，必然导致此类误解：

壮阔美丽的阿尔卑斯山，呆板毫无生机的法兰克福城；

来自山里活泼泼的海蒂，来自城里连行走也不能的克拉拉；

那只爷爷雕刻了送给海蒂的木头鹰，作为自由的象征，从头到尾飞翔在电影里；

城里衣服象征着步履艰难的束缚，乡下衣服象征着尊重人性的灵活……

一切此种“城市 VS 山野”“规训 VS 自由”的象征中，克拉拉的轮椅，毫无疑问是最刻意的象征——她的残疾就是丧失了母性之爱的保护，被刻板的礼仪、知识强行归化，最终丧失了自己去感觉的能力，成为生命或者存在的残疾者！而后来，她在阿尔卑斯山被迫只靠自己的感官去感受，于是反而复活了用身体去感知的能力……

一切知识，如果不是从切身感受而来，都是诅咒，都成摧残！

但是，还有彼得们！彼得们提醒我们，没有教育、教化、现代文明、贵族文化，生命就可能锁闭于狭隘，以为山沟沟就是整个世界，以为牧羊就是唯一可以梦想的幸福生活。

彼此各为远方，唯两个世界的穿越者才拥有整个世界（但姨妈为什么不是呢）。

所以我说，其实电影里有三个世界，三种人生：彼得们代表的原始世界；女管家们代表的教化世界、异化世界；海蒂和克拉拉的奶奶所代表的“原初文明世界”，自然与文明的完美融合，人性与教育的相得益彰。

不妨类比，电影里的冲突，就像被儒教礼制、三纲五常束缚的异化世界，和未被儒家文化熏陶的少数部落，以及孔子、孟轲、朱熹、王阳明等少数人所体现的“原初儒家精神”。基督教文明，也有相同的历史。

所以我说，这是一部概念片，它思考的乃是“文明及其不满”，是关于教化、教育的永恒悖论。

剧透过多了，点到为止——好在不是情节片而是概念片，透露些情节也无伤大雅。但鉴赏也得点到为止，留待你用文字来与我“争鸣”，或者，默默在电影情节里“共鸣”。

每个人都曾穿过那幽暗的小巷

——观影《奇迹男孩》

奥吉和他妈妈

所有的故事都已讲过。重新讲一遍，只是为了把重要的事情再强调一次。

《奇迹男孩》，就是最新版的《丑小鸭》，或者残面人版的《天虫》。

男孩奥吉在父母和姐姐的期待中出生了。不幸的是他需要做无数次手术，才能活下来，而且脸部依然严重变形——变形到能够吓哭陌生小孩。

这一次，鸭妈妈没有抛弃丑小鸭。她放弃了自己的学业和事业，全职照顾儿子，并且亲自教他知识，一直到小学四年级。然后，一家人战战兢兢地把奥吉送入了中学预科学校。故事的主体部分就此开始。

电影结尾处，奥吉被评为学校的年度杰出学生——标准的白天鹅式结局。但原因却比较特别，校长说，表彰他，是因为他的到来，学校里的许多同学学会了爱。

所有的情节你都可以想象得到，这不是一个全新的故事。

不同于《丑小鸭》的，是电影视角的延伸，从主角向配角延伸。而这，才是屡屡打动我的地方，也是真正能够揭示故事意义的关键。

姐姐维娅

姐姐维娅，天使一般善良和美丽的女孩。她四岁生日时，许愿要一个弟弟。而当弟弟奥吉来到世间后，她就成了被冷落的“灰姑娘”。父母的心思全部被挣扎在生死线的儿子所吸引，维娅成为最懂事的女孩，自己照顾自己，独自一人学习……除了唯一的朋友米兰达。

当弟弟奥吉上中学预科的时候，维娅独自一人进了高中——但是，曾经的密友米兰达更换了发型，对她形同陌路。维娅一个人，走在孤独的小径。父母不曾注意到这些，因为奥吉去上学的开头几天，注定会有风波和事故，没人会想到，哪怕长着一张健康的脸，因为性格、习惯等不可预测的原因，仍然可能会成为人群中的孤独者。鄙视和漠视，究竟哪一个更伤人？

姐姐维娅的唯一密友米兰达

米兰达，父母离异，母亲酗酒，她羡慕维娅有一个美满的家庭。相比自己破碎的家，哪怕有个面部畸形但其实聪明幽默的弟弟，也成了家庭幸福的见证。米兰达深爱着维娅家的一切，所以在夏令营里，她盗用了维娅的身份，赢得了别人的羡慕。而这，就是她不得不疏远维娅的原因，因为她觉得自己背叛了维娅。

确实，没有人比米兰达更孤独。她的欺骗和背叛，其实不过是她保护自己的方式。

奥吉的第一个朋友杰克·威尔

和米兰达有相似处境的，是奥吉在学校里结识的第一个朋友杰克·威尔。

威尔是被校长要求主动去接触、接近奥吉的。但走近奥吉、对他畸形的外貌熟视无睹后，奥吉的聪明、幽默就成了魅力。于是他们成了真正的朋友。

只是你完全可以想象，拥有这样一个特殊的朋友，有时候你所要付出的代价就是放弃整个世界——对一个五年级男孩来说，这整个世界无非就是他曾经朝夕相处的一群男孩。

威尔并不想失去这一切。他希望自己能够和奥吉成为好朋友，但同时在男孩群体里，依然保留自己的席位。

所以当奥吉不在时，他在其他男孩面前，迎合大家，说了伤害奥吉的话——和所有的电影一样，这样的话必定会被伤害的那个人听到。当友谊的小船掀翻后，最痛苦的，究竟是奥吉还是威尔？也只有在这个时候，一个人才能明白自己想要的，究竟是什么。

生活比电影更残酷，友谊和爱情就像精美的陶瓷，往往失手之后，就是永久的破碎，再也无法弥合。

而电影会给我们一次机会，启示我们如何找回自己，和自己的所爱。

为了捍卫奥吉，威尔不惜触犯校规，和诋毁奥吉的男生打架。

而米兰达，在学校戏剧演出那天，最后一刻，把机会让给了替补维娅——因为她看到维娅一家来到了现场，而维娅是一个本没机会上场的替补。

他们就这样救赎了自己，赢回了自我。但真实的生活中，我们往往并没有这样的机会，更没有这样的勇气。所以错失之后，我们会孤独地走在各自的幽暗小巷，无法自拔。

每个人的成长，都必将穿过一条长长的小巷。无关容貌美丑，无关家庭贫富，无关成绩优劣。成长注定是一个去体验错失、孤独的过程，注定得去承受冷眼，或者自己以为的整个世界的嘲讽和不屑。

奥吉，或者丑小鸭，不过是把某一点放大了，刻写了，让所有的人看到了歧视，看到了冷漠。而其实没有哪个人的童年不曾自卑，没有哪个人的青春不曾迷茫。因为他只能自己去获取关于人生的一切：问题和答案、痛楚和欢愉，书本、父母和老师的教诲、电影的启示，都不能替代。谁错过自卑又错过迷茫，他的人生体验就交了一份白卷，他会坚硬、蛮横到无法理解世界，理解人心。

所以，请把关怀的目光，更多地投向维娅、威尔和米兰达。奥吉不会被世界遗忘，奥吉身边的孩子才最可能被老师和父母忽略。

而无论我们是奥吉还是威尔，是维娅还是米兰达，都必须仍然相信安徒生，相信《丑小鸭》，相信自己的生命源于一枚天鹅蛋。

《功夫》中的善恶象征

可以从无数个视角来切入理解《功夫》：它是舞台剧式的，而非还原真实生活的“布景”和“夸张动作”；它对无数电影名片中的著名镜头的戏仿；它和武侠传统的关系，包括武打电影以及以金庸为首的武侠小说的关系；它的民国时期大上海滩的背景与主题的关系……

但对我而言，《功夫》主要是一部童话，也是一部成长小说——好的童话总同时也是成长小说，比如《丑小鸭》《西游记》《灰姑娘》……

按顺序重新编排，《功夫》的故事非常单纯：少年星仔一派天真且心地善良，虽然出身贫寒，但努力积蓄着钱，想要创造机会去读书，最终成为一个有用的人。直到有一天，一个乞丐告诉他，他骨骼清奇，是练武奇才，并将一本武功秘籍《如来神掌》卖给他。这虽耗尽了少年星仔的所有积蓄，但他十分高兴，因为自己从此能够承担起维护世界和平的重任。

某一天，当哑巴姑娘芳儿遭一群流氓男孩抢劫（一根棒棒糖）时，他挺身而出，用如来神掌教训这些坏人。结果自然是被狠揍一顿且被讥嘲一顿（并发现《如来神掌》是只要二分钱的印刷品），还被大家围着浇了一身的尿。

从此他觉得做好人没用：不但不能为自己带来什么，而且还沦为笑柄，遭人欺骗和欺凌。

于是从此他想做个坏人，对青年星仔来说，最好是加入风头日盛、无恶不作的斧头帮。

可惜斧头帮的入门门槛他就过不了：要杀过人。于是他始终只能冒充斧头帮，和一个胖兄弟四处招摇讹诈混日。

因为他们引发的事端，作为善良一方的某包租楼里的包租婆、包租公和房客们，与斧头帮及其聘请的杀手们，展开了生死对决。

作为武功片，这些对决自然是电影的重头戏；但对于成长小说来说，这些并非关键——无非是添加了电影的看点，促进了情节的发展而已。

最后，善良一方的代表“杨过”和“小龙女”（包租公和包租婆）与邪恶一方的代表火云邪神（原型显然是欧阳锋，注意蛤蟆功和精神病）扭打在一块，难分难解。斧头帮主让星仔去敲敌人的头，星仔既兴奋又紧张地握棒上前，结果，他打的是火云邪神的头！

在此之前，星仔和胖仔两次去抢哑巴芳儿的冰激凌摊子，芳儿认出了他就是小时候救自己的那个少年，取出了珍藏许多年的那根棒棒糖。星仔面对此情景内心十分震动：这不仅是他再度看到自己的少年影子，而且他还第一次知道，原来善良，是如此让人铭记于心。恶也许很强大，但是善良才是真正持久的人心力量。

在内心深处，星仔从来都未完全地丧失过善良，也正是这一点，让他始终不能成为真正的坏人。但是善良曾经让他付出了极大的代价，让他背叛真实的自我，从此想成为一个坏人。他在哑女芳儿的善意面前，在童年善良的证物棒棒糖面前，惊慌得不知所措，而只能用强装的凶恶来掩饰自己。事实上这时候，他一直在努力克服着、掩盖着的善良，终于又开始了复苏、滋长。但是他此刻还没有把握住这一切：善良的复苏让他痛苦，他不愿意面对自己的良心，不愿意梳理这压抑了许多年的“严重问题”。于是他顺着表面的生活逻辑，继续随波逐流地加入了“渴望已久”的斧头帮。但是，凶恶的面具已经摘下，他现在只不过是在表面化地游戏人生，在内心汹涌着的，是如何压抑或者听从良知的声音。

于是，在斧头帮帮主让他敲敌人的头的时候，他遵命行事，但敲的是火云邪神的头——无论是有意识地经过了善恶抉择，或者只是无意识地听从了良心的命令，答案都是一样的：他站在了善良一边。如果说他自幼有善良的种子，而与哑女的重逢唤醒了他的善良种子使之重新萌芽的话，那么敲击火云邪神的头，则是他的又一次抉择善良一派之后的行动。这一抉择、这一行动宣告，他已经成为一个自内而外的善良者。

善良确实是要付出代价的。前面，十二路谭腿、铁线拳、八卦棍的传人们都为之而牺牲，眼前，“杨过”与“小龙女”（包租公和包租婆）也正在为此而奋斗并受难（善良总是容易上当），但在火云邪神将自己打成肉酱的过程中，星仔还是再次用木棍象征性地敲击了敌人的头——在功夫上，这一敲击毫无作用，但它是善良者的最后宣言：纵然死亡，我也决意选择善良。

而这就是英雄或英雄主义的立场：英雄不是打败一切敌人，英雄是面对死亡的威胁而仍然愿意选择善良。

从内在精神的角度讲，故事到这里就完全可以结束了：英雄已经完成了他的全部旅程，无论生死，他已经是一个英雄。

但如果故事到此结束，那么它就是一个悲剧：主人公曾经迷失自我，但终于在清醒之后，以死亡的代价，让自己重返善良。

悲剧是不受世人欢迎的，所以电影不仅需要无数视觉、嘴皮子上的看点，还需要让故事成为一个欢喜剧：正义一定要战胜邪恶，否则，孩子们将无法坚持正义。

真正的正义或者善良，它不需要最后的胜利作为保证，更不需要成功的许诺作为回报。虽然我们也没有必要把这种回报视为粗俗，因为善良本身就有着美好生活的愿望，但在本质上，真正的道德只是根据内在的道德律或良知，做出必须如此的抉择。

对道德或善良而言，有没有美好的结局不是题中之义，圆善或福德并不必然两全。想成为真正的善良者，不应该从有无那个美好的结局来考虑自己的选择。

但作为童话或者电影的文本，最好还是有一个美好的结局——哪怕它总是只能在电影上、故事里。

因为正是这些有着美好结局的故事和电影（仿佛那本《如来神掌》或者电影结尾处其他的武功秘籍一样），在童年和少年的心灵里，埋下了“成为善良者”的种子——也许我们终有一天会发现电影和故事只是骗人的艺术，但是我们已经因此而选择了善良。这个世界就是靠这些故事而运转着、发展着的。如果没有这些，这个世界只是一个无意义的斗兽场，它对人类毫无魅力可言。

所以对电影或童话来说，善恶相斗的结果，必须像这如来神掌一样，让美丽的谎言成为真实：如来神掌是真的，星仔复活了，他以类似黑客帝国中尼奥的功夫，打败了火云邪神！善良在电影中再次战胜了邪恶。

再然后是两组有意义的附加镜头：一组镜头是星仔和哑女再度重逢，但他们是以童年时的影像而重逢的——这就是童话的模式：回到最初的美好，复归于某种纯真。另一组镜头是一个拖着鼻涕的小男孩又遇到那个乞丐（几十年过去乞丐的容貌一点没变，他不需要变，他也是一个象征——我们教师的形象，我们可能并不相信自己所教所授的这一切，但它们自有其真实处），乞丐向他兜售《如来神掌》，并且说，如果这本不适合，还有《九阴真经》等无数秘籍。

“功夫”只是一个象征而已，其实我知道这个老乞丐兜售的，完全可以是《丑小鸭》《西游记》《一百条裙子》《夏洛的网》或者《基督山伯爵》以及一部叫《功夫》的电影。

你相信它们吗？它们承诺的能够带来什么？或者说，它们承诺的，究竟是什么？

如来神掌当然是真的，它的名字就叫善良。

是唱诗班，而不是放牛班
——关于电影《放牛班的春天》的碎碎念

爱是一种能力

马修老师何以成功？（我不希望仅仅称之为“成功”，这会让人误解为我们要讨论的是一种“成功学”，而不是真正的教育。）其真正的奥秘在哪里？

有人说马修并没有成功，他最后被开除了啊。但马修的开除只不过是电影的需要，而不是教育的宿命。事实上，创造出这样的教育业绩的老师，在今天必定成功而不是被开除。那个特例没有本质普遍性。

铁皮鼓认为，马修有可能被边缘化，是因为冷漠的老师太多了。是木秀于林风必摧之的边缘化。但事实上这是不会的。只是马修这种特别的教育，迎合了许多另类老师，他们会错误地以为他们的叛逆行为就是人道的革命。许多人借基丁和马修来高抬自己，而事实上，他们压根没领会这两位优秀教育者的真谛。在电影中这两个人的失败，仅仅是艺术的需要：把美好撕裂了，让人们加以珍惜。谁如果做得像马修一样却失败了，请到我这里来，我们创造更美好的环境让他继续创造。但请不要在你毫无作为的情况下就说：“就像这场电影的结局一样，虽然你做得好，但结果必然如此。”确实存在有这样恶劣的局部小环境，但是小环境不是大气候。

我们不能幼稚地认为电影中这些孩子的问题是校长和原来的老师造成的。杨超认为，孩子的问题是大环境造成的，因为当时二战刚结束。铁皮鼓说得很好："孩子们的问题，甚至与二战无关，只要人类存在一天，就有问题孩子出现，所以具体的问题并不重要，重要的是对问题学生的理解。一方面，要看到问题学生妨碍甚至伤害了别人；另一方面，要意识到问题学生本身也是弱者，无论他的拳头多么强大，他仍然是需要帮助的人。我们通常不容易看到后者。"

我们可以用《儿童的人格教育》中的话来对照着看一下。

> 实际上，没有一个残酷的行为，其骨子里不是隐藏着虚弱。真正强大的人是不会对残忍感兴趣的。这种不顺从的儿童经常脏兮兮的，不修边幅；他们咬指甲，挖鼻孔，顽固不化。其实，他们需要鼓励；也应该让他们明白，在他们行为的背后隐藏着因害怕而表现出虚弱的恐惧。

> 我认为我们不能仅仅满足于指出这种人格，而且要进一步探究：这种攻击性人格是如何形成的？他对他人和世界的仇恨是如何形成的？依我的理解，这是相对柔弱的生命对恶劣环境的一种过度反应，如果我们在生物界中寻找这样的例子，我们就会屡屡发现：蜜蜂的毒刺、眼镜蛇的夸张的颈部和致命的毒液——如果一种毒液不是为了获取食物，那么我们可以说，所有毒液都是这种生物的过度反应。因为蜜蜂太弱小，因为蛇除毒液以外的身体太弱小，所以它们必须以这种夸张的固着的应对模式来告诉环境："别惹我！"是的，它们其实只想告诉世界："别惹我（别以为我是可以欺负的）！"为了捍卫这种表面的"强悍"，它们往往采取同归于尽的策略。我曾经在解释"鹬蚌相争"的故事中为什么只能鹬松口而不能蚌松口时，指出这类儿童的心理。确实，对他们来说，他们认为这种宁可同归于尽也绝不让世界觉得我可以欺负的行为，是应对世界的最佳反应。如我前面所

述，这也是一种固定下来的解释、应对模式，它本身无所谓道德或者不道德。

我们清楚地看到，电影中的孩子不仅有错，甚至有罪。即使在我们的生活中，也有这样的孩子。孩子没有错你去爱他，这不叫爱，这只是喜欢。

爱不仅是喜欢，爱也不是交易，不是选择其中之一。那么，它是什么?

为什么老师们没有爱？为什么校长没有爱？有人说是因为害怕，因为恐惧，因为怕失去自己拥有的，包括秩序、名声、成就……但爱怎么会失去这些？关键在于自己生命的羸弱。试想：一个羸弱的生命，怎么可能去爱？一个自身不完整，总想着如何自我保全的生命，怎么可能去爱？他只会去选择，去找到能够滋养自己羸弱生命的人和事物，他把这个叫作爱。

很多时候，没有爱，实际上是自身生命的匮乏与羸弱。爱是一种境界。佛曰慈悲，基督曰拯救，孔子曰仁与恕……

爱不是一个对象。是美丽的我就爱，丑陋的我就不爱。爱是一种准备好了的心境：我准备去爱，我已经去爱——在没有任何对象之前。爱，是你的能力，是你的境界。我们在现实生活中，只有爱的对象，而没有真正的爱——所以这时候的爱，还不是爱，而是喜欢、依赖、需要。

而真正成熟的爱，是一种布施的能力，一种己立立人、己达达人的能力与愿望，一种真正的慈悲。

所以，我们要不断地问自己：我准备好爱了吗？这太难了！我常常发现自己会退缩，虽然我也曾一次次地整个儿呈献自己，但是我发现，我还总是犹豫，退缩。不过我知道，我必须学会爱——一种无条件的慈悲，一种自我生命的拯救、超度。

电影中马修的这个爱是有原型的，他就是基督。电影名字叫《唱诗班》，一切奥秘，全在这三个字的演绎上。什么是爱？爱是准备好的一次整个生命的投注，一次热烈地奉献（一次性地全部展开的奉献）。当然，一个爱着的人，必然会有自身生命之花的绽放。

这样的爱，是一个律令，一个头上星空般的召唤：你准备好去无条件无选择地爱了吗？

但有人会说，马修没有这样自觉啊。是的，马修在教育学上并没有这样自觉，但是他所经历的，所从事的，却让他保持着生命的恻隐、同情与怜悯。也就是说，这样的人，遇到任何需要帮助的人，都会不自觉地伸出手去。因为在内心深处，他是准备好了的。这是一种人格，但它不是外现在脸上的姿态，或者挂在嘴边的口号。

“吸烟散人”认为，真正的爱似乎是个不可说的命题。只有明白什么是爱了，也就知道怎么爱了，但是愿不愿意去爱仍然是一个很大的问题。

我认为，爱是明确的清晰的，一切源自这个源头。爱是原则，也只是原则，只是源头，但不是方法，不是具体的这一行动那一行动。一切行动源自此处，但是爱需要在环境中随机应变，唯有这样，仁爱之心才能够赞育万物。

公正与信任是基石

我们不能问，马修究竟用什么样的手段，让这些孩子发生了变化？何以有这样的功效？

因为这不是手段。因此，我们要讨论的应该是：“究竟发生了什么？这一切何以发生？”无论是罪孽还是奇迹，我们都以一种现象学的姿态去面对和理解。

如果用几个关键词来提炼一下，我觉得我们可以说：马修教育的真谛是基于无条件之爱的信任、公正（包括纪律）、伟大事物的魅力、一种组织团队的方式……

电影中开始时的“信任、公正”，其实是一种不安全氛围中的安全感。

这时候的信任，还不是真正的信任，而仅仅是让孩子们感受到“公正”降临了，有人对他们开始抱有信任的态度。这时候有些老师会比较刻意，有些老师则会比较从容，这都不重要，重要的是：让大家感受到做人的被尊重与社会的公正。

公正，就是等值的惩罚，就是“则”——有奖有罚，依据良心和规则。而不是校长或老师的一怒之下的决定。

信任，就是“我是和你们一样的人，你们是和我一样的人，我们最终会相互理解、认可”。

公正与信任，以及前面说到的仁爱是一体的。

没有仁爱之心的前提，单方面的纪律约定不叫公正。奴隶主制订规则让奴隶服从，这能叫公正吗？这里涉及规则为谁服务，由谁制订和通过，由谁执行和监督的问题。不考虑这些，就没有公正。像在电影中，在校长的方式中，孩子们被排除在叙事主体之外，他们只是被动者，只是客体。所以，不能认为校长的处罚是公正的。

有老师说到处理不同问题的一个火候问题。其实，教师是能积蓄信任资本的，尤其是孩子的信任金币。如果消费得太快，积蓄得太慢，那么你就会失去信任。马修在蒙丹身上，就是积蓄不够，消耗得太快了。所以身为教师，在你囊中的信任金币还很少的时候，要考虑一下，你的所作所为会有什么后果。真被信任了，你甚至可以挥霍，因为会不断地产生信任金币。

取得信任，建立公正，在教育学上，还只是消极的状态，还是“无为”的。但对这个学校的孩子来说，或者对任何问题班级和问题学生来说，这一关都是绝对的第一关。不过这一关，后面一切免谈。因此，在我们自己的教室里，我们必须知道，我们要做的第一件事是什么，第二件事是什么。我这里所说的事，不是具体的事（如开会、聚餐），而是本质的事（如建立信任、树立愿景等）。

伟大事物的汇聚是关键

有老师认为，伟大事物除了音乐、书籍，还可以是剪纸、做泥人等。但是，剪纸本身不够，做泥人本身也不够。我们想想，除了这些伟大事物，还有什么容易被我们忽略？——是的，是汇聚。请注意，电影中讲得很清楚，是一个唱诗班，是一群孩子，而不是只培育一个有天赋的孩子。这是大大不同的。

有老师说我没有任何方面的天赋啊。如果你没有，你可以怀着真诚与学习的心态，和孩子们一道去穿越一次伟大的探索。但是孩子们必须要汇聚到伟大事物的周围，教师必须要燃起这一堆篝火。音乐，是这部电影中的一堆黑暗中的篝火，当它燃烧的时候，连黑暗本身甚至也会感动。大多数老师终归和我一样，只是平凡的有缺点的人。我们的魅力总归比不上明星。但是，那伟大的事物，它超越我们这平凡的生命，并让我们的生命因此而不凡起来。

这个夜晚伟大的，是音乐，是马修，是孩子们的天籁，是人类灵魂的尊严。刚才“聪明的水”说，她喜欢“我看透了这个世界，但我仍然爱它”这句话，我说看透世界是不够的。请你问问自己：“你能说这人类的尊严、音乐的圣洁，你都看透了看破了吗？如果这些都看破了，你热爱什么呢？”

这个班级，如果是一个卓越的数学老师来带未必会成功，但若成功，会比马修更成功（因为人格教育为先，学科教学为重，没有学科教学上的成功，毕竟是没有走到真正的教育生活常规中来）。为什么必须是音乐？这就涉及伟大事物的本质特性。孔子多么强调音乐的教化作用啊！儒家对乐、和、谐等重要概念的理解，就源自音乐。孔子认为音乐具有移风易俗的神奇功效。我们刚才听的音乐，难道不仿佛就是孔子闻韶？音乐天性与教化相近。我以前带班及管理学校，每个班级都要有班歌。

音乐是谁也不能放弃的，无论老师有没有音乐天赋，没有其他学科可以替代音乐。音乐的教化、汇聚作用是独一无二的，新教育用晨诵开启黎明，与此有相似的教化作用。但我们一定要知道，这个教化不是训化，而是开启，生命美好的展开。理解音乐，就是爱它，就是因它而感受到世界的美好，感受到宇宙的庄严、人类的尊严。

有老师认为孩子们可能不能感受，因此，需要我们去感染他们。其实，这是我们的误解，这源于我们总是想着教化（其实是训化）二字——我们的音乐与歌曲，不是滋养其生命，而是为了培植一个道德观念。杨超说得很对："当我们以励志歌曲来命名时，总是近乎手段，而音乐似乎是退居二线了。"

我们常常忘了，孩子们是聪明而有灵性的，不需要去感染，不要画蛇添足，更不要佛头着粪。我记得我女儿从小就喜欢音乐、舞蹈。音乐响起时，这个世界便静了。音乐，是对生命的滋养，润物无声的滋养。这部电影离了音乐将一无所有。合适的美好音乐，是一个绝对的伟大事物，它像一束光，照到这个阴暗的世界。电影中那个小小的一直坐在旁边的男孩，其实和我一样，只不过不会唱而已，但是他能够享受到音乐。

"听风掠过"认为，这里的音乐不仅仅可以理解为音乐，应该是美，是美好的事物对人的打动。其实不是的。这里的音乐不能转换为美好事物，而只能是音乐，而且还不是普通的音乐，而是唱诗班。这非常重要。请注意：是宗教性质的音乐，是唱诗班，是所有人参与的合唱。

为什么在死亡诗社是摇滚？

为什么在这里是圣乐？

因为一潭死水处，需要活力；而被人抛弃的，需要尊严。

这都是移风易俗。音乐不同，目标不一，但是有相同的本质。

有老师认为，这里还有个信仰问题。虽然学生都很有问题，但是文化背景是有共同的宗教信仰，所以唱诗班更能成功。那么在中国，我们可以信仰什么？学生可以信仰什么？——信仰生命。所有宗教、人文，都不过是大生命在一个境域中的涌现。所以我说，马修的音乐，不是其他事物可以置换的。不仅音乐不能置换，而且是这种音乐，而不是另外的音乐——另外的音乐自然也会成功，但从现象学的角度，这不是电影要告诉我们的。

生命的圣洁、尊严……全在这音乐里面了。

马修的教育素养也许远远比不上李镇西老师，但是这音乐反过来远远超越一切中国特级教师。这就是我刚才说马修是李老师等都没办法比的原因。

当然，我们不能说，只有音乐，或是只有如此音乐才能唤醒、汇聚这群孩子。其他的方式还很多，但都要遵循几个原则：团体（团队、社群、共同体、萍聚），伟大事物的魅力，学生的生命主体意识，汇聚……

我们在自己的教室里，曾经创造过这样的时刻吗？

这是一个神奇的场域，在这里，教师、孩子、伟大事物、神性之光，交织出一种生命的庄严与灿烂。

请记住，电影中的马修和孩子们不是消费者，而是创造者。听音乐固然是接受美好的熏陶，但是这毕竟只是消费。而真正的伟大与美好，是创造。一支球队，一个乐队，一个话剧团，这都不是消费而是创造。只有创造，才能最终呈现人生命的尊严。创造，总是和前面的伟大事物有联系，但总是我们自己的故事。雷夫的“莎士比亚剧团”是这样，常丽华的“农历的天空”课程也是这样。伟大事物的魅力，要在这样的课程创造中复活。于是，我们书写的，乃是一个关于我们的传奇。“农历的天空”就好像“莎士比亚剧团”一样，它们只是一个可以自由填空的词。所以，你必须创造。

我们原本平凡，但是音乐的神圣，让我们理解了生命的尊严，并见证了每一个孩子的深处，无论何时，总潜藏着天使的圣洁面。

相信生命，相信未来

——《街头日记》解读（节选）

爱琳（电影主人公）面对电影中这样的孩子时，书本上的知识显得无能为力，其实面对任何孩子，书本上的知识都是没有用的——除非你找到书本和生命共鸣的地方。

事实上，我们的课堂上，一样有许多孩子是麻木与冷漠的。我们的孩子，没有经历过枪声与硝烟，但是应试教育、唯分数的眼镜、唯标准答案的教学……一样让许多灵魂处于日益窒息之中。试问：有多少个生命是一天比一天丰盈、自信、强大？

我们总是以特级的外部标准来衡量老师的成熟度，而不是以内在灵魂的标准来审视谁是真正的好老师。教育，不是一套套试卷和一张张答案，也不是课程表、时间表以及班级守则。如果你理解了，那么电影中的非常态教育就仍然是我们自己的课堂、自己的人生。我们都是有经验的资深教师，但我们可能丧失了比经验更重要的东西。

难道爱琳和马修面对他们的孩子时，内心的感觉是不同的吗？虽然马修是没有准备地走进那个教室的，而爱琳是有备有来，为此而来的。我以为，他们身上有一些我们正在逐渐流失的东西。佛教称为慈悲，基督称为怜悯，儒家叫作仁爱之心，或恻隐之心、同情之心。

像那个女教导主任和男班主任，津津乐道于我们原来是一流学校，而对孩子们的处境却是如此麻木不仁。爱琳的丈夫也是麻木的。我们也正在日益麻木。灵魂无所寄托，工作只是为了工资——我们是这样的吗？这是网师课程的第一课、第一关，也是最后一关。此关过不了，网师无法毕业。吾道亦一以贯之，从教育之事中寻找必死之生的意义而已。

只要仁心不死，在现实中就不必一定以斗争的姿态出现。那些在你周围说三道四的老师，他们代表的是平庸，我们就是为了超越他们。为了超越他们，在一定程度上要摆脱他们。我并不是要大家走到对立面去——我想说的不是这样。我是说，无论如何，有些叫良知的东西绝对不能丢，但千万不要走到对立面去自诩救世主，说别人都是错的。

在考试和教育的矛盾上，应该是这样的：

第一条路，得鱼（分数）而无熊掌（真教育）；

第二条路，二得皆得；

第三条路，二者均失。

恰恰不存在得真教育而无分数的教育。

那些一看这样的片子，就说分数如何如何的人是有毛病的——这样的人灵魂已经死了一半。对这样的老师，我可以这样跟他说：这位老师和你教同样的学生，他们“最后的分数”也会远远比你教得高。但这不是我们要讨论的。我们不能“一叶（分数）障目，不见泰山（人的教育）”。

其实，这个电影在艺术上拍得并不好，但是这故事本身是令人深思的。而且因为这是真实的故事，所以更能让人感动与深思。

教育之事总是一体。我们讨论《街头日记》，怎么可以把上次讨论的《放牛班的春天》全然忘掉？难道它和《放牛班的春天》有什么不同吗？

上次我们得出进乱班的第一条件：安全、信任、公正……难道这部电影中没有遵循这些？

开始的读书，其实仅仅是因为他们获得了被爱与尊重的感觉。而站线游戏，仅仅做到了让他们发现原来我们竟然是如此相似（而不仅仅是敌对的双方）。

如果只看到教育形式，而不理解其教育意义，那么这部电影就与我们真无多大关系。让我们再想想：那些书从哪里来？如何来？学生们接到书之后的反应如何？再有，爱琳的打扮为何要作为电影的叙事一再出现？尤其是那串珍珠项链？

根据以往的认知经验，这些书籍许多孩子不会去读，有些是根本没能力阅读。学校以前只会发旧书给他们。甚至不借书给他们。所以，当爱琳将用自己打工挣来的钱买来的新书发到他们手中的时候，他们拿到的不是书，而是一份信任。

而电影开始时，爱琳和教务主任的冲突，始终只有一个关键词：信任——我们能信任这群孩子吗？那串珍珠项链，她始终戴在脖子上。这就暗示着：我信任你们。真正的信任是无对象的一种信，对生命的信任，这就是她的信念。相信生命，相信未来。项链是一个重要的象征，信任、美好事物、精神……全在这里。

作为一个老师，对孩子有两种姿态：信任与不信任。

作为一个人，对自己有两种姿态：激情或者麻木。

这就是电影的开场。

关于这个信任，大家可以回头读《教育人类学》中的相关片段，我不再重述了。我只是说，我们不能不注意到这一切——这就是不同的教育电影中共通的东西，也是与我们的教室完全相同的东西。自身的理解力与阅读力非常重要，否则我们会狭隘地理解一些重要的词语。

帮每一个生命找到意义
——《浪潮》解读

导演意图何在

电影的核心是什么？我们首先要去理解。理解，是一种现象学的姿态，是一种聆听它本真声音的姿态。否则我们只不过是自说自话，与它没多大关系。我想到的是弗洛姆的一本书，它的书名叫《逃避自由》。英国有个哲学家，叫齐格蒙特·鲍曼，他的一些书中提出了几对概念，我认为对理解本片或者教育很有帮助。

一对概念叫“洁净”与“种族隔离”（纳粹）。

一对概念叫“自由”与“安全”。

存在主义有一个说法，叫“存在先于本质”，其实就是说没有本质。尼采叫“上帝死了”。上帝死了，人自由了，但是无家可归了，没有哪个地方可去了。

自由，在一定意义上就成了孤独无依，成了孤寂与虚无。而一旦明确或给予明确的意义，事实上就是某种不再自由——宗教都是这样的。今天的“自由派”和“民主派”，强调美国教育的政府不干预，却容易忽略一个事实：作为具体的公立学校或私立学校，都有且应该有明确的价值观。只是我们确实必须反复讨论：怎样的价值观才是正确的，合宜的。

电影本是为了回答一个并非教育学的问题：时至今日，纳粹有没有可能卷土重来？事实上，电影一开始用许多个镜头在暗示：纳粹滋生的土壤（之一）很肥沃。

这个肥沃的土壤，不是专制，而是虚无。

虚无源自何处？它源自“自由”——应该说是对自由的逃避和恐惧。

有人说自由就是一种正确的价值观啊，这不够正确，应该说争取自由才是一种正确的价值观。我们在一般意义上与民主并称的那个自由，事实上指的是“消极自由”，它是一种政治形态，而“积极自由”是一种政治学，更是一种教育学。

自由主义的自由，是政治形态的自由，它本身还不能作为每个人存在意义的根据。这正是今天的自由主义者们都需要考虑的。在政治领域，它的合理性比较明显，但是它不能包打天下。有一本书，叫《自由主义之前的自由》，讲的是积极自由，写得很好。重申：自由主义是一种政治形态，我们要作为梦想去追求，作为共识去捍卫。但是，问题在于，我们的存在，是不是只需有这样一个政治目标就万事大吉？

课　程

尤其是在它基本实现之后，我们怎么办？（请注意，电影不是为中国而拍摄的，故事发生在美国，电影拍摄在德国。）是的，那些青春期的孩子们或骚动不安，或孤独无助。这时候我们应该做些什么？这是电影中的文格尔压根没有思考过的。而事实上，一个好的课程恰恰应该从这个问题开始。

比较一下《街头日记》，那也是一个“纳粹课程”。孩子们也一样或骚动不安或孤独无助。而那位女老师则是清晰的灵魂引领者。

她不承认纳粹是存在的宿命。即使它是实然的可能性，它也不是应然的追求。应然的追求，就是人类美好团结的生活。

“美人刀”认为在《街头日记》中，纳粹被作为一种读物，在阅读中保持了一种距离，这是爱琳老师的智慧处。其实，即使在《街头日记》中并没有保持阅读者与阅读对象的距离，孩子们同样被深深地卷入其中。但一个是体验人性的美好脆弱，以及纳粹的残酷；另一个是体验成为纳粹的快感。就像杨超说的，在《街头日记》中，学生没有成为纳粹，恰恰相反是成为“安妮”。

而成为安妮还是成为纳粹，体验安妮的痛楚还是体验纳粹的快感，这就是差别。人性中有美好也有原罪，问题是教育开发其中的哪一个。

《街头日记》也并不是脉脉温情的教育。在《街头日记》中，故事的转折是一次偶发的关于死亡的讨论。正是面临死亡，沉思死亡，所以孩子们开始在虚无中思考生命的意义：我们活着是为了什么？

《浪潮》中的红衣女孩引发了大家的思考，但是我认为思考得不够深入。我们不能把红衣女孩视为先觉者。不是红衣女孩她想反对，而是她被反对。她不是因清醒而被排斥，她是被排斥所以清醒。

红衣女孩（如同白老鼠莉莉）是电影的必然。因为纳粹的一个奥秘就是制造异己者。他们必须在一群人中分出洁净者和肮脏者。所谓的肮脏，就是与我们不同的人。在《彩色的乌鸦》的故事中，这一点揭示得淋漓尽致。

作为纳粹运动，必须制造异己者、肮脏者。所以请注意，红衣女孩是被制造出来的。如果都换成白衣服，他们或许会追究头发的颜色。一句话，必须制造异己，来做运动祭祀中的牺牲品，否则优越感无以建立，畏惧感也无以建立。

对我们来说，一定要反思一下，自己在教室里，有没有把学生分成几等。我们也往往会不自觉地制造“肮脏分子”“肮脏团体”，来让班级的管理变得似乎更容易。

有老师认为：有的班级口号是“我们与他们不一样”，这样看来这口号是不合适的。我不知道口号的背景，不能随便下结论，但是我认为，作为团体心理学，要制造团队的共同心理，似乎不得不有这样的内容。只是这里不能分为种族式的高下。

诚如美国哲学家罗蒂所提倡的那样，每个班级，每个团队，每个民族和国家，都应该成为开明开放的“民族主义者”。物以类聚，我们汇聚在这里，也有自己的标准，把自己从别人中区分出来。作为黑人或者白人，或者黄种人，我们以自己的肤色自豪，这没有错。错的是把别人的肤色当成罪恶之源。

在我们的教育中，先天地存在着一些“种族歧视”。我们不应该助长它们，而要有意识地消解它们。譬如拥有数理逻辑思维与语言思维优势的人，被视为天才；而拥有运动思维优势的，可能被视为多动症患者。

回到教育，我们该怎么做？

——创造一个家，代替纳粹团体，给孩子们以安全感。

——不要人为地制造等级和差别，不要人为地制造肮脏者和不洁者，用课程用教育来让学生体察到生命的尊严、庄严、美好，珍惜它，而不是放纵它，毁坏它。

——人，存在着，总得找到根，找到意义。上帝死后，我们何去何从？所以，教育应该帮助每一个生命找到意义感。

有人总是害怕灌输，但是文明价值应该明亮地站在那里，只要不是以反人性的方式，教育应该可以是明确的告知。这些价值总不可能完全让学生全部去试验获得。

现在我们把《街头日记》和《浪潮》联系起来，再来读读“心学精髓”，王阳明的四句教：

> 无善无恶心之体，
> 有善有恶意之动，
> 知善知恶是良知，
> 为善去恶是格物。

怎样不是反人性？这几天反反复复在说：仁，仁爱之心，恻隐之心，慈悲之心……教育应该朝明亮处走，让每个生命发挥其潜能。

将孔子的两个原则同时使用——

消极原则：恕——“己所不欲，勿施于人”；

积极原则：爱——“己欲立立人，己欲达达人”。

最后，让我们来比较一下前面三部电影中三个老师的不同之处。

马修：仁心存而未发者，一遇到那场景，仁爱之心便涌现，便化为行动。

爱琳：仁心充沛而发者，她为此而来，为此而战。

文格尔：仁心蒙蔽而混浊者，他只知解决眼前问题，品尝眼前快感，却不能体察学生内心的痛楚。

我们是天才与病人
——解读电影《心灵捕手》

我们怎样来看这部电影

捕手，应该有《麦田里的守望者》中守望者的意蕴吧？“天才”是电影吸引观众眼球的地方，也是理解错位的地方。电影若只讲一个天才的故事，一个天才与我们何干？难道这部电影说了一个教育工作者要处理的事？这部电影给我们以启迪，告诉我们一个道理？故事不是用来告诉我们一个什么道理的。如果那样做了，那只能叫寓言。

如果说问题学生的问题是一个极端，我们也都是问题人的话，那么天才也不过是把问题推到一个极致而已。电影中的“天才”与“心理疾病患者”都是把问题极端化。

西恩关我们何事？除非西恩是我们内心中一个隐匿的自我。

威尔关我们何事？除非威尔是我们内心中一个隐匿的自我。

电影结尾

电影的结尾耐人寻味，但也容易导致误读。威尔最后是放弃了工作去寻找爱情吗？这样的一个情节确实会让人产生这样的误解，但这并不是电影真正想表达的。

整部电影，就是讲威尔“理解自己是谁”的故事，理解并且抉择，重要的是做出清醒的抉择并承担责任，而不是抉择什么。因此电影的这个结尾也许处理得并不是十分好，它很容易让人误解。让人误以为威尔的选择和最好的选择，就是去和所爱的人在一起（这当然是对的，但这不是一个固定的结论）。重要的不是他选择了什么，重要的只是：这是他的选择，他知道自己在选择，他会承担这责任。所以爱情片式的结尾，容易给人误导。我们不妨进一步追问：选择了追逐爱情，那么他以后会放弃数学吗？他以后会放弃天赋吗？

事实上这个电影不是教育电影，而是所谓的生命电影，心理治疗电影。作为老师的我们，容易先天错位，把自己先定格为其中的教师，而站在外面观察威尔这个问题学生。但事实上他并不是学生，电影与学生无关，更不是教导你如何去治疗学生。

电影一直在呈现：一个人如何理解自己。我是谁？我究竟想要什么？

我们多少都和威尔有相似的命运。我们都是蜗牛，躲在自己的硬壳里——你知道什么是你的硬壳。如果没有这硬壳，我们还敢坦然面对生活？接受自己就意味着接受自己的不完美，以及天赋。并没有完美无缺的故事，哪怕是在童话中。许多人觉得自己很“健康”，但也许只是既没有发挥出自己的天赋，又掩盖了自己的问题，于是只留下一个平庸的自我，一个“常人”，在世界的程序中亦步亦趋。

认识自己，接纳自己

看完这个电影，你自认为是谁？即你把自己当成电影中的哪一个角色来观看？

那么我们是天才吗？我们是病人吗？

对，我们都是天才，我们都是病人。可能我们的天才和疾病没有像电影中那样夸张。但无论你自认为是谁，我们一定同时是威尔、西恩和那位数学教授蓝勃。西恩只不过是成熟了的威尔，蓝勃只不过是因为没出问题所以按社会标准在生存的威尔。

社会标准本身并非错误，但是一味讲这个标准容易把人的丰富性挤得比较单薄，而无视生命的丰富、特殊。知识对于生命也一样，知识本身是财富，但是它却可能在不经意间让人性异化。

威尔是一个错误的极端，蓝勃是另一个有偏差的极端。对心理治疗来说，就像中国的哲学一样，重要的不是外在的事实，而是内心对自己生存处境的觉解。但是错误的觉解会把我们困在一种偏见之中无法超脱。

学了哲学，有人便会追问：什么是错误？什么是正确？标准是什么？

我们可以说绝对的标准只有一个：生命。促进与滋养生命的，便是善；扼杀与阻碍生命的，便是不善。好的觉解便是让生命充沛起来，坏的觉解便是让生命自残且残他。

如我前面所说，我并不是说蓝勃是错的，只是他陷在社会标准之中而不再自知。他以为自己相信的那个社会标准就是所有人的生存价值。

教育总得给学生以标准，但教育同时还要帮助孩子们理解这个标准，并由他自己自主地做出抉择——这涉及生命叙事主体的问题。孩子的人生语言，总是这个社会给予的。也就是，总是会有标准的，且也确实需要一定的标准。就像孔子的仁义礼智信，都是在孩子们生存之前已经存在的社会标准。只是教育不能把这个标准强加，这种外烁的方法，既容易引发生命的逆反，也破坏它的自组织。这种方法本身就是“不仁”的——麻木不仁，对生命不敏感，只知那个机械的分数与标准。

心理治疗，在我看来，就是理解我们前面的故事，并确定接下来怎么写下去。而作为治疗者，就是和被治疗者相互编织有意义的教育叙事。

一个病人或者一个问题学生，走入我的生命，意味着我的这一段生命将编入他的颜色。我不可能无动于衷，我不可能置身事外。同样，他的生命也将在相当程度上，编入我的色彩。过去的颜色不需要洗去——那是追求一种绝对的完美，而是要去坦然地接受过去。好的心理治疗，不是否定过去，否定过去就是否定生命本身，而徒然地去追逐一种完美。好的心理治疗是去理解我们的过去，正确地理解它、接纳它、重新叙述它。

而在我们能够清晰地理解之前，谈不上真正的抉择，我们只是动物般地反应着。真正的理解带来真正的抉择，真正的抉择带来责任。

有人问什么是真正的理解？真正的理解就是内心清晰地知道：我从哪里来，我因此是谁。所谓真正的理解，就是能够把我的过去叙述成一个完整的故事。我们小学在哪里上学，老师是谁，父母叫什么名字做什么工作……这并不是我们真正的故事。这样叙述的时候，故事并没有开始。我们在言说关于过去的信息，但过去还不是一个故事。真正的生命叙事，就是呈现一条波澜起伏但脉络清晰的心路历程。

威尔前面遇到的那些心理治疗师所做的，就是给生命贴上标签，所以他们不可能真正理解生命。西恩所做的，是敞开自己，呈现自己也许并不完美但不失高尚与美好的人性，并愿意步入威尔的故事（世界）。没有人是完美无缺的，但是每个人都同时也是天使。不要把生命平庸化，但也不要把生命用完美标准异化。中庸，并不是中间，而是那个合适的点。在那个点上，生命能够接受自己的瑕疵，也能够接受自己的天赋。

我们不能为自己的正常而过度庆幸。因为正常往往意味着没有大的问题也没有特别的天赋——事实上，这也是一种常人的眼光。所以我有时候嘲笑心理治疗：把天才治疗成平庸者就是好的心理治疗。这部电影也差一点落到这样的困境，至少它会给许多人以这样的误读。但切记：平庸的头脑不可能发疯。

平庸的故事没人愿意读，除了你和老婆关起门来一读再读，读不下去也勉强地读——其实在很早的时候，你们就只读别人的故事，在别人的故事里哭泣激励了。如果你们真的觉得这样也是一个好故事，好，很好，这无可非议，这是你们的抉择，这是你们的权利。但是为什么你们也逃避着自己的故事，而只在影视剧里英雄的故事中感动哭泣呢？

真正地活着，就是成己亦成人

跳出电影，想想：如果这个故事足够打动人，只是因为他最后的健康吗？

感动总是源自我们自己的生命，总是我们在他人身上发现了自己。

我是想说：每个人都是天才，每个人都是病人。每个人都在写他自己的故事——有些人并没有意识到自己在写，或者写得有多糟糕。有些人浪费了天赋，却骗自己说平平淡淡才是真。有些人放弃自己而去追赶别人的影子，却说自己缺乏天赋所以不能创造与成功。有些人一心想隐瞒自己的疾病，觉得自己性格完美，品行端正，无可挑剔——只剩下他不断地挑剔别人。有些人陷在自己的疾病里，却看不到自己同时也是天才。有些人夸大自己的天才，又糟蹋自己的天赋，无非是想告诉别人：我并不在乎。其实他在乎得很，他只是怕得到又失去了。因为脆弱，我们总是过度地保护自己，露出自己狰狞鲜艳的颜色。或者躲进南无阿弥陀佛的佛号里，似乎真的内心清静而且干净……这些人就是我们，就是我自己。多多少少，我们会不断地退化到婴儿状态、少年状态。

西恩要不要重新爱一次？非得找一个伴侣相互安慰那其实只是美国人的偏见。再爱一次或者不再爱，都并不重要。重要的是他自己对妻子的体认，以及对自己的体认。《活了一百万次的猫》告诉我们，活了一百万次，也可能并没有真正活过。要勉强为曾经爱过而不爱，要勉强为自己的勇敢而再爱一次，都没有意义。有许多人只为别人而活，但可悲的是别人却并没有因此获得解放，获得发展。真正地活着，是成己成人。

不要被分数和知识异化

蓝勃本来是对的，而且他确实是善良与高尚的。但是他的问题是把外在的成功标准和知识标准看得过高，哪怕它们扼杀了人性与生命，他也感觉不到。知识是美好的，是有力量的，但是，它只有在成就生命、完善世界的行动中，才是美好的。否则它就只是文凭、机械化、名誉、社会标准……一个良好的源头，最后失去本来目的。

有老师说，最好是生命、知识、分数三合一。而事实上，三合一的说法并不成立，因为你有生命了，另外的一切不再重要——不是说有或者没有，而是说已经不再重要。不存在没有知识的生命，不存在没有分数的知识。但是，只要本与末搞不清，三分一的说法就只是和稀泥。我们念兹在兹的，总是一个分数。看《放牛班的春天》是分数，看《心灵捕手》也是分数，为什么？有老师说这是功利心在起作用，有老师说这是社会的标准，有老师说改革要从官员改起……

而真相是，永远没有净土。但自己的心里却要有一片净土。净土不在西天，乃在心田。我不是要大家否弃分数，我只是追问：为什么我们在看《放牛班的春天》和《心灵捕手》的时候，却仍然总是念念不忘于分数？

社会当然要以分数（以一定权重）来评价老师，但问题是没有人要你用分数去评价爱情、电影、哲学啊。如果说这是被社会标准异化的话，那么也只能说明内心的不强大，自己被异化了之后，还要以此去异化艺术。就像被病毒感染一样，被感染之后，还会以此去感染健康的事物。因为分数并不必然造成异化，异化是你内心的事。我们不是不要分数，我们是提醒师生都不要被分数异化了。就像电影不是说不要知识，而是说不要把知识异化了，并用知识来异化自己。煤气很有用，但它是用来烧菜的，我们享受的不是煤气，而是用煤气煮出来的那个菜。

我们先不忙做西恩，先让西恩帮我们看看，自己能不能坦然地接受自己的天赋、过去、疾病和责任。

《死亡诗社》：解放的教育学

一

基丁超越常人的素养与眼界，当然是一盏明灯。但我们并不能因此认为他的教育是完美的，而尼尔的悲剧是必然的。

我们向基丁学什么？我们从这个悲剧中又学什么？许多人像激情的大学生一样，奉基丁为解放教育的前驱、先知。但我们是更专业的教师，我们既要学习其意义，又要在理智上避免其缺陷。

解放，确实应该同时是身体、心灵和头脑的解放，这是基丁的教学所充分呈现的解放的全面性。但是解放本身需要一种设计和引领，没有榜样的自由是危险与无方向的，虽然榜样本身确实也会成为这种那种思想的束缚。

当我们讲基丁太激进时，是认识到电影中的“及时行乐”有一定的负面性，而没有帮助学生正确理解生命中各种冲突，并理性地做出抉择。

除非师生能意识到尼尔父母以及校方的“合理性”，并在复杂的情境中，为生命的发展和完成寻求最大可能，否则“及时行乐”就不可避免地会带有非此即彼的危险。这正是基丁的“问题”，也正是现在许多激进派的朋友的问题。

尼尔的父母肯定是错的，校方是肯定有问题的，但是这并不表示尼尔的悲剧一定会发生，如果基丁的教育确实更为圆熟与清醒的话。严格来说，有老师强调要妥协，有老师强调必须抗争，但我认为，用“妥协”与“抗争”这两个词语都可能会导致同样的结局。因为妥协与抗争这两个词语都隐含着一种启蒙心态，一种敌对姿态，而且已经宣布“我”为正确敌为错误。

冲突是必然的，不用回避，不要奢求无冲突的教育环境。但尼尔的死并不是必然的，只有在电影中才是必需的。切记电影必须有这样的冲突、高潮与结局，但生活并不是这样的。电影这样叙述，正是为了让生活中能够避免这样的冲突发生。

二

基丁的教育大方向应该说是正确的，一些具体方法也是相当有启发意义的。就像新教育理想课堂的三重境界中的第二、三重境界，基丁在第三重境界上特别强调生命在场，当然也是基于第二重境界与知识共鸣的基础的。

基丁告诉我们：知识不是来窒息我们的生命的，知识是用来启迪我们的生命的。而生命的启迪，应该在当下就明亮起来。知识对生命的意义，应该当下就能够感受，而不能寄希望于渺茫的未来。

事实上，基丁无论在本人生活中，还是在教学中，都是非常重视知识的，即那些伟大的诗人和诗句的。

他的引用随口而出，信手拈来。而且他也明确地把学生引导到那些伟大的诗人那里。基丁真是个杰出的文学教师。至少在现实生活中，我还没遇到过如此成熟的——虽然我也遇到过不少神话般的人物。有老师认为，基丁的失败是教学内容与生活实际结合相对欠缺的缘故。事实恰恰相反，是联系得过于紧密了。基丁过度强调生活的诗化，但是生活不只是诗的，它同时也是数学、医学等科学的。但并不是说这些就是残酷，用残酷来形容这些，这本身就是问题之所在。如果回到《心灵捕手》的话，就是假想完美的生活和完美的人生。

人生不只是诗意，但诗意无疑是不可或缺的。问题是：何种诗意？诗意难道只是点缀浪漫的人生？许多人喜欢引用“人诗意地栖居于大地上”这句话，却不知道这句话前还有一句更重要的话“人充满劳绩”——我比“诗意地栖居”还要喜欢这几个字。没有这个充满劳绩的诗意，将是浅薄的浪漫主义。

荷尔德林的这首诗是这样的：

> 如果人生纯属辛劳，人就会
> 仰天而问：难道我
> 所求太多以至无法生存？是的。只要良善
> 和纯真尚与人心相伴，他就会欣喜地拿神性
> 来度测自己。神莫测而不可知？
> 神湛若青天？
> 我宁愿相信后者。这是人的尺规。
> 人充满劳绩，但还
> 诗意地安居于这块大地之上。我真想证明，
> 就连璀璨的星空也不比人纯洁，
> 人被称作神明的形象。
> 大地之上可有尺规？
> 绝无。

荷尔德林的这首诗很有分量，超过了《死亡诗社》中引用的任何一首。当神性的光芒隐退，肉体本身也会成为歌赞的对象——这本来是没错的，但是不能放逐神性啊。在以肉体为寄托物的人（肉体、心灵与头脑）身上，既要有神性的引导，也需要有充满劳绩的存在历程。

三

基丁在处理尼尔的咨询时原则上是对的，但是前面的教育，矫枉过正（也许有其必要），但确实时间不够。基丁的到来只引发了冲突，还来不及让年轻的生命重新梳理出新的平衡。

激情是TNT炸药，本身还不是善或者恶。我认为对于激情的教育不得不慎重，否则炸死了学生，你也仍然会坚持：我是善意的，而且我的善意是诗意的。这就像是使用电、炸药一样，我们当然要让其放手尝试，但务必告知其力量的危险性。如果说青春的激情是一种无方向的能量，那么释放这种能量的时候，人就应该有足够的清醒。

以英雄自诩是不对的，这是当前许多人喜欢的角色。我不是说不要释放这种能量，我是说，人必须敬畏这种力量。

基丁的课本身无可挑剔。但是我们仍可在此基础上，站在课程和生命教育的角度来反思。

有崇拜基丁的老师会反驳说：唤醒有错误吗？但另外的老师们同样会说：传授知识有错误吗？说这些话其实是在回避责任。是的，这都没错，谁有错？被唤醒的，是人的哪一部分？当这部分被唤醒的时候，另外的部分是不是意味着要彻底否决？那些实验真的没有意义？外语真的完全不必？父母或许陈旧的愿望真的只是罪恶？

人生需要矛盾，没有矛盾的人生才不值得过。轻飘飘的诗意，一钱不值。基丁不完全是这样的，这是误读。回到《心灵捕手》，接受自己的不完美，也同时意味着接受生活的不完美。基丁的问题是过于强调“斗争”的存在状态了。这是存在主义的一种姿态。对于生活中的矛盾，人除了逃避还可以有两种方式应对：对峙、泰然处之。这两个词语分别表示早期的、晚期的海德格尔。这种或那种，本身只是一个度的问题。关键是根本：促进孩子的生命，发展孩子的生命。当下就让他们感受到，成为自己生命的叙事主体，把握好书写好自己的人生故事。要理解什么是对峙，什么是泰然处之，只要回忆一下《心灵捕手》中威尔的前后姿态就是了。

网友北枝花认为："挑战也没什么不可以。人类就是在无数次的挑战、牺牲、停顿或失败中再向前的。"但这种说法容易引发误解。我反过来也可以说："压榨也没有什么不可以……因为人类就是在无数次的压榨中……"我们不是反对挑战或者赞同挑战，我们是说，人要清楚地知道自己的行为，去尝试，去探索，去承担。盲目无知的挑战者、被压榨者……都不是我们所要的。

网友田野清泉认为，在中国的现在，新教育的"理性人生"或许可以成为一种解决各种矛盾的尝试。确实如"田野清泉"所说，我们要努力改善环境，但更重要的是我们要让学生成为叙事的主体，成为清醒的自我叙述者。

这里有许多老师在自问：如果是我，当尼尔向我求助的时候，我怎样引导，才能避免悲剧的发生？

我以为首先要尽可能地避免引导学生到一种过度疯狂的激情中——这种过度的激情只有在偶尔的联欢、诗会上才可以，但人生不能长久处于那种状态，这不是诗意人生，这是一种"失却黑暗的白昼"。一种非此即彼的战斗人生，确实是人生有时候所需要的，没有它，人生就会缺乏深度。但是生命长久处于这种状态，就会陷入纳粹式的狂热中。这样，生命中的理性部分和非理性部分，处于一种激烈的对抗状态中。基丁本身的生命是没有这种激烈对抗的，但是他的教育导致了这个结果。

那么，我们如何对待生命中非理性的那一部分？不是扼杀，但也不是无尽赞美并扼杀人类理性的部分。问题是不可能存在着一种完美的理性与非理性的平衡状态，怎么办？我的建议是：用更完美的榜样作为引领，用不完美的两极榜样在两极之间不断波动……非理性主义高歌席勒而贬低歌德，就相当于高歌李白苏轼而贬低杜甫，这在教育学上肯定是一个偏颇。

铁皮鼓说得很有道理:“教育永远是平衡的艺术,在不确定的河流上寻找最佳航线。前面有平衡,尽头有平衡,中间不断地来回摆渡。”但这种平衡,不是当前的每一刻的平衡,教育的平衡是一个长度上的平衡。我前面刚刚讲过,时时刻刻的平衡将使生命丧失深度,这是东方哲学的问题。

所以这其实是一个课程的起点、过程与终点的大问题。我不知道基丁有没有设置课程的终点,也不知道他有没有想过课程的起点,我只知道他有一些完美的教学片段。但是这些教学片段从整个生命课程的角度来看,不得不说是失之偏颇的。我没有否认极端,而且认为在摆动到极端时,生命就能发挥它最大的潜能。凡·高是极端,海子是极端,但另外一方面,杜威、皮亚杰、马斯洛们也是另一个极端。我的意思是说,课程应该不断地摆动到两极(在理性与非理性激情上是两极,事实上是多极,无数个极致),但不要只承认这一极而否定另一极。确实,想要达到这一极,有时候不得不暂时否定另一极,反过来,想达到另一极的时候可以否定这一极。但重要的是:开端的时候必须是“双极”。什么是双极?即理性与激情调和得比较好的,诗与思调和得比较好的那些榜样。像孔子、雅斯贝斯这样的就是双极,歌德也是。但不要过度强调双极,这样生命也会静止与平庸。从“双极的生命”开始,要不断地在两极之间摆动,往极致摆,但不停留在任何一个极致。打个比方,就是凡·高课程之后,可能是一个工笔画的课程。而诗歌课程之后,可能就是一个数学发现之旅。

最终,每一个生命都会依据内在的密码来呈现自己。有些会成为第二个凡·高——多么悲哀,多么伟大!有些会成为第二个牛顿——多么伟大,多么可怜!这都只是比喻,意思是在这丰富的生命摆动中,每一个生命会发现自己的密码,并破译它,实现它。不要太快找到适合自己的路,而且这一切是所有人都能够拥有且应该拥有的。以上的比喻读明白了,超越基丁的可能性我想就存在了。

首先是丰富性,其次才是这丰富性基础上的自然而然的生命密码之破译——一种涌现。这种种观点必然是冲突的。但老师不是要帮助学生做出简单的判断：这是好的，那是错的。我们不能因为凡·高的伟大，而草率地认为中国工笔画是没有必要存在的死物。这种审美的暴力不能要。我刚才所说的，是学生要能够辨析此与彼的利弊，而不是由基丁告知其利弊。以诗歌鉴赏为例，不是直接把书撕了说它是狗屎，而应是把自己认为更好的观点呈现出来，让学生在多家观点前尝试着自己来做出判断。当然我赞同一时的教学需要某种戏剧化，但从长远来说，必须让学生自己做出抉择。

比这种简单地帮助学生做出判断更高明的是，让学生拥有一种复杂性视野。他的生命既有亲切的事物，又能够包容矛盾。他能够把矛盾容纳到自己的生命中。试想一下这样的课程中的尼尔，他知道，哪怕为了聆听基丁老师课程上的那些诗句，自己也应该活下来——而医学也并不是灾难。

不到一个极致，我们无法理解凡·高、海子们。中庸的精神无法让我们进入那个境界。所以平衡必须被暂时地打破，但是，这打破是前面有一个平衡，且知道后面即将涌来一个更高的新的平衡。所以，我们在海子的诗歌中哭泣，然后，在神圣的音乐中获得平息，再然后，种下一棵花草，在它的花朵中领悟生命的宁静与平和。

四

如果你崇拜基丁，也没有必要认为他是完美无缺的。悲剧，必须努力去避免——纵然力不能及，但不能心存着悲剧也无妨的想法。避免可见的悲剧（因为前人的故事教训），并不是拙劣的安全教育，而是一个教师应该有的良知。网络人非常奇怪，他会刚刚为美国人反对总统向小学生说教叫好，又马上赞美革命党对学生的灌输。如果看到尼尔的悲剧，还认为这悲剧不可避免，教育只能如此继续，这就是拿一切开玩笑了。

基丁清楚自己在做什么，也会为孩子生命的消逝而痛心，但他未必已经找到解决的办法——因为电影只是电影，不存在电影外继续着的基丁。许多人希望今天的讨论开成一个基丁的批判会，就像许多人希望开成一个基丁的赞美大会。但是我们只是用自己的理性去观察去思考——在激情过后。杨超说得对，尼尔之死，基丁会愧疚一辈子的。但是教育中的许多“革命派”不会愧疚，他们会骄傲一辈子。

没有人将尼尔之死归咎于基丁的教育，谁都知道第一原罪是他父亲，但是我们这样一推就了之了？自己就干干净净了？解放是必需的，但解放之路如何走才是理性的？这是一个需不需要理智的问题。不要理智，就是让问题停留在发生的时刻。

解放不是第一原则，第一原则毕竟是生命——但不是简单地保全生命使之活下去，而是让它获得自我书写出传奇的能力。

五

唐卫明校长刚才多次问道：那个开学仪式如何？

我认为，在我们这里缺的就是这种仪式，但在电影里它已经流于形式而丧失精神。仪式是非常重要的，但是仪式应该强调的是一种内在的精神，而不是外在的程序。但无论如何，外在的程序仍然是必要的。

我们总得要有仪式。正是通过仪式，人们汇聚为一个团队，成为一个共同体，拥有自己的历史与传统。但是当仪式丧失精神实质徒留下形式的时候，就坏了。《浪潮》中的仪式是“成功”（指有效果）的，但是难道《街头日记》中就没有仪式？其实那串项链，就是一种仪式的遗留。几部电影中，《浪潮》中仪式的效果最明显。为什么？因为大家是仪式的创造者、赞同者。我们可以相信，在《死亡诗社》中，这些孩子的父辈或者更早的父辈，也曾经一样为这个仪式激动不已。至少到电影中，这个仪式对家长来说仍然拥有着魅力。这个仪式在电影中是一个象征，它把一种丰富的具有强力的事实表现出来。通过这个仪式，我们感受到这所学校的辉煌、历史、家长们的重视等。还看到孩子们的两面派：阳奉阴违。这就意味着学校中的师生已经处于一种只有知识传授而没有生命相通的状态中了。你想要庄重，得到的结果可能只是对孩子的压抑。那么，我们在开学、一些重大节日的时候，该怎样考虑仪式这个度呢？回到生命中去，与其重视形式，不如重视精神。作为校长和教师，首先是生命在场，真诚地在场。关于生命在场与仪式的关系，你可以去看看《不良少年回母校》中的开学仪式，它的形式没有任何特别，但是那里有真正的精神。

也许基丁的价值，就是强调了“生命在场”这一点。这一点是永远不会无价值的。有老师说，第一次看这部电影的时候，看得热血沸腾。虽然我们说良好的教育不止这种激情和唤醒，但这种激情和唤醒永远有价值。看这部电影时没有热血是有问题的，看几次后依然只是热血沸腾同样是不成的。我们岂可以为一个孩子的死亡而热血沸腾？不良的教育，尤其是应试教育对生命的异化，将会持久地存在下去。有良知的人就应该在自己的课堂上避免这样的异化存在下去。但是避免的方法不是简单的解放，而是真正地唤醒生命的全部：激情、理性、灵魂、精神、神性……用更成熟的课程，而不仅仅是自己的激情与梦想（虽然成熟的课程永远需要激情与梦想，且源自激情的梦想，但后者毕竟不能代替前者）。

尼尔之死

——电影《死亡诗社》之局部解读

谁是理想中的教师？教育网站上的那些大腕会众口一词地告诉你：基丁！

如果不是学生尼尔之死，美国电影《死亡诗社》中的那位文学教师基丁几乎就是一个完满的“新新教师”形象。他带来了解放，带来了教育中少有的激情，带来了创造力与凝聚力，一句话，他带来了早已失去或者说从来没有真正有过的校园中的生命力。

但是，尼尔——那个优秀的学生死了。如果基丁从未在威尔顿出现，如果基丁从未在尼尔的生活中出现，那么这个品学兼优的高中生应该不会选择自杀，他的一生会是一条光明幸福的大道：考入哈佛，成为优秀的医生，拥有高薪，身具文学特长与表演天赋还将使他业余在社交圈里备受欢迎。

正因为尼尔之死，基丁不仅被逐出了威尔顿，而且也不可能受教育界欢迎。甚至我那些提倡解放、自由、个性的朋友，也因为尼尔之死，感觉到言说《死亡诗社》、讨论基丁老师有些左右为难。

尼尔之死，究竟源于什么？谁该为这起死亡负责？

且让我们进入电影：

威尔顿公学庄严隆重的开幕式后，父亲告诫尼尔：“我觉得你这个学期课外活动太多。你不要主编校史年鉴了。等你读完了医科大学，你想干什么就干什么。但在那之前，你得听我的。需要什么，尽管说！”

听话的尼尔虽然喜欢这份兼职，但还是只好同意放弃。

然后，他在文学课上遇到了一位新老师——基丁。基丁告诉他们，要“享受每一天，抓住每一天”；他鼓励学生怀疑权威、挑战传统——他让他们把僵化地解释诗歌的经典教科书撕成碎片；他鼓励学生站上讲台，寻找全新的视角去观察世界、体察生活；他鼓励学生深入内心，去发掘那个独一无二的自我……

在基丁这种解放精神的激励下，尼尔和同学们暗中重建了“死亡诗社”，自称死亡诗人。他们夜里溜出寝室，聚集到树林里的洞穴中，抽烟，讲鬼故事，朗诵别人和自己的诗……

渐渐地，那个听话的、顺从的尼尔消失了。

一天，当同室好友托德一个人在床上为基丁布置的诗歌作业而烦恼时，尼尔兴冲冲地闯了进来，递给托德一张剧院的海报：

“我已经发现了，我要干的事，我体内的感受！”

尼尔兴奋地告诉托德：亨利剧院将要排演莎士比亚的名剧《仲夏夜之梦》，他将要争取那个主角，他要上台演戏。他告诉托德，他从小酷爱表演，甚至想过上戏剧学校——当然因为父亲的反对而只能是梦想罢了。

“我第一次知道了我内心要做的事！这次我一定要干，不论我父亲准许与否！”尼尔神采飞扬，沉浸于自己的梦想中。

当终于获取剧院的录用通知后，他欣喜若狂地将这份喜悦传递给他遇到的每一个同学——这是他的幸福，他从来没有这样快乐过。然后，他坐下来，用打字机伪造一份声明——一份家长许可孩子参加此类活动的声明。

“但是房间，仙女，奥勃朗来了。”当某个傍晚尼尔兴冲冲地从剧场回到宿舍，念着台词打开房门时，他看到了父亲面无表情地坐在那里。

“你浪费时间！荒谬到去演戏已经够糟了，而且你还故意欺骗我！你以为我能装作不知道？回答我，谁唆使你这样干的？是不是那个新来的老师基丁？”

“不，没人唆使我，我只是想给你一个惊喜，我每门课都是A！”尼尔辩解道。

父亲才不理这些，一顿批评之后，他替儿子下了决定：“明天，你通知剧团，辞职不干！”

“不，我饰演主角，明天戏剧就要公演。”尼尔急切地申诉。

“我不管是不是世界末日，都不准你演戏。明白吗？你明白吗？”父亲严厉地说。

在得到儿子习惯性地顺从后，父亲说：“我付出了很大牺牲才把你弄到这儿来！你不可辜负我。”

无可奈何的尼尔找基丁寻求解决之道，他说：“我热爱演戏，但父亲不在乎这些。我们家不是很富裕，他想替我安排我的将来，但他从来不问我想做什么。他们会说他们就指望我了，说一切只是为了我！”

当基丁问他为什么不告诉父亲你是这样地热爱演戏时，尼尔含着泪说：“我不能，我不能用这样的方式与父亲说话。”

基丁说：“你这是在扮演孝顺儿子的角色。——我知道这很难，但你必须设法让他明白你内心的感受。”

“我知道他将会说什么……他们对我满怀期望，会告诉我别再想这种傻事——为了我自己好。”尼尔说这些话的时候，摇着头，含着泪。

“你不是受契约束缚的奴隶。那不是你的突发奇想，你能用你的坚信和热爱证明给他看，让他知道这一点。当然，如果他仍然不相信你，等你离开学校后，你可以做自己想做的事。”

“不。”尼尔边擦泪边苦笑说，“那出戏怎么办？它明晚就要公演了。”

“那你必须在明晚之前找他谈。”

“没有比较容易的办法吗？”尼尔深知，与父亲谈判无异于与虎谋皮。

“没有。”基丁平静地回答。

第二天课间，当基丁特意找到尼尔问起此事的时候，尼尔撒谎说一切已经搞定，父亲在外地，他不能来看戏了，但勉强答应他继续把这场戏演完。

《仲夏夜之梦》的公演成了大伙的节日，基丁带着小伙子们前往剧院为尼尔捧场。掌声雷动，喝彩四起，获得了巨大成功的尼尔被一次次地推到前台向观众谢幕。整个剧场中只有一个人阴沉着脸，这就是尼尔的父亲，虽然他明明看到了儿子的成功表现，看到了儿子身上的巨大天赋。

走出剧院时，基丁鼓励尼尔说："你有这个天赋，演得真好！我都看呆了，你一定要坚持！"

但是尼尔的父亲冲上来，在众目睽睽下把儿子从基丁身边拉开，不容分说地将他推进汽车。

"基丁，你离我儿子远点！"父亲恼怒地向基丁喊道。

"你为什么坚持反抗我们？但不管如何，我们都不会允许你毁灭自己的生活。"回到家，父亲告诉尼尔，明天他将去威尔顿办理退学手续，随后将尼尔送入军校。

"你要上哈佛，你要当医生。"父亲替儿子安排命运。

"可那还得要十年时间！"尼尔求助于孱弱的母亲，又向父亲抗争。

"不要说得这么夸张，听你说那好像就是刑期一样。你不明白，尼尔，你拥有着我没有拥有过的机会，我不会让你白白糟蹋……"

"我必须告诉你我的感受！"尼尔大声说着站了起来。

但是父亲用更严厉的呵斥拒绝了儿子，而母亲也在一旁用她的眼泪让儿子屈从。

尼尔绝望地坐了下来，手中紧紧地握着演出时戴的那顶荆冠。

母亲上前安慰儿子，只听尼尔在喃喃自语："我演得好，我演得真好……"

半夜，尼尔脱下衣服，戴上荆冠，打开窗，让雪地的风吹到年轻的身上。

一声枪响——尼尔用父亲的手枪结束了父子的争斗，让自己永远地沉浸于演出时那辉煌的梦境中。

学校就尼尔的死和死亡诗社一事展开调查，最后把尼尔自杀的责任推到了基丁身上，基丁被迫离开了他喜爱的讲台。校长与家长们相信，这一切，都是基丁惹的祸。正像学生卡梅伦所说的："我们都是受害者。是基丁把我们灌输成这个样子的，对不对？如果不是他，尼尔还舒舒服服待在屋里学化学，梦想成为一个医生。"

即使走出电影，我身边也有不少朋友认为，正是基丁对尚不完全懂事的学生强行启蒙，才导致了这场本不该发生的悲剧。

当然，也有人为基丁辩护。刘支书助理认为："尼尔的死……不如说是死于专制的家庭教育的束缚与尼尔觉醒后追求理想的冲突。"是的，可以这样解释。但是，我们又如何面对家长与其他教师的质疑：教育，难道不也要关注社会的现实需要吗？教育孩子要为明天的成功人生而努力，这难道也有错？

尼尔之死，其实是用他的死在向我们提出一个问题：教育的目的是什么？

大概所有的人都不会反对：教育，是为了人的幸福。我将它表述为："帮助学生（个体与复数）获得可持续发展的幸福。"

但是，什么是"幸福"呢？这个词语在每个人的词典里有着不同的解释。把这些解释提炼出来，也就是对"幸福"的真正定义，我认为这就是马斯洛需要层次上的所有需要（包括饮食、性爱、安全、温情、他人认可、成功、意义感等）的满足。问题在于，这些需要在任何时候都是矛盾的，所以教育的目的，不仅是为了让学生获得满足需要的能力，更是要帮助学生规划一生的幸福，让他对出现在他面前的复杂的、矛盾的需要，学会认识、审察、反思、选择与承担。

对尼尔而言，他的面前就至少有这些需要：当前的快乐与成就感——他想演出，他能在演出中获得从未有过的快乐；历史的安全感——他是一个孝顺的儿子，他并不想让父母亲痛苦；他想要在未来成为成功者——但未必是医生或者诗人；他希望每一天活得有价值，而不仅仅是按照规定的步子走动；他想继续刚刚拥有的快乐生活——但他无力承担生活本身，因为他只是一个受父母供养的学生而已……

在所有的选择中，最大的矛盾就是眼前需要与长远需要之间的冲突——我们大多数家长和老师认为未来的成功才是唯一的幸福，而眼前的快乐则无足轻重，为了明天，我们可以牺牲这一切。

许多孩子就这样在家长与教师兜售的“明天的幸福”中生存了下来，既然眼前的幸福不可获得，明天的幸福又这样确凿，他当然有信心艰苦地走下去。可惜尼尔已经品尝过真正的幸福，可惜尼尔已经把所谓的明天的幸福视为一种令人厌恶的生活。所以，他选择了死，选择了逃避——敏感的重视细微体验的生命，最容易走上这条道路。

我们总在“眼前的幸福”与“更远的幸福”之间做出选择。本来，像基丁所做的那样，这是一个需要让孩子自己选择并为之承担的人生任务，但老师和家长却已经好心地替孩子做出了抉择，这种抉择往往只有一种标准的答案：眼前的快乐被视为一种罪感，而只有未来事业上的成功和与之息息相关的今天学业上的成功，才是唯一有价值的成功，唯一真正值得追求的幸福。

然而，一个不能够从当下的生活中品尝到快乐与幸福的人，无论在以后获得什么，都不会拥有真正的幸福。虽然他可以获得高薪、地位、赞赏、声望，就像尼尔的父亲一样，虽然他一样拥有着足以富足生活的财产，但其实他一直生活在失败的恐惧中，生活在对自己现状的不满中。并因为这种不满，他“杀死”了自己的儿子。

“一生的幸福”，本该包涵此刻与未来的幸福，本该是一种可持续发展的幸福。仅仅寄希望于渺茫的明天，而无视当下幸福的重要性，它只会让生活变得畸形。且让我们回到电影，读一读尼尔和基丁留给我们诗句：我步入丛林 / 因为我希望生活有意义 / 我希望活得深刻 / 吸取生命中所有的精华 / 把非生命的一切都击溃 / 以免当我生命终结 / 我发现自己从没有活过。